W0303048

# *1492*

## *Un monde nouveau ?*

## OUVRAGES DE BARTOLOMÉ BENNASSAR

*Valladolid au siècle d'or*, Paris et La Haye, Mouton, 1967, 634 p
*Recherches sur les grandes épidémies dans le nord de l'Espagne à la fin du XVIe siècle*, Paris, SEVPEN, 1969, 194 p.
*Saint-Jacques de Compostelle*, Paris, Julliard, 1970, 304 p.
*L'Homme espagnol. Attitudes et mentalités du XVIe au XIXe siècle*, Paris, Hachette, 1975, 252 p
*La América española y portuguesa XVIe-XVIIIe siècles*, Madrid, Akal, 1980, 270 p. (Publié directement en espagnol.)
*Un siècle d'or espagnol*, Paris, Robert Laffont, 1982, 332 p. (Édition de poche : Marabout-Université.)

### BARTOLOMÉ ET LUCILE BENNASSAR

*Les Chrétiens d'Allah*, Paris, Perrin, 1989

### DIRECTION ET PARTICIPATION

*L'Inquisition espagnole XVe-XIXe siècles*, Paris, Hachette, 1979, 402 p. (Édition de poche : Marabout-Université.)
*Histoire des Espagnols*, Paris, Armand Colin, 1985, 2 vol., 560 et 560 p.

### EN COLLABORATION

*Le XVIe siècle*, Paris, Armand Colin, « collection U », 1972. (Avec Jean Jacquart.)

### PARTICIPATIONS

*Histoire économique et sociale du monde*, t. I et t. VI, Paris, Armand Colin, 1977. (Sous la direction de Pierre Léon.)
*Histoire de Toulouse*, Toulouse, Privat, 1974, 548 p. (Sous la direction de Ph. Wolff.)

### ROMANS

*Le Baptême du Mort*, Paris, Julliard, 1962, rééd. 1970. (Adapt. à l'écran *le Dernier Saut*.)
*Le Coup de Midi*, Paris, Julliard, 1964.
*Une fille en janvier*, Paris, Julliard, 1968.

BARTOLOMÉ BENNASSAR
LUCILE BENNASSAR

# *1492*

# *Un monde nouveau ?*

PERRIN
12, avenue d'Italie
PARIS

ISBN 2-262-00752-7

# SOMMAIRE

# INTRODUCTION

Prenons le pari. Mobilisons tous les instituts d'enquêtes d'opinion de notre continent et partons à la rencontre de « l'Européen moyen », qu'il soit normand ou andalou, flamand ou ligure, citoyen de Londres, Berlin, Porto ou Odense. Et posons cette simple question : que signifie pour vous l'année 1492 ? Bien entendu, il y a ceux qui ne savent pas, qui n'auront rien à répondre. Mais parions que 85, 90 ou 95 % des autres, de ceux qui savent, répondront : « Découverte de l'Amérique » et associeront à cet épisode le nom de Christophe Colomb. Il est possible qu'à Grenade ou Florence, à Liège ou en Bretagne, cette proportion soit plus faible parce que les passionnés d'histoire locale ou régionale pourraient avoir la coquetterie de marquer leur différence en donnant à l'événement local la préférence. Mais il ne peut s'agir que d'exceptions. Une réponse massive en faveur de l'Amérique est hors de doute.

Cette quasi-unanimité, dont nous faisons sans risque un postulat, est le résultat d'un lent travail de la mémoire collective, d'une captation progressive du passé par la postérité, en quelque sorte d'un détournement des souvenirs. Car si l'Amérique a été découverte par les Européens le 12 octobre 1492, on ne l'a su que bien longtemps après, douze à quinze ans plus tard, à ne s'en tenir qu'aux navigateurs et aux savants, une trentaine d'années au moins — et encore ! — s'il s'agit de l'opinion commune. De très savants ouvrages ignorent superbement le Nouveau Continent, dissertent avec une tranquille inconscience des trois parties du monde. Quant à Colomb, mort en disgrâce en 1506, il fut bientôt oublié. Lisez *l'Utopie* de Thomas More, l'un des princes de l'humanisme, ou Copernic, le génie scientifique du premier XVI^e siècle ! Ils n'écrivent même pas le nom de Colomb. Pour eux, le découvreur est Vespucci !

Il est donc évident que les gens de 1492 ont vécu cette année en marge de l'événement majeur survenu dans une petite île des Antilles, le 12 octobre 1492, et les mieux informés n'ont d'ailleurs eu connaissance de cet événement que l'année suivante. Ils ne l'attendaient pas, ne s'y étaient pas mentalement préparés. Les armateurs, les marchands, les hommes d'affaires, les politiques ou les savants qui s'intéressaient aux voyages de découverte n'avaient pour référence que « l'Inde » et ce n'est pas par hasard que, durant trois siècles, les Espagnols, découvreurs de l'Amérique, vont s'obstiner à conserver ce mot. On usera seulement de l'expression « Indes occidentales » par souci de les distinguer des vieilles Indes devenues les « Indes orientales ». Cette terminologie, à l'origine du mot « Indien », aura assez de force pour s'imposer en France, aux Pays-Bas, en Angleterre où l'on parlera des *West Indies* pour désigner, au XVII^e siècle, la Jamaïque et les autres Antilles anglaises. Aujourd'hui encore, le plus grand fonds d'archives pour l'histoire de l'Amérique latine à l'époque coloniale, qui est installé à Séville, se nomme *Archivo General de Indias*.

On comprendra mieux alors que tous les gens ou presque qui vivaient pour et par la Découverte aient été surtout attentifs aux entreprises portugaises dont le succès était, semble-t-il, désormais assuré. Comment les gens de 1492 se seraient-ils préoccupés d'un continent insoupçonné ? Car si le fantastique médiéval avait entretenu jusqu'à l'aube de la Renaissance quelques îles fabuleuses (Brazil, Antlia, pour ne rien dire des migrations de Saint-Brandan !), il n'était nullement question d'un continent.

Au reste, l'actualité de cette année était d'une telle richesse qu'elle suffisait à nourrir la passion politique, à stimuler la ferveur des foules, à exacerber les haines et les appétits de vengeance, à libérer jusqu'au délire les fantaisies de l'imaginaire. Les bannières de la croix sur les palais de Grenade ; la grande parade galante des princes d'Europe pour la petite héritière du duché de Bretagne ; les affaires d'Italie, dont les turbulences florentines et le conclave romain ; les malheurs des Juifs ibériques sur les chemins de l'exil...

Mais la vie des contemporains n'avait pas commencé le 1er janvier 1492 : les privilégiés de la condition sociale et de la formation intellectuelle disposaient d'un système de références et de valeurs dont l'Italie et les Flandres définissaient les éléments essentiels. Assez pour rêver, pour attirer au cœur de la Castille les artistes de Bruges ou de Gand, sur les rives de Loire ou du Danube les ingénieurs ou les architectes d'Italie, pour inventer le Kremlin !

Ce sont ces constats qui ont inspiré les démarches successives de ce livre. Les deux premiers chapitres opposent le processus de formation de notre vision actuelle de 1492 (*le temps recréé*) à la perception des événements de l'année par les contemporains *(le temps vécu)* : la représentation mentale de notre temps contre l'existentiel de 1492. Le troisième chapitre, sans doute le plus difficile à élaborer parce que fait d'éléments déjà connus, composantes de notre patrimoine culturel, tente, à l'aide de quelques situations exceptionnelles, de faire comprendre la fascination qu'exerçaient alors les villes italiennes et flamandes de la Renaissance sur le reste de l'Europe grâce à leurs artistes, à la réalisation de prestigieux programmes urbains, mais aussi grâce aux humanistes.

Le quatrième chapitre est un retour au « vécu ». Il s'agit bien entendu du voyage « fondateur ». Certes, il s'est déroulé dans une indifférence quasi générale mais il fait partie des grandes aventures de l'Humanité. D'ailleurs, comment faire fi de cette extraordinaire entreprise dont tout ou presque laissait croire qu'elle n'aurait même pas un commencement d'exécution, qui n'a pas encore livré, il s'en faut, tous ses mystères, de telle sorte qu'elle a produit une énorme littérature ?

Le cinquième centenaire va, à l'évidence, gonfler l'impressionnante bibliographie colombine. Puissions-nous au moins suggérer la force émotionnelle de cette longue dérive vers l'inconnu, la montée de l'angoisse, l'insupportable tension de l'événement, l'euphorie émouvante de la rencontre avec une terre et une humanité nouvelles, l'effervescence de l'imaginaire dès les premiers jours de la Découverte... Puissions-nous aussi éveiller le soupçon de l'énigme, rouvrir controverses et polémiques.

Mais le voyage de 1492 a-t-il eu force et valeur de rupture ? Non, puisqu'il n'a pas été compris d'emblée, objet de contresens par Colomb lui-même, bientôt sous-estimé avant que l'explosion des « voyages mineurs » (!) au début du XVIe siècle, ne révèle la « vraie nature de l'Amérique ». C'est lorsque l'Amérique est comprise, représentée, confirmée par Cortès, El Cano ou Pizarre, que se produisent les vraies ruptures. Mais celles-ci, il est vrai, sont filles du grand événement de 1492 dont la portée symbolique est éclatante. Quels que soient les erreurs, les contresens, voire les impostures de Colomb, la postérité lui a rendu justice en l'élevant bien au-dessus de Vespucci. Le Génois, en 1992, n'aura plus grand-chose à redouter de la concurrence du Florentin.

# PROLOGUE
# FANTAISIE POUR RODRIGO DE TRIANA [1]

C'était le 12 octobre, deux heures après minuit. La lune était ronde et pleine et la nuit ambiguë, où déjà s'esquissaient les tentatives de l'aube pour un jour inépuisable.

A la proue de la *Pinta* Rodrigo de Triana observait la mer, prairie mouvante de lueurs, jardin renouvelé de reflets où frémissaient les galaxies captives, jusqu'aux frontières de la nuit. Rodrigo de Triana était attentif à la succession des instants parce qu'il pressentait l'imminence, mystérieuse, d'une naissance. L'océan avait changé.

Comme beaucoup d'autres, Rodrigo avait désespéré. Il avait murmuré avec eux contre l'Amiral. Trente jours de navigation, depuis les îles Fortunées, d'océan sans rivage, où jamais si loin un navire ne s'était risqué, et l'horizon fuyait sans cesse sur la mer, la même combinaison indéfinissable d'eau et de ciel. Ils avaient traversé un étrange royaume d'algues, peuplé de longs serpents de verdure, mais ce n'était qu'une flore aquatique, comme l'ultime délire d'une forêt engloutie.

Au-delà, parce qu'ils conservaient la mémoire des paroles de l'Amiral au départ de l'île de Gomera, ils avaient découvert la peur et la peur était devenue leur atmosphère. Les sept cent cinquante lieues annoncées, au matin du 6 septembre, pour atteindre Cipango, ils savaient tous qu'ils les avaient déjà accomplies et davantage, sous ce bon vent du nord-est qui n'avait presque jamais faibli. Ils n'avaient connu qu'une seule fois les calmes et beaucoup de marins

1. Juan Rodriguez Bermejo, dit *Rodriguo de Triana*, qui vit le premier les rivages de la future Amérique.

affirmaient que le retour devenait impossible : ils ne reverraient plus les côtes d'Espagne, ni la cour des Orangers, ni les roses et le jasmin de Santa Cruz, n'entendraient plus sonner les carillons des églises aux dimanches de Résurrection. Ils étaient condamnés à dériver jusqu'au séjour des morts, de l'autre côté du monde. Les Basques prêchaient la révolte contre l'Amiral, ils assuraient que l'on pouvait encore se sauver en mettant le cap au nord, en louvoyant et en tirant des bordées pour rejoindre les vents d'ouest qui poussent jusqu'à leur pays d'interminables caravanes de pluies, et ils avaient gagné à leurs vues les Galiciens qui sont des Celtes et cèdent si aisément à l'éclat du verbe. Les matelots de la Niebla et de Séville se contentaient de murmurer : ils avaient reconnu dans l'Amiral l'homme de leur destin. Rodrigo de Triana entretenait en silence ses nostalgies : il avait envie d'olives amères, d'huile et de pain frais pour changer le goût des jours. Il savait que toute la campagne alentour de Séville et la moindre bourgade de la plaine et des collines avait pris l'odeur heureuse de ces commencements d'octobre, de vieilles futailles et de vin nouveau. Il lui en coûtait de renoncer à ces choses. Alors, il fermait les yeux pour oublier le mouvement du navire et retrouver la mémoire d'un sol dur sous ses pas, de couleurs d'ocre et de brique, dépourvues des transparences factices de la mer. Il rêvait d'un espace aux géométries certaines, où les lignes et les plans conserveraient, à l'épreuve des distances, l'essentiel de leur vérité.

Résignés ou révoltés, à la pointe du désespoir, ils comprirent tous, presque brutalement, l'affaire de quelques heures, que l'Amiral était l'homme des fées. Soudain, les signes de la terre peuplèrent la mer. Des vols d'oiseaux migrateurs tracèrent dans le ciel une piste sonore qui prolongeait leur route et l'Ouest changea de condition : il échappa aux légendes infantiles et aux contes terrifiants pour se faire image de terre, substance de roche et de sables, prodiges minéraux, parures végétales. Trois jours filèrent encore, d'angoisses, de mirages et de doutes, et l'océan fleurit miraculeusement. Ils virent passer à la crête des vagues deux branches rutilantes de fleurs inconnues et les Basques eux-mêmes s'émerveillèrent parce qu'ils savent aussi bien que les autres que la vie des fleurs est brève et résiste mal à la corrosion du sel.

Rodrigo de Triana avait un peu oublié Séville. Il scrutait cette nuit où devait se renouveler le monde. Tendu et dur, il n'était plus qu'une force exigeante, il avait envie d'une femme chaude où il moulerait son corps, qu'il pénétrerait d'une lame aiguë jusqu'au ventre pour exploser en elle et multiplier les germes de vie. Il savait les femmes de Cipango petites, leur peau lisse et presque dépourvue de poils, leurs cheveux brillants et leurs yeux d'amande, et il lui importait fort peu qu'elles soient jaunes. Il souhaitait ardemment que ces femmes soient dociles et bien disposées à l'amour et qu'il ne soit surtout pas nécessaire de les forcer car il espérait un péché de chair simple dont on pourrait annuler les effets par une bonne confession.

Possédé d'une chaleur étrange, Rodrigo ferma les yeux et s'appuya au bastingage. Son membre viril s'érigea, il pénétra lentement la femme de son rêve jusqu'à l'inonder de sa semence. Alors, ses yeux se dessillèrent et, d'un regard privilégié, il vit blanchir sous la lune, à la lisière du champ d'étoiles, une longue grève, et comme le cri se formait dans sa gorge, comme déjà roulaient entre sa langue et ses dents les syllabes de *Tierrrra,* il devina les archipels et les continents, les hauts plateaux fécondés par le feu des volcans, les jungles balbutiantes, et les pages vierges des siècles où s'inventeraient toutes les Colombies.

Au lever du soleil, la nef et les deux caravelles se balançaient mollement sur leur ancre, dans l'eau tranquille du golfe où dansaient les poissons exotiques des aquariums à venir. La plage grouillait d'une foule à la couleur rare de cuivre, éparpillée sur un théâtre de sable aux rideaux de palme et de fleurs. Sur le pont de la *Santa Maria,* les hommes se bousculaient autour de l'Amiral, lui baisaient les mains, le suppliaient de leur pardonner leur manque de foi. Et lui, il riait et leur disait de remercier Dieu parce que son souffle les avait conduits. Puis, il ordonna de mettre les canots à la mer. Les capitaines descendirent en portant haut leurs bannières et les hommes ramèrent vers la plage. Lorsque les embarcations raclèrent le fond ils n'y purent tenir davantage et sautèrent dans l'eau. Ils étaient environnés d'écume et la mer, effervescente, frémissait autour d'eux. La foule nue et peinte les regardait venir sans crainte. Ils pataugèrent jusqu'au rivage, s'agenouillèrent sur le sable, se signèrent et baisèrent le sol qu'ils fécondaient de salive et de larmes. Puis, ils se relevèrent et s'avancèrent, couverts de barbe et de sel, vers des millions d'Indiens nus qui les accueillaient comme s'ils étaient des dieux.

# 1

# 1492 : LE JEU DE MÉMOIRE OU LE TEMPS RECRÉÉ

Au soir du 31 décembre 1492, personne au monde ne savait que l'Amérique avait été découverte.

Même pas Christophe Colomb. Surtout pas Christophe Colomb, à qui serait refusé un peu plus tard l'honneur de donner son nom au nouveau continent, précisément parce qu'il n'avait pas su en reconnaître et en proclamer publiquement « l'invention ». À la fin décembre il se trouvait dans l'île d'Haïti, qu'il avait baptisée « l'Espagnole », où il avait célébré dans l'allégresse la fête de Noël, en compagnie du « roi » Guacanagari et de ses gens, un peuple délicieux, « tout amour, sans convoitise ». Bons procédés réciproques, échange de cadeaux. Colomb était convaincu d'avoir réussi : il était allé « à l'Est par l'Ouest », comme il l'avait projeté et l'île « Espagnole » devait être voisine de Cipango, traduisons le Japon qui, selon les calculs de l'Amiral, addition étonnante d'erreurs, devait se trouver à 2 400 milles nautiques des Canaries alors que la distance véritable est de plus de 10 600 ! Sans doute n'avait-il pu remettre, au Grand Khan, au cours de ce voyage, les lettres d'Isabelle et de Ferdinand, dont il était porteur. Ce n'était que partie remise. Le Génois n'imaginait nullement alors que les îles découvertes par lui : San Salvador ou Guanahani (l'une des Lucayes), la Juana (Cuba), l' « Espagnole » (Haïti) et quelques autres de moindre importance dévoilaient un continent immense dont la conquête, le peuplement et l'exploitation allaient ouvrir une ère nouvelle dans l'histoire du monde.

Toutes les commémorations n'ont pas le même sens. Les gens de 1789 eurent conscience de vivre des événements extraordinaires. On se souvient du mot du duc de Liancourt en réponse à Louis XVI, lorsque le roi de France s'était exclamé : « Mais alors, c'est une révolte !... Non, Sire, c'est une révolution. » Dans les provinces, les citoyens étaient à l'écoute quotidienne des nouvelles de Paris et de Versailles. Toutes les Cours d'Europe, et les opinions publiques, dès la réunion des États généraux au mois de mai, avaient suivi avec la plus grande attention les événements de France dont elles avaient compris qu'ils étaient aussi leur histoire. À propos de 1789 il y eut coïncidence quasi parfaite entre le vécu des contemporains et la mémoire historique, au moins pour l'essentiel.

Rien de tel en 1492. L'Amérique n'existait pas, demeurait insoupçonnée, l'Ancien Monde ignorait qu'il était parti à la rencontre du Nouveau. Il ne s'agit pas seulement de rappeler que les découvreurs revinrent en Espagne au mois de mars 1493 et qu'il faut donc remettre à cette année 1493 la diffusion, d'ailleurs discrète, de la nouvelle. Les deux caravelles rescapées ne parviennent à Palos que le 14 mars et Colomb rencontre les Rois Catholiques à Barcelone en mai : l'Amiral a droit à une réception chaleureuse et fastueuse, on célèbre un *Te Deum,* une autre expédition, d'une ampleur insolite, est mise aussitôt en préparation. Précisément, les moyens mis en œuvre en 1493 font mieux apparaître la modestie de ceux affectés à l'entreprise de 1492 : trois petits navires avec, au total, 90 à 100 hommes d'équipage (dont 87 identifiés). Au vrai, qui, en 1492, avait été informé de la tentative de Colomb ? La reine de Castille et son époux, le roi d'Aragon, leurs conseillers, dont la plupart avaient d'ailleurs été défavorables au voyage quoiqu'ils aient cru eux aussi que la terre était ronde. Mais ils avaient conclu, à juste titre, que les calculs de Colomb étaient faux ; quelques marchands et armateurs de Séville ; les populations de Palos et de Moguer, y compris les moines du couvent de la Rabida, ces petits ports du comté de la Niebla, la plus extrême des Andalousies. Un petit nombre de personnes. Qui, en 1492, s'intéresse vraiment, au-delà de ces initiés, au voyage conçu par le marin génois ? Personne : on n'en trouve trace dans aucune chronique, dans aucun livre d'éphémérides ou d'annales. Nous ne nous référons évidemment pas aux « Histoires » ou chroniques rédigées plus tard et qui ont intégré dans leur réflexion sur le passé l'événement essentiel survenu pendant l'année 1492.

On pourrait évidemment soutenir l'idée que les « Indiens » d'Amérique ont su, eux, qu'ils étaient si l'on peut dire « découverts ». À partir du 12 octobre 1492, plusieurs populations antillaises se sont trouvées en contact avec des inconnus qui ne leur ressemblaient en aucune façon, avec lesquels, pendant ces premiers mois de coexistence, les rapports ont été bons de manière générale et dont une dizaine ont accompagné Colomb en Espagne. Il eût été passionnant de connaître quelle avait été la perception de la Découverte par ces Indiens. Malheureusement si, grâce aux très beaux livres de Miguel Léon-Portilla, de Nathan Wachtel [1] et de Georges Baudot, nous connaissons aujourd'hui la « vision des vaincus » du Mexique et du Pérou, il n'en est pas de même avec les *Taïnos* des Antilles, ni d'ailleurs avec les *Caribes* parce que, exposés de plein fouet au choc microbien provoqué par l'arrivée des Européens, ces populations ont totalement disparu dès le milieu du XVI^e^ siècle, de sorte qu'elles n'ont pas participé à la formation de la mémoire historique, sinon de façon très fragmentaire à travers la relation du religieux hiéronymite Ramon Pané. En bref, une certitude : à propos de 1492, il n'y a aucune correspondance entre le vécu des contemporains et la photo-souvenir élaborée par les historiens, dont vont user cette fois encore tous les cérémoniaux des commémorations.

Si aujourd'hui, à la veille du cinquième centenaire, l'année 1492 s'identifie à peu près totalement à la découverte de l'Amérique, à la rencontre entre les deux mondes qui s'étaient ignorés absolument (ou presque) depuis le commencement des Temps, au point de refouler dans les arrière-cours de l'Histoire tous les autres événements dont fut tissée cette année d'exception, et les plus prestigieux ou même les plus importants (la prise de Grenade, la mort d'un pape et l'élection d'un autre, l'expulsion des Juifs d'Espagne, la réunion de la Bretagne à la France, etc.), c'est le résultat d'un lent travail de la mémoire collective où les effets de l'événement se substituent à celui-ci. Dans ce processus le prestige de l'imagination a joué un rôle essen-

1. Miguel Léon-Portilla, *Vision de los vencidos*, 1959 (dernière édition 1989), Mexico, U.N.A.M., collection Biblioteca del Estudiante Universitario n° 81. Nathan Wachtel, *la Vision des vaincus. Les Indiens du Pérou devant la conquête espagnole (1530-1570)*, Gallimard, N.R.F., 1971. Georges Baudot, *les Lettres précolombiennes*, Privat, 1976.

tiel. La révélation du Nouveau Monde, l'explosion du monde occidental qu'il a suscitée, le rajeunissement du mythe de la Terre promise, opérationnel jusqu'au XX$^{e}$ siècle, ont beaucoup contribué à faire de l'année 1492 ce qu'elle est devenue un demi-millénaire plus tard.

### 1) La Découverte sans l'Amérique . une révélation confuse et contestée (1492-1502)

On l'a signalé au passage. Le premier voyage de Colomb ne suscite, *au départ,* aucune littérature. Grand silence des textes. Il est vrai que ni les rois de Castille, ni les « découvreurs » ne recherchent la publicité. Jean II de Portugal est trop jaloux de l'empire des mers et de la « route des Indes » que construisent lentement ses capitaines et ses marins. Ne soyons pas dupes, par exemple, de la chronique de Andrès Bernaldez qui consacre son chapitre 118 à « Comment ont été découvertes les Indes ». Bernaldez écrit beaucoup plus tard et, d'ailleurs, il aligne 14 chapitres consécutifs consacrés aux voyages de Colomb et à leurs résultats, jusqu'à la mort de l'Amiral, survenue en 1506. Le chroniqueur n'a pris conscience de l'importance des découvertes déclenchées par l'entreprise de 1492 qu'à l'épreuve du temps.

Ainsi, les contemporains s'occupent de Grenade et de Florence, de la Bretagne et de Calais, de la mort d'un pape et de l'élection de son successeur, et ils ont peur des Turcs. Soit ! Mais qu'en fut-il alors en 1493 puisque le retour des deux caravelles rescapées eut lieu au mois de mars de cette année ?

Paradoxalement, le premier informé fut le roi de Portugal : on sait en effet que Colomb, à bord de la *Niña,* fut contraint par la tempête d'aborder à Cascals, près de Lisbonne, et de se présenter à Jean II. On peut supposer que le Génois tenta de déjouer autant que faire se pouvait l'évidente curiosité du souverain lusitanien, dont Colomb se fait l'écho : « Il (le roi) chercha à savoir avec grande diligence ce qu'avait été cette navigation, le commerce et les mœurs des habitants de ces régions auprès des pilotes et des marins qui étaient venus avec l'Amiral, et à qui il fit des cadeaux et des dons en espèces... » Pour ruiner les prétentions de Jean II à la souveraineté sur les terres découvertes,

Colomb dut montrer les documents délivrés par les Rois Catholiques et affirmer qu'il avait navigué plein ouest. Le roi de Portugal fut donc informé de l'existence de terres importantes à l'ouest mais Colomb ne précise pas s'il indiqua à son interlocuteur quelle avait été la distance parcourue.

Or, quelques mois plus tard, l'Allemand Hieronymus Munzer écrivit à Jean II une lettre, datée du 14 juillet 1493, dans laquelle, ignorant l'exploit de Christophe Colomb, il proposait une expédition de découverte à l'ouest, avec la participation du cartographe de Nuremberg Martin Behaim. Ainsi, quatre mois exactement après l'arrivée des découvreurs à Palos, la nouvelle n'en était pas parvenue à Nuremberg, quoique cette ville fût une métropole industrielle et culturelle. On ignore ce que fut la réponse de Jean II mais en 1494-1495 Munzer effectua un voyage dans la péninsule. Il eut avec Jean II une entrevue à Evora mais la relation du voyage est d'une extrême discrétion à propos de l'entretien : la Guinée, l'Éthiopie... Lorsque les Rois Catholiques, à leur tour, accordèrent audience à Munzer (24 janvier 1495), l'Allemand évoqua sa rencontre avec le roi de Portugal qui lui avait parlé de l'Éthiopie et des « terres méridionales ». Toutefois, à la Cour, Munzer ne put s'empêcher de faire allusion à son séjour de Séville (4-11 novembre 1494) et au « spectacle extraordinaire des hommes amenés des Indes, découvertes sous vos auspices, ces êtres qui, jusqu'à nos jours, étaient demeurés ignorés des peuples, prodige insigne en lequel beaucoup ne croient pas encore ». Munzer avait donc vu les Indiens.

Mais, à cette date, les souverains espagnols avaient donné à la nouvelle de la Découverte la publicité minimale indispensable à une revendication territoriale auprès du pape. C'est dans ce but que fut traduite en latin par le clerc aragonais Leander del Cosco la lettre datée du 15 février 1493, soi-disant écrite en mer pendant la tempête, dite *lettre à Louis de Santangel.* On sait qu'il s'agit du conseiller royal qui avait soutenu le projet de Colomb.

Cette lettre est la seule des trois écrites par Colomb (deux) et Martin Alonso Pinzon (une) qui nous soit parvenue : d'abord imprimée en castillan à Barcelone (où résidaient alors les Rois Catholiques), elle connut huit éditions latines avant la fin de 1493 : trois à Barcelone, trois à Paris, une à

Anvers, une à Bâle, plus quatre éditions en 1494 : une seconde à Bâle, une à Rome et deux à Florence. Les élites intellectuelles de l'Europe purent ainsi avoir accès à cette grande nouvelle et, de fait, il existe des preuves qu'elle a atteint plusieurs humanistes et artistes : ainsi, l'architecte florentin Luca Fancelli écrivit à son protecteur, le marquis de Mantoue, fin décembre 1493, pour lui faire part de la découverte relatée par la fameuse lettre. En illustration du poème de Giuliano Dati, traduction libre de la lettre de Colomb, un artiste florentin représenta sur un bois gravé l'île merveilleuse découverte par le Génois, peuplée par des hommes et des femmes nus. La même illustration servit plus tard pour la page de titre de l'édition des lettres de Vespucci. Mais il n'est pas certain que cette lettre ait laissé dans les esprits un sillage durable.

Car, prenons-y garde, les informations contenues dans cette lettre étaient d'une grande imprécision. On peut donc accorder un réel crédit à l'hypothèse défendue par l'historien castillan Demetrio Ramos, à partir d'une critique interne rigoureuse du document. Selon Ramos, la lettre a été inspirée par Ferdinand le Catholique et rédigée par Louis de Santangel lui-même : ainsi s'expliqueraient le style, étranger aux autres textes de Colomb, et le flou de l'information. En effet, dans cette lettre, Colomb écrit qu'il est allé aux « Indes » en trente-trois jours (sans indiquer le point de départ, l'île de Gomera), qu'il a découvert de nombreuses îles, dont certaines de grandes dimensions (la Juana : Cuba), très densément peuplées *(gente sin numero)*, par des populations de deux sortes, les unes pacifiques, les autres féroces, dépourvues de villes et d'organisation politique. C'est tout et c'est fort peu. L'information sur les ressources de ces îles est limitée quoique, à propos de l' « Espagnole », il précise qu'elle a des épiceries et de grandes mines d'or et autres métaux. Or, il est peu vraisemblable qu'une rédaction destinée à Santangel, qui plus est dans la crainte d'un naufrage, n'ait pas été plus prolixe.

L'annonce officielle de la Découverte, faite au pape Alexandre VI par l'ambassadeur espagnol Bernardino de Carvajal, le 19 juin 1493, en termes pompeux, était encore plus avare de précisions géographiques, de sorte que la volonté de secret ne peut faire de doute. Et la cour d'Espagne va filtrer désormais les nouvelles en provenance des « Indes » puisque, si Colomb n'est revenu lui-même que le 11 juin 1496 de son deuxième voyage, dès le mois de février 1494 il avait renvoyé en Castille Antonio de Torrès avec plusieurs caravelles, en lui confiant un long mémorial destiné aux Rois Catholiques. Torrès vint à la Cour, à Valladolid, en mai 1494, mais, outre le mémorial, il apportait surtout des mauvaises nouvelles : quelques échantillons d'or, l'annonce de la mort de la garnison de la Navidad, sans le moindre survivant ; les maladies de nombreux Espagnols, dont Colomb rendait responsables les changements de nourritures et de boissons. Certes, l'Amiral faisait état d'explorations qui avaient démontré l'existence de rivières riches en pépites et poudre d'or, il envoyait même l'un des explorateurs pour qu'il rende compte, mais le retour de Torrès a certainement provoqué une légère déception.

Cette déception devait s'amplifier au cours des années suivantes, jusqu'au départ du troisième voyage, et les sceptiques, les ennemis de l'Amiral commençaient à contester l'exactitude de ses récits. On ne niait pas les découvertes mais leur identification devenait suspecte. S'agissait-il vraiment des Indes ? Car enfin ces îles étaient dépourvues de villes, les habitants vivaient nus et demeuraient dans des huttes, ils ne connaissaient ni la métallurgie, ni le papier, ni l'écriture, et les îles ne produisaient pas, à proprement parler, d' « épiceries » : ni poivre, ni gingembre, ni clou de girofle, ni benjoin, ni santal, ni noix muscade ! Colomb lui-même, lorsqu'il revint en 1496 et malgré la découverte, six mois plus tôt, de la mine d'or de Cibao, ne ramena que 28 marcs d'or, soit 6 kilos et demi environ : on était loin du million de ducats annoncé par l'Amiral ! De surcroît il n'avait pas réussi à imposer son autorité aux colons espagnols, de sorte que les Indiens, victimes d'exactions insupportables, s'étaient révoltés. Et voici qu'il en ramenait plusieurs dizaines pour les vendre comme esclaves sous le prétexte fallacieux qu'ils avaient été capturés au cours de « justes guerres ».

L'or ramené aux souverains était loin de couvrir les frais engagés pour ravitailler la colonie à laquelle il avait fallu envoyer plusieurs fois des caravelles chargées de ravitaillement, de vin, d'armes, de drogues diverses. Et, à son retour, frère Boyl, l'un des religieux qui avaient participé au deuxième voyage, émettait les doutes les plus sérieux sur l'avenir de la production d'or de l' « Espagnole ». Quant au docteur Cisneros, chanoine de Séville, dont le mémorial, rédigé entre 1494 et 1497, a été retrouvé à Zamora, voici ce qu'il écrivait à la Cour : « Votre Altesse saura que les îles nouvellement découvertes *ne sont pas en Inde* mais dans la mer Océane. Et ce sont les Hespérides. » A Salamanque, cette fois en 1498, Francisco Nuñez de la Yerba publiait, avec la *Cosmografia* de Pomponio Mela, une carte sur laquelle le sud de l'Afrique se raccordait à l'extrême pointe de l'Asie, de telle sorte que « la mer de l'Inde était fermée ». Si cette carte avait été exacte, elle aurait rendu tout à fait impossible la thèse de Colomb. Elle allait se révéler très vite fantaisiste mais Nuñez de la Yerba écrivait dans sa préface à l'intention de Colomb : « Vers l'Occident, les sérénissimes rois d'Espagne, Ferdinand et Isabelle, ont trouvé des terres habitées distantes de l'Occident de 45 degrés, que *de manière abusive certains appellent l'Inde.* » Ainsi, de nombreux humanistes affirmaient clairement qu'ils n'avaient pas accepté la géographie colombine.

Il faut donc l'admettre : lentement se diffusait à la Cour le « désenchantement des Indes ». Lorsqu'en 1499 survint la nouvelle de l'arrivée à Lisbonne de la flotte de Vasco de Gama, retour de Calicut, pourvue d'une richissime cargaison d'épices, source d'énormes profits, il apparut évident que les Portugais avaient gagné : au bout de la route qu'ils balisaient depuis un demi-siècle ils étaient parvenus au royaume des épiceries !

Or, il y avait à la cour de Castille un humaniste lombard, Pierre Martir d'Anghiera, que le comte de Tendilla avait ramené avec lui en 1487, dont la reine venait de s'attacher les services, précisément en 1492. Ce bon courtisan, intelligent, instruit et aimable, a rédigé une abondante correspondance, généralement adressée à ses amis italiens, quelque 770 lettres, écrites de 1493 à 1526, que l'on a pu comparer à un véritable journal du temps. Ces lettres ont servi de matière première à son œuvre célèbre, *Decades de Orbe Novo,* dont la première décade a été publiée chez Cromberger, à Séville, en 1511, sans que Pierre Martir ait donné, semble-t-il, son assentiment. Mais il a pu remanier plusieurs fois le texte des *Décades,* avant publication, au gré d'informations nouvelles, alors que les lettres épousent la vérité de l'instant. Ainsi, la lettre au comte Jean Borromée, du 14 mai

1493, postérieure de deux mois seulement au retour du premier voyage, ne manifeste qu'un intérêt poli : « Un certain Colomb, Ligure, est revenu il y a quelques jours des antipodes occidentales avec comme preuves certaines choses précieuses et surtout de l'or. » Notons au passage qu'Anghiera n'avait fait aucune allusion antérieure au départ de Colomb. En revanche, les lettres suivantes, envoyées au cardinal Ascanio Sforza en novembre 1493, à Teodoro de Pavia et à l'archevêque de Grenade (30 et 31 janvier 1494) expriment l'euphorie née des résultats du premier voyage, dont il a pu mieux s'informer, tandis que les lettres au comte Borromée, du 21 octobre 1494 (date contestée) et à Pomponio Leto, du 5 décembre 1494, postérieures au passage à la cour d'Antonio de Torrès, témoignent des premières manifestations de scepticisme.

Ce scepticisme s'affirme dans une autre lettre envoyée au même Pomponio Leto, le 13 janvier 1497, donc après le deuxième retour de Colomb qu'Anghiera a d'ailleurs beaucoup fréquenté depuis. On observera par exemple que l'humaniste se réfère aux « îles de la mer Océane » et non aux Indes. Entre-temps, il avait pu prendre connaissance de la relation du hiéronymite Ramon Pané, parti en septembre 1493 avec Colomb et qui — qualifié à juste titre de « premier ethnographe d'Amérique » — avait vécu deux ans dans la familiarité des *Taïnos,* — dont rites et croyances ne ressemblaient pas à ce que l'on savait des Indes. C'était Peralonso Niño qui avait ramené cette relation en 1496.

Anghiera avait conçu dès 1494 à Medina del Campo l'idée d'écrire l'histoire du « monde nouveau ». Il semble qu'il ait commencé cette rédaction après août 1495 et qu'il l'ait modifiée à plusieurs reprises, notamment sous le coup des déceptions des années 1494-1497. Cependant, dans la 1re Décade du *De Orbe Novo,* Anghiera, s'il ne croyait plus que les terres découvertes appartenaient aux Indes, les en estime proches. Il écrit par exemple : « Les perroquets ramenés et bien d'autres choses indiquent que ces îles, soit par proximité, soit par nature, fleurent la terre de l'Inde (...) d'autant qu'Aristote, vers la fin de son livre *De coelo et mundo,* Enèque et d'autres savants cosmographes attestent que les rivages de l'Inde ne sont pas séparés de l'Europe du côté de l'Occident par une vaste étendue de mer. »

L'autorité des Anciens vient au secours des inquiétudes croissantes de l'humaniste.

On comprend mieux maintenant pourquoi les découvertes révélées en 1493 n'avaient pas fait sensation en Europe. Au cours des deux premiers voyages, et malgré la longueur du deuxième, Colomb et les siens n'avaient découvert, semble-t-il, que des îles sans éclat où les gens vivaient nus (innocence mais aussi pauvreté !), sans princes de légende, sans villes d'or ou de cristal, dépourvues d'apparence et... d'épiceries, qui recélaient sans doute de l'or mais en quantité modeste. Ces îles comptaient peu à l'aune des voyages portugais, elles faisaient pâle figure au regard des admirables cités de Flandres et d'Italie, illuminées par les créations de la Renaissance. Dix ans après le retour de Colomb, aucune conscience de l'Amérique, aucune idée de l'Amérique n'existait en Europe, sinon le soupçon vague d'une terre nouvelle, et, hors d'Espagne, les voyages de l'Amiral ne suscitaient pas la moindre passion.

Voyez Philippe de Commynes. Sa chronique est toute pleine de l'Italie, des rêves du roi Charles VIII, des intrigues de Venise ou du pape, des imprécations de Savonarole et des espérances imprudentes de Ludovic le More. Lorsque, enfin, en 1497, à propos du conflit entre la France et la Castille, Commynes s'intéresse à l'Espagne (chapitres 23 et 24 du livre VIII) et revient en arrière, il n'oublie pas de signaler la conquête du royaume de Grenade, à laquelle il consacre même une douzaine de lignes : « ... qu'ils se contenteraient de ce qu'ils avaient fait qui est d'avoir conquis le royaume de Grenade, qui à la vérité a esté une belle et grande conqueste et la plus belle qui a esté de notre temps... » (chap. 23) ; « ... et puis avoir fait cette belle conqueste de Grenade... » (chap. 24). Il s'apitoie ou feint de s'apitoyer sur les deuils de la famille royale mais il n'y a pas une ligne, pas un mot, qui fasse référence aux « Indes » ou à Colomb.

Il y avait cependant un autre pays d'Europe où les voyages espagnols étaient suivis avec attention, voire avec un zeste d'irritation, s'il faut en croire la lettre de John Day expédiée à Colomb en 1497 et qui revendiquait la découverte de l'île Brazil, ou la lettre de l'ambassadeur Pedro de Ayala à Ferdinand et Isabelle du 23 juillet 1498, qui signale les expéditions des gens de Bristol à la recherche de l'île Brazil et des Sept Cités « par la fantaisie de ce Génois » (Cabot), ou celle encore de Raimundo de Raimondi au duc de Milan, envoyée de Londres le 18 décembre 1497 et qui confirme, détails à l'appui, la découverte de Cabot à sept cents lieues de navigation de Bristol.

On ne peut négliger non plus les considérations amères d'Henry VII à propos du traité de Tordesillas entre Espagne et Portugal, dont il fit part à Pedro de Ayala en 1498. Il est certain que la venue des Cabot en Angleterre stimula les gens de Bristol : Cabot était certainement au courant du premier voyage de Colomb et avait envisagé l'hypothèse d'un passage plus septentrional vers les îles aux épiceries. Il est tout aussi certain que de 1501 à 1506 les Anglais organisèrent au moins cinq voyages vers l'ouest qui n'étaient pas seulement des expéditions de pêche.

Mais, au cours des années 1504-1507, tout avait changé. L'Europe des aventuriers et celle des intellectuels s'étaient donné la main pour, à la place des « Indes » proliférantes mais suspectes, inventer l'Amérique.

### 2) La diffusion italienne des découvertes : l'irruption de l'Amérique

L'opposition à l'Amiral, les déceptions accumulées à propos des livraisons d'or et d'épiceries, dont Colomb fut le premier responsable par ses promesses pharamineuses, eurent un grand mérite : elles brisèrent finalement le monopole colombien. La cour de Castille savait que les Portugais et les Anglais n'hésitaient plus à tenter leur chance à l'ouest : de fait, Jean Cabot parvient en 1497 à Terre-Neuve ou au Labrador et, en 1500, Cabral accoste au Brésil. De plus, quantité de marins et de pilotes qui avaient souvent participé aux deux premiers voyages de Colomb piaffaient d'impatience, étaient prêts à tenter l'aventure à leurs frais et à ceux des banquiers, sans qu'il en coûte un *real* à la Couronne. Il lui suffisait de passer des contrats (« capitulations ») avec les découvreurs de façon à sauvegarder ses droits (souveraineté, pourcentage sur les bénéfices) et à déterminer les titres et avantages concédés aux entrepreneurs de la Découverte.

Les plaintes en tout genre formulées par les Espagnols qui revenaient dans leur patrie après un séjour plus ou moins long dans l'île « Espagnole » provoquèrent la disgrâce de Colomb alors même qu'il venait de partir pour la troisième fois (30 mai 1498). Simultanément, les Rois Catholiques désignaient Bobadilla comme gouverneur, en substitution de Colomb, déchu de ses charges de vice-roi et gouverneur, et ils autorisaient ceux de leurs sujets qui le souhaitaient à partir à la découverte. En quelques mois, entre juin et novembre 1499, au terme de capitulations rapidement négociées et signées, quatre *armadas* quittent l'Andalousie : celles d'Alonso de Hojeda, Cristobal Guerra, Vicente Yañez Pinzon et Diego de Lepe. Hojeda et Guerra partent avec une seule caravelle mais Lepe en a deux et Vicente Yañez quatre. Notons au passage que Juan de la Cosa et Amerigo Vespucci accompagnaient Alonso de Hojeda, Peralonso Niño était le pilote de Cristobal Guerra et Juan de Jerez celui de Vicente Yañez Pinzon ! La fine fleur des premiers découvreurs s'engouffre ainsi dans la brèche ouverte du monopole colombien. Ils sont suivis en juin 1500 par Rodrigo de Bastidas et Alonso Velez de Mendoza. Vicente Yañez et Alonso de Hojeda repartent pour un nouveau voyage en 1501.

Or, chacune des quatre expéditions parties en 1499 est parvenue à ce qu'il est convenu d'appeler la « Terre Ferme, c'est-à-dire le continent, sur les rivages actuels du Brésil, des Guyanes ou du Venezuela, qu'ils ont reconnus sur des distances considérables. Ce sont ces voyages des années 1499-1501 qui vont provoquer le rejet progressif des interprétations « asiatiques » de Colomb (qui a lui-même éprouvé des doutes évidents lors de son troisième voyage) et la naissance lente, encore confuse, de l'idée d'Amérique, associée à d'étranges représentations des terres et des hommes. Ces voyages ont reçu l'appellation parfaitement injuste de « voyages mineurs ». Certes, ils sont un effet de l'entreprise de Colomb mais ce sont eux qui ont permis de dépasser l'hypothèse asiatique et de créer le concept d'Amérique.

On voit ainsi apparaître l'expression « autre monde », sous la plume du moine frère Gaubert Fabrice de Vagad, auteur, en 1499, d'une *Chronique d'Aragon*, sous celle de Christophe Colomb lui-même dans la *Relation du troisième voyage* (qui n'est pas de sa main, il est vrai) ou du Portugais Valentin Fernandès en mai 1503 : et lorsque Juan de la Cosa, au retour de son voyage avec Hojeda, réalise sa mappemonde (en 1500), il semble bien dessiner les côtes d'un continent dont il sépare la grande île de Cuba.

Les textes essentiels qui vont établir la portée véritable de la découverte de 1492 et qui vont être publiés dans les années 1503-1511 sont les fruits de ces voyages, des réflexions et des échanges qu'ils ont suscités, des informations diffusées par les découvreurs, soit directement (Vespucci), soit indirectement. Il s'agit :

— Des lettres du Florentin Amerigo Vespucci, surtout celle adressée à l'architecte Lorenzo di Pier Francesco Medici, ambassadeur de Florence à Paris, qui la fit aussitôt traduire en latin et publier à Paris à la fin de l'année 1503 chez Jehan Lambert. Ce fut l'édition vénitienne de 1504 qui prit le titre de *Mundus Novus.* De 1503 à 1506 parurent onze éditions latines de cette lettre et de nombreuses traductions en langue vulgaire. On mesure le succès ! En effet, le contenu de la lettre pouvait faire sensation : Vespucci émettait l'idée que les régions nouvellement explorées n'appartenaient pas à l'Asie et faisaient partie d'un continent distinct.

— Le *Libretto di tutta la navigazione dei rei di Spagna delle isole e terreni nuovamente trovatti,* publié à Venise en 1504, sorte d'édition pirate d'une partie de la première *Décade* de Pierre Martir d'Anghiera, surtout consacré aux trois premiers voyages de Colomb.

— La *Lettera rarissima* de Colomb, publiée en latin à Venise en 1505, à partir, semble-t-il, d'une lettre adressée de Séville à Nicolas Oderigo, datée du 27 décembre 1504.

— La publication à Saint-Dié en 1507 des *Quatre navigations* d'Amerigo Vespucci par Martin Waldeseemuller, accompagnée de la *Cosmographiae Introductio* reprise à Strasbourg en 1509 par l'imprimeur Jean Gruniger. Il s'agit de la relation des quatre voyages réels ou supposés du Florentin. Le voyage de 1499-1500 est certain, les deux voyages portugais à peu près sûrs. Le premier voyage reste contesté et très difficile à dater.

Il semble que la relation soit née d'un livret des *Quatre navigations,* envoyé de Lisbonne par Vespucci à son ami d'enfance Solderini, gonfalonier de Florence, le 4 septembre 1504. C'est la traduction en latin qui fut incorporée dans l'ouvrage de Waldeseemuller dont le titre complet est : *Universa cosmographia secundum Ptholomae traditionem et Americi Vespucci aliorumque illustrationes.* La mappemonde réalisée par le cartographe allemand pour accompagner le texte et où il tenait compte des découvertes de Vespucci fit beaucoup pour le succès du livre, réédité à nouveau à Strasbourg en 1511, puis à Lyon en 1518 et traduit en plusieurs langues.

— L'*Orbis nova descriptio,* de Marco Beneventano, soit le chapitre 14 d'une édition de Ptolémée publiée à Rome en 1508, qui fait également allusion au « nouveau monde » découvert.

— Enfin, la première *Décade* en dix livres, publiée en 1511 à Séville, dans une édition latine chez l'imprimeur Cromberger et suivie par une publication à Alcala en 1516 des trois premières *Décades.* Précisons toutefois que les deux premiers livres de la première décade sont tout simplement les deux premières lettres écrites au cardinal Ascanio Sforza, datées du 13 novembre 1493 et du 29 avril 1494. Les *Décades* en effet sont construites à partir de lettres rédigées par notre humaniste mais dont il remanie le texte avant de les incorporer dans son ouvrage pour tirer la leçon des événements.

Ces textes constituent en quelque sorte le *corpus* dont est née l'idée d'Amérique. Celle-ci a été formulée avec le plus de netteté par Waldeseemuller (ou un de ses collaborateurs) dans son *Introductio* de 1507, lorsque, à la description classique du monde en trois parties : Europe, Asie, Afrique, il en substitue une fondée sur la division en quatre parties parce que, explique-t-il, est apparue une *quarta pars mundi.* Et il propose de nommer celle-ci *Amérique* puisque, dit-il, elle a été découverte par Amerigo Vespucci. Le choix du féminin lui est dicté par l'analogie avec les trois autres parties du monde. La terminologie décisive de Waldeseemuller est une preuve capitale de l'impact produit par les *Quatuor Americi Vespucci navigationes ;* d'une lecture agréable et d'une expression claire, elles élargissaient de manière extraordinaire les horizons du monde connu et libéraient les imaginations. On conçoit que le texte de Vespucci ait fait rapidement l'objet de plusieurs traductions.

Plusieurs auteurs, dont notamment Levillier et Edmundo O'Gorman, en ont conclu que l'appellation d'Amérique est parfaitement justifiée. Car c'est en somme Vespucci qui a conçu le premier l'idée d'Amérique. Conclusion un peu hâtive : il serait plus juste d'écrire qu'il a su le premier exprimer cette idée avec netteté. Car il faut rappeler que Vespucci s'était trompé lui aussi, et souvent, et jusqu'à une date avancée : dans sa lettre à Lorenzo di Pier Francesco Medici du 18 juillet 1500, les calculs de longitude dont il fait état sont très proches de ceux de Colomb et ont pour effet de proposer une représentation du globe très inférieure à la réalité. Il a participé aux visions fantasmatiques des gens de son temps et les a stimulées par ses récits : car notre Vespucci a vu d'énormes serpents « longs de huit brasses » (!), a découvert les empreintes de géants, a fait vivre plus de cent trente ans hommes et femmes de rencontre ! Qui plus est, la formulation de Vespucci à propos de la « quatrième partie du monde » prête à confusion et ne signifie pas qu'il croit avoir trouvé un continent aussi considérable que les autres : « Nous avons parcouru en naviguant la quatrième partie du monde », écrit-il après avoir calculé qu'ils ont navigué sur 90 degrés, c'est-à-dire « le quart de la circonférence terrestre ». Comme Amerigo Vespucci a une fâcheuse tendance à s'attribuer les découvertes des autres, il serait ainsi plus juste d'admettre avec Juan Gil que le concept d'Amérique est issu d'une germination lente et d'une prise de conscience collective dont Vespucci fut, il est vrai, l'interprète le plus doué... et le plus heureux. Et il faut d'autre part rendre hommage à l'intelligence des événements dont ont fait preuve les humanistes italiens qui leur ont donné aussitôt la publicité souhaitable.

En outre, il ne faut pas négliger la prudence et le scepticisme dont témoigna Anghiera, dans ses premières lettres, à l'égard de Colomb, malgré ses bonnes relations avec le Génois et en dépit de l'importance qu'il prêta rapidement aux découvertes. Mais dès le 13 novembre 1493 (lettre à l'archevêque de Braga), il faisait part de sa réserve : Colomb pensait avoir touché les îles extrêmes de l'Asie ; or, « la grandeur de la sphère (terrestre) semble indiquer le contraire », observe aussitôt Anghiera, sans nier, en d'autres occasions, la possibilité de cette identification. A cette époque, il croit volontiers que les îles découvertes se trouvent entre l'Europe et l'Asie et qu'il s'agit de l' « Antilla » ou « Antlia ». En quelque sorte, Pierre Martir ne soupçonne pas alors l'existence de l'Amérique mais il en réserve la possibilité en refusant de confondre les îles découvertes avec l'Inde.

Lorsque, au retour de son deuxième voyage, Colomb

affirme la continentalité de Cuba, Pierre Martir est impressionné mais il ne se rend pas totalement. A juste titre puisque le troisième voyage prouve au contraire l'insularité de Cuba, tout en révélant l'existence d'une côte très longue, sans ouverture ou passage, la « Terre Ferme », confirmée par le voyage de Vicente Yañez Pinzon. Anghiera commence à admettre l'existence d'un continent, mais distinct de l'Asie. De la sorte, il contribue à préparer les esprits à recevoir l'idée de l'Amérique lorsqu'elle s'imposera. La position critique de l'humaniste qu'il a maintenue ainsi montre, il est vrai, la résistance des savants et des lettrés à abandonner les théories classiques héritées de l'Antiquité. Pierre Martir, pour les mêmes raisons, tardera à se rendre à l'évidence du nouveau continent : en 1514, dans la deuxième *Décade*, il se réfère encore au « continent supposé » *(el creido continente).*

Il est évident que les lettres d'Anghiera eurent un public limité et même son *libretto* vénitien fut assez peu diffusé. Il en fut tout autrement des *Décades* mais leur publication n'a commencé qu'en 1511. La conclusion s'impose : ce sont les textes de Vespucci, d'abord les éditions successives de la lettre *Mundus Novus*, à partir de 1503-1504, puis celles des *Quatre navigations*, en latin ou en langue vulgaire, à partir de 1507, qui ont révélé la véritable nature de l'Amérique, sans que l'ampleur du nouveau continent soit encore concevable.

Anvers, 1515. Les humanistes flamands accueillent un de leurs amis anglais. Un homme de trente-sept ans, dont la réputation est déjà consacrée par ses études sur Pic de La Mirandole. Élu en 1504 au Parlement d'Angleterre, il a même exercé une activité politique et le roi Henry VIII le tient en haute estime. Naguère, Érasme s'est réfugié chez lui pour écrire l'*Éloge de la folie* et c'est à son hôte que l'humaniste de Rotterdam a dédié son livre. C'est bien de Thomas More qu'il s'agit. Il prépare alors un grand livre, où il rêve le monde à venir, et ce devait être en effet l'un de ces livres très rares qui accompagnent les hommes de génération en génération et défient l'usure des siècles. Les humanistes anversois confièrent à More leur enthousiasme pour les *Quatre navigations* de Vespucci, qu'ils avaient lues dans l'édition de Saint-Dié. L'Anglais se procura le livre du Florentin et découvrit en quelques jours les aventures extraordinaires des marins ibériques, les îles innombrables qui peuplaient l'occident de la mer Ténébreuse et le continent naguère ignoré dont se dessinaient lentement les rivages, un voyage après l'autre. Il eut connaissance d'une humanité étrange, qui n'avait pas reçu la révélation biblique, dont une moitié vivait aux portes du paradis, dont l'autre était l'esclave de Satan. De cette lecture fébrile l'*Utopie,* déjà pour une part composée et rédigée, sortit transfigurée. Un personnage surgit, Raphaël Hythlodée, dont Thomas More n'avait pas médité auparavant l'invention, pour incarner l'odyssée des Européens de ce temps. Raphaël, « poussé par le désir de contempler le vaste monde (...) s'attacha à la personne d'Amerigo Vespucci et demeura constamment avec lui pendant les trois derniers des quatre voyages (...) sauf qu'il ne revint pas avec lui après le dernier. Il mit tout en œuvre alors pour obtenir d'Amerigo la faveur d'être l'un des vingt-quatre hommes qui, au point le plus éloigné qu'atteignit l'expédition, furent abandonnés dans le fort de Castel... » (*Utopie,* livre I).

Raphaël, dès lors, accumulait les aventures, explorait des terres inouïes, parcourait océans et continents, et revenait au Portugal par l'Asie, Ceylan, Calicut, les îles de l'Épicerie. « Supérieur à Ulysse... », comparé à lui « Amerigo Vespucci n'a rien vu ». C'est à l'issue de ces extraordinaires expériences que Raphaël allait parvenir à Utopie.

La première édition de l'*Utopie* était publiée à Louvain en 1516, rapidement suivie de trois autres : l'une en 1517 à Paris, deux en 1518 à Bâle. Toute l'Europe des lettres connaissait désormais Raphaël Hythlodée qui venait de réaliser le tour du monde, un an avant le départ de l'expédition de Magellan, quatre ans avant l'arrivée à Séville de Sebastian El Cano et des rescapés du fabuleux voyage, haillonneux, hâves, hallucinés. Admirable anticipation de l'utopie sur l'événement, admirable consécration de l'action par le préalable de l'idée.

Peut-on imaginer témoignage plus direct, plus éclatant, de l'audience obtenue par Vespucci dans l'Europe humaniste ? Car le nom de Vespucci, ou sa mémoire, hante le livre I de l'*Utopie*. Celui de Colomb est inconnu ! Ainsi s'affirme le rôle du premier dans la diffusion du concept d'Amérique, l'erreur du second à persévérer dans son hypothèse initiale. D'une certaine façon, l'*Utopie* justifie les thèses de Levillier et d'O'Gorman à propos de la légitimité du nom d'Amérique.

Mais il ne faut point nous leurrer : en 1516-1518 on savait que l'Amérique existait, on en ignorait encore la réalité, l'extension, pour tout dire l'importance. Il va sans dire que la portée de l'événement de 1492 était méconnue puisque le principal protagoniste, mort en 1506, n'avait plus, hors d'Espagne, le simple honneur de la citation.

Faut-il ajouter que, même au-delà de 1510, la postérité de cet événement était mal évaluée. En 1511, Francesco Guicciardino vint en Espagne comme ambassadeur de la république de Florence. Il laissa une *Relation d'Espagne,* restée inédite jusqu'en 1932. Cette brève relation, vingt-trois pages seulement, contient exactement trois lignes (!) relatives aux découvertes et seulement aux îles, sans mention du continent : « Les îles nouvellement découvertes comme l' " Espagnole ", la Jeanne et d'autres où l'on obtient de l'or dont la cinquième partie se garde pour le roi et les quatre autres appartiennent à qui se le procure. » Contemporaine de la découverte, la conquête de Grenade est mieux traitée, une dizaine de lignes. L'ambassadeur, âgé à cette époque de vingt-neuf ans, écrivit en 1512-1513, de Burgos, Valladolid et Medina del Campo, dix-huit lettres au Conseil des Dix de Florence, créé par Laurent le Magnifique sur le modèle de celui de Venise. L'Amérique n'a pas droit à un seul mot. Restent deux lettres écrites par Francesco à son frère. Dans celle datée du 17 juin 1513, le Florentin signalait l'arrivée à Lisbonne d'une flotte procédant de Calicut et de Malacca, porteuse de très riches cargaisons d'épices dont il détaille le contenu : poivre, cannelle, noix muscade, macis, gingembre, santal, rhubarbe, benjoin, aloës, plus la soie et l'étain, et il précise les quantités. Il ajoute cependant : « Je crois que vous êtes au courant de la navigation que ce roi (il s'agit alors de Ferdinand le Catholique puisque Isabelle est morte) maintient avec les Indes occidentales — c'est ainsi qu'ils les nomment ici — depuis que Colomb découvrit, il y a bien des années, plusieurs îles dont ces Espagnols ne tirent *rien* sauf de *l'or.* Ensuite, ils découvrirent également la Terre Ferme et rendez-vous compte que chaque année il arrive en Espagne de là-bas 400 000 ducats ou davantage, dont le cinquième est pour le roi (...). Il y a quelques jours on a reçu des nouvelles selon lesquelles sur cette Terre Ferme on a trouvé en certains lieux des gisements d'or d'une telle qualité que s'ils peuvent en extraire la huitième partie ils fourniront de grandes ressources et le roi donne des ordres pour expédier là-bas un capitaine avec 1 000 hommes. »

Tout est clair. Les voyages portugais avaient eu beaucoup plus d'importance que les découvertes espagnoles. Le grand événement avait été l'expédition réussie de Vasco de Gama en 1497-1498, bien plus que la découverte confuse de Colomb en 1492-1493. Mais voici l'or ! Colomb ici se substitue à Vespucci, pourtant florentin, l'existence du continent est connue, les gisements signalés sont vraisemblablement ceux de la Castille d'Or (isthme de Panama). Colomb n'avait pas eu de chance ; depuis 1501-1504 la production d'or était devenue une réalité substantielle, elle n'était plus objet de raillerie. On songe aux réflexions amères de Colomb, selon la *Relation du troisième voyage,* publiée par Bartolomé de Las Casas, lorsqu'il se plaint de l'impatience des Castillans et leur oppose la patience des Portugais, dont avec Vasco de Gama ils recueillent les fruits. De fait, les temps étaient proches désormais de « l'explosion » de l'Amérique.

### 3) Tour du monde, Mexique et Pérou réalité de l'extraordinaire et reclassement des événements

Dans une lettre datée du 3 octobre 1522, l'un des secrétaires de l'empereur, Maximilien « Transilvano », qui se trouvait alors à Valladolid, faisait part au cardinal Salpurgente, évêque de Carthagène, des extraordinaires événements survenus à quelques mois de distance. L'un des plus étonnants était certainement la conquête du Mexique : « Et maintenant, en conclusion, ils ont découvert et sont parvenus à une très grande cité appelée Timixtlan qui se trouve très à l'intérieur du pays, au milieu de cette Terre Ferme (...) fondée et installée sur un grand lac à la manière de la cité de Venise. »

Il y avait en effet de quoi s'étonner et s'extasier. Depuis 1493, les terres nouvelles, les îles mais aussi les rivages de la Terre Ferme, du Brésil à la Castille d'Or, étaient des pays d'hommes nus et pauvres, dépourvus de toute organisation urbaine. Les informations recueillies par les francs-tireurs qui avaient débarqué au Yucatan en 1517 et 1518 n'étaient pas parvenues en Europe. Or, la nouvelle diffusée par

« Transilvano » allait être très vite confirmée par les *Cartas de relacion* de Cortès et par le spectacle des bijoux et des tissus envoyés par le conquistador du Mexique. A l'évidence, il ne s'agissait plus d'hommes nus. Le raffinement, l'habileté technique dont témoignaient ces objets révélaient l'existence d'une société développée, d'une civilisation brillante, tout à fait différente de l'humanité antillaise ou caraïbe, dont l'arriération technologique était évidente.

Cependant, Transilvano avait été encore plus impressionné par l'arrivée à Valladolid au début d'octobre de Juan Sebastian El Cano, venu rendre compte à Charles Quint de l'accomplissement du premier tour du monde. Transilvano délire d'enthousiasme et ce sentiment est parfaitement légitime ! Les rescapés lui apparaissent « plus dignes d'une immortelle mémoire que ces argonautes qui naviguèrent avec Jason et s'en furent en Colchide, ce pourquoi les poètes antiques leur ont octroyé la célébrité ». Car, précise Transilvano, « partis de Séville contre le Midi et de là s'étant tournés contre l'Occident, ils sont passés en dessous de notre hémisphère, ont pénétré les parties orientales d'où, se tournant contre l'Occident, ils ont parcouru avec maints détours tout le globe de la Terre et sont revenus à Séville d'où ils étaient partis ». Au passage, Transilvano ne se privait pas de se moquer des prétentions des Anciens, mais son émerveillement ne connaissait plus de bornes à l'idée que ces intrépides navigateurs étaient passés par les Moluques « où se trouve la naissance des épiceries » et, simultanément, il apprenait la nouvelle croyance des rois des Moluques en l'immortalité de l'âme, grâce à leurs relations avec les musulmans, bien dignes de mérite par cette conversion.

Tout au long de ce périple, les Espagnols n'avaient pas rencontré de « monstres », à peine des géants, les inévitables Patagons. On conçoit qu'une telle lettre, porteuse de révélations aussi prodigieuses, ait été rapidement imprimée (à Cologne, en 1523) et diffusée. La coïncidence, véritablement merveilleuse, entre ces deux événements majeurs, tous deux fils de 1492, allait modifier en quelques années la perception de la planète et celle du nouveau continent. Et Jean-Paul Duviols observe avec lucidité que si la découverte des îles occidentales et même l'arrivée en Espagne des « sauvages » ramenés par Colomb n'avaient suscité qu'un intérêt médiocre dans le reste de l'Europe tout allait changer avec la révélation de la grandeur et de l'éclat de l'Empire aztèque. Tandis que s'effondrait d'un seul coup la théorie « asiatique » comme interprétation des découvertes de Colomb et que la mesure exacte de la Terre devenait possible. L'erreur grossière de Colomb était compensée par son triomphe posthume : il avait ouvert la voie aux découvreurs d'Eldorado.

De fait, les confirmations allaient bon train. Sans doute le deuxième envoi de Cortès à destination de l'empereur, après la reddition de Tenochtitlan, était-il intercepté en mer par le pirate Jean Florin, ce qui démontre, soit dit en passant, que l'information avait circulé très rapidement cette fois. Mais une partie de la flotte se sauva et il resta assez de pépites d'or et de parures pour édifier la cour de Valladolid en 1523 : les superbes vêtements, offerts aux divinités aztèques, tissés de fils d'or, témoignaient à la fois de la richesse globale d'une société et de son niveau technologique. Pierre Martir d'Anghiera en tira aussitôt les leçons : en juin 1523, il écrivit à l'archevêque de Cosenza que ces parures démontraient l'existence de « peuples instruits, d'esprit aigu et très habiles ». En même temps, il reconnaissait que « l'existence des îles de l'Épicerie enfin découvertes n'était pas un songe ».

Déjà, Transilvano avait signalé que la capitale aztèque était loin à l'intérieur des terres. L'Amérique n'était plus seulement une idée, elle prenait de l'épaisseur. Or, au cours des trente années qui suivirent, au rythme accéléré des expéditions de découverte, d'exploration et de conquête conduites par les Espagnols, l'Europe abasourdie découvrit simultanément l'immensité du nouveau continent et la richesse de certaines de ses civilisations. La conquête du Pérou, puis celle du pays chibcha (actuelle Colombie), révélaient la réalité de l'Eldorado dont des milliers de conquistadores cherchèrent les répliques, des grandes plaines d'Amérique du Nord jusqu'au sud du Chili. Les raids épiques de Hernando de Soto, Cabeza de Vaca ou Vazquez de Coronado en Amérique du Nord, de Pizarre, Almagro, Belalcazar, Federman ou Jimenez de Quesada en Amérique du Sud, la fabuleuse descente de l'Amazone réalisée par Orellana, prouvaient aussi la démesure de la nature américaine, de ses montagnes, de ses déserts, de ses fleuves, tandis que les temples toltèques, zapotèques, mayas ou incas, entre autres, multipliaient les mystères du Nouveau Monde. Les cartes et les mappemondes successives réajustaient progressivement les représentations du globe terrestre où l'image de l'Amérique grandissait sans cesse. Il suffit pour s'en rendre compte d'en comparer quelques-unes : à la veille des découvertes, la mappemonde d'Henricus Martellus (1489-1490) ignore évidemment l'Amérique et donne par contrecoup à l'Asie une extension considérable vers l'est ; en 1507, la mappemonde de Waldeseemuller représente l'Amérique en continu, du nord au sud, avec un isthme qui marque bien l'Amérique centrale mais, si l'on ose dire, le continent est d'une maigreur extrême et ne peut se comparer aux masses africaine et asiatique. En 1519, la mappemonde du Portugais Lope Homem donne déjà plus d'épaisseur à l'Amérique, en privilégiant notablement le Brésil (expression cartographique du nationalisme !), en présentant l'Insulinde sous forme d'îles innombrables et en prolongeant le « Mundus Novus » jusqu'à l'Asie par un « continuum » antarctique. On est encore loin, à l'évidence, des cartes de Mercator dont, aux deux tiers du siècle, l'approximation à la réalité est considérable.

Toujours attentif à l'évolution de la conjoncture géographique, Pierre Martir d'Anghiera accélère sa rédaction et l'édition d'Alcala de 1530 offre huit *Décades* au lieu de trois, ce qui lui permet d'intégrer dans son œuvre les nouveautés décisives des années 1520. On est cependant surpris de l'indifférence totale à cette actualité essentielle manifestée par certains auteurs. Comment expliquer, par exemple, qu'un certain Jacques Signot, qui publie à Paris en 1539 une *Description du monde* ne souffle mot de l'Amérique ? Et cette erreur grossière n'est pas réparée par les éditions de 1540, 1545, et 1547 ! Mais on comprend encore moins que le docteur Andrès Laguna, médecin et humaniste, qui n'était pas le premier venu, ait pu, dans son fameux discours de Cologne de 1543, énoncer tranquillement : « *Totus terrarum orbis, qui habitabilis est, in tres plagas sive regiones distinguitur : Europam, scilicet Asiam et Lybiam.* » Les non-latinistes ont parfaitement compris. Précisons seulement que Lybiam peut se traduire Afrique. Ainsi, pour le docteur Laguna, jadis étudiant de Salamanque et de Paris, professeur à Alcala, médecin de la famille royale, commensal de l'empereur, l'Amérique, en 1543, n'existe pas ! Pas plus que Joseph Perez, qui a attiré notre attention sur cet étonnant discours, nous ne comprenons cette « impasse » sur l'Amérique, à moins que Laguna n'ait pas voulu séparer le nouveau continent de l'Asie. Difficile à croire en 1543.

A vrai dire, on peut se demander si Charles Quint a jamais compris l'importance du Nouveau Monde. Dans toute la correspondance publiée entre Charles et le pape Adrien VI, alors qu'il s'agit pourtant de lettres écrites à Valladolid en 1522-1523, au lendemain des exploits de Cortès et d'El Cano, nous ne trouvons pas une seule allusion au Mexique et au premier tour du monde !

On conçoit plus aisément une telle incompréhension en France. Pourtant, comment ne pas s'étonner de l'absence totale d'allusions à l'Amérique, à la conquête du Mexique, à celle du Pérou, au tour du monde accompli par Magellan et El Cano, dans le *Journal d'un bourgeois de Paris sous le règne de François Ier*, publication anonyme qui couvre la période 1515-1536. Car cette compilation, fort bien rédigée, témoigne d'une grande attention aux événements internationaux : les conquêtes turques de l'Égypte et de Rhodes, la victoire des Ottomans à Mohacs, le siège de Vienne, y sont largement commentés, de même que l'apparition de Luther et l'essor du protestantisme en Allemagne. Les tragédies de la cour d'Angleterre, le sac de Rome en 1527, les *Comunidades* de Castille, le mariage de Charles Quint et son couronnement ne sont pas oubliés. Mais d'Amérique point. Européocentrisme forcené !

Pourtant, le poids de la Découverte et des conquêtes qui l'ont suivie devient tel que s'opère progressivement un reclassement des événements. Dans la mémoire des hommes, le fait américain, quel que soit le vocabulaire employé, gagne du terrain.

Ainsi, avec le Vénitien Navagero, qui vient en ambassade en Espagne en 1525 et entretint une correspondance avec son ami Ramusio, le reclassement est à peine commencé : le récit de la guerre de Grenade occupe 36 lignes, un peu plus que les considérations relatives aux « Indes ». Les coutumes des Morisques de Grenade et la politique que l'on observe à leur égard ont droit à 54 lignes et la description de l'Alhambra est trois fois plus longue que le discours sur les « Indes ». De plus, Colomb n'est pas nommé une seule fois.

Est-ce parce qu'il est génois ? Navagero constate seulement que tant de Sévillans s'en vont aux Indes que la cité s'est littéralement dépeuplée et se trouve « aux mains des femmes » mais il n'établit même pas la relation entre ce constat et l'extraordinaire engouement provoqué par la conquête du Mexique ! Il cite la *Casa de Contratacion*[1], se montre bien au courant des arrivées d'or puisqu'il signale leur diminution (réelle pendant les années 1520, mais provisoire), donne une description rapide des « Indiens » qu'il a vus à Séville et ses impressions après dégustation des « patates » et des fruits des Indes. Il semble n'être sensible qu'à l'exotisme.

Toutefois, au milieu du XVIe siècle, il semble bien que les ajustements raisonnables aient été opérés par les auteurs en quête de vérité. Voici deux exemples, le chroniqueur Alonso de Santa Cruz (on peut à bon droit le qualifier d'historien) et l'historien de Tolède, Pedro de Alcocer. La *Cronica de los Reyes Catolicos,* œuvre du premier, et l'*Historia de Toledo,* signée par le deuxième, sont à peu près contemporaines : 1550-1552 et 1554. Or, tous deux entendent présenter un bilan du règne des Rois Catholiques.

Santa Cruz, cosmographe et cartographe, s'intéressait évidemment au « nouveau monde ». Il consacre 24 pages à la guerre de Grenade et aux lois sur Grenade, 11 pages à l'expulsion des Juifs de Castille et d'Aragon, 29 pages réparties en plusieurs chapitres aux voyages et découvertes de Colomb. Le chapitre XIV, par exemple, renvoie au VIII pour annoncer le départ, puis raconte l'entrevue de Colomb et des Rois Catholiques à Barcelone, avec récit du premier voyage et le baptême de six Indiens. Ainsi, Colomb passe au premier rang lorsqu'il s'agit de 1492.

Pedro de Alcocer consacre les chapitres 116 et 117 de son *Histoire de Tolède* au règne des Rois Catholiques et le chapitre 117 prétend sélectionner les choses dignes de mémoire de ce règne. Il en retient dix parmi lesquelles les grands événements de l'année 1492, soit la conquête du royaume de Grenade qui occupe deux colonnes, la grande diligence des Rois Catholiques à expulser Mores et Juifs, enfin la découverte du Nouveau Monde qu'il signale en

1. Chambre de commerce créée en 1503 pour organiser et gérer les échanges avec les Indes.

cinquième position : « La cinquième fut la merveilleuse et nouvelle découverte que par leur ordre réalisa Christophe Colomb, l'an du seigneur de 1492 du monde nouveau et inconnu avant appelé les " Indes ". » Or, si Alcocer consacre à peine quelques lignes à certaines de ces actions mémorables, dont « l'établissement de la Sainte Inquisition » ou la réduction des ordres religieux à l'observance de leur règle, il est beaucoup plus prolixe à propos du voyage de 1492 qui est, de très loin, le thème le plus développé et qui occupe dans son livre exactement le double de l'espace accordé à la guerre de Grenade. Au milieu du XVIe siècle, la hiérarchie des événements, telle que la postérité l'organisera, est presque définitivement établie. Mais, simultanément, c'est à une révision presque absolue de la cosmographie, de ses mythes et de ses croyances que l'Europe a dû procéder.

### 4) RÉVOLUTION INTELLECTUELLE, DESTRUCTION ET FLORAISON DES MYTHES

Les mappemondes de 1507 et de 1519 témoignent donc d'un changement profond puisqu'elles tiennent compte de l'Amérique. Mais Lope Homem, par exemple, n'ose pas rompre totalement, en 1519, avec la cosmographie antique. C'est pour cela qu'il soude l'Amérique à l'Asie par le biais d'un continent antarctique mais aussi par l'Arctique. De la sorte, la terre et l'eau existaient en continu.

Le détroit de Magellan va ouvrir une brèche dans ce système. Mais la soudure entre Asie et Amérique pouvait être maintenue au nord — il ne s'en faut que du détroit de Behring pour qu'elle soit réalité — et les échecs répétés dans la recherche du passage du nord-ouest ont longtemps entretenu cette hypothèse. Après le premier tour du monde la question est constamment posée : si Gonzalo Fernandez de Oviedo croit, lui, à l'autonomie du continent américain, à la fin du XVIe siècle le jésuite José de Acosta préfère croire à la continuité terrestre entre les deux continents. Sa motivation est religieuse car, puisque la théologie exclut la possibilité d'une humanité polygénétique, l'explication du peuplement de l'Amérique peut être assurée facilement par une migration venue d'Asie.

Ce seul exemple aide à comprendre la difficulté à repenser

le monde, entreprise pourtant indispensable dès le début du XVIe siècle, à plus forte raison après les années 1519-1522 à tous égards décisives. Quel que soit le respect des Anciens dans l'Europe des humanistes, il faut se résoudre à une révision déchirante.

C'est d'abord la théorie des cinq zones qui vole en éclats. Il est vrai qu'elle datait de Parménide (Ve siècle avant Jésus-Christ !) : elle divisait le monde en cinq plages, deux tempérées séparées par une zone torride et flanquée au nord et au sud de deux zones glacées. La zone torride et les zones glacées étaient réputées inhabitables. Cette théorie avait été greffée sur le *Traité de la sphère* de Jean de Sacrobosco, rédigé au début du XIIIe siècle et demeuré le manuel universitaire de référence jusqu'au début du XVIe siècle (par exemple à Paris, Bologne, Oxford) qui avait imaginé quatre sphères emboîtées correspondant aux quatre éléments : au centre la terre, entourée de l'eau, puis de l'air, enfin du feu (dont le soleil). Sous l'influence de ces théories les « savants » avaient nié, par exemple, la possibilité que les antipodes fussent habitables, et un clerc tel que Lactance avait gravement expliqué l'absurdité du concept d'antipodes : comment supposer en effet que des hommes « aient les pieds en haut et la tête en bas (...) que les herbes et les arbres y croissent en descendant (en ce pays) et que la pluie et la grêle y tombent en montant » ? En 1452 encore, un humaniste de qualité, Aeneus Silvio Piccolomini, le futur pape Pie II, très au courant de toute la science antique et médiévale, de Crotos de Mallos (160 av. J.-C.) à Sacrobosco, ne prenait certes plus Lactance au sérieux dans son *Historia rerum* mais hésitait encore à propos de la Terre entre la forme sphérique et la forme oblongue et pensait toujours que la zone torride était inhabitable. Plusieurs des arguments invoqués par les théologiens contre le projet de Colomb se référaient à la cosmologie antique pour avancer que les navires de Colomb, en allant contre le couchant, ne pourraient pas revenir. En 1496 même, un chanoine de Saint-Jean-de-Latran, Lilio, dans un ouvrage intitulé *Contra antipodes*, affirmait que la Terre n'était pas ronde.

Pourtant, la théorie des cinq zones avait déjà été discutée, contestée dès le XIVe siècle et elle l'était de plus en plus à la fin du XVe siècle : par exemple, par l'Italien Lorenzo Bonincontri, professeur d'astrologie à l'Université de Rome, en

1484; par le Portugais Diogo Gomes qui opposait à la théorie des zones l'expérience des navigateurs; et, en 1498, Pedro Ciruelo, un Espagnol professeur à la Sorbonne, déclara que la zone torride était habitable, contre l'avis de Virgile et d'Ovide mais comme le pensaient Ptolémée et Avicenne et, sans le nommer, il évoquait précisément l'exemple de Colomb qui avait ramené des îles de l'Équateur des « hommes de taille moyenne, toujours de bonne humeur, riant de bon gré (...) assez intelligents ». Un peu plus tard, Duarte Pacheco, dans son *Esmeraldo de situ orbis*, demeuré très longtemps inédit, déclara à son tour que la théorie des zones était fausse car « sous cette ligne équinoxiale il y a bien des populations comme nous l'avons *vu et pratiqué;* et comme l'expérience est mère de toutes choses c'est par elle que nous avons su toute la vérité ». Les écrits de Vespucci et leur remarquable diffusion (soixante éditions de la lettre *Mundus Novus* avant 1529, à Paris, Anvers, Florence, Venise, Cologne, Rostock, Nuremberg, Strasbourg, Leipzig, Pilsen, Magdebourg) accélèrent la prise de conscience. La *Suma de geographia* de l'Espagnol Martin Fernandez Enciso, imprimée à Séville en 1519, qui connaîtra une belle diffusion, balaie elle aussi la théorie des zones au nom de l'expérience, notamment américaine. W. G. L. Randles est fondé à écrire : « En l'espace d'une quarantaine d'années, entre Bonincontri (1484) et Enciso (1519) on voit s'effondrer la théorie cosmographique des zones et cela partout en Europe, de l'Italie à la Pologne, de Paris à Lisbonne. » Pour sa part, le Suisse Joachim von Wett (Vadianus) considérait en 1515 que toutes les parties de la Terre (y compris les antipodes) étaient habitées et Joannes Stoffler, en 1534, se moquait ouvertement : « Eh bien! cher lecteur, où est donc cet océan infranchissable, où donc cette zone brûlée inaccessible ? »

Mais, avec un très léger décalage, c'est aussi la thèse des sphères distinctes qui est mise à mal, au profit de l'unité de la planète où la terre et l'eau s'associent. Déjà, Gregor Reisch, dans sa *Margarita philosophica* de 1503 (douze éditions avant 1550!), considérait que « la totalité de la substance de la terre et de l'eau a constitué un unique corps sphérique ». Mais il croyait encore que l'hémisphère austral n'était fait que d'eau, ce qui fut démenti par Vespucci. En 1515, le Suisse Vadianus expliqua lui aussi que la Terre était ronde, parfois immergée, parfois émergée, mais « en une seule rotondité ». Et le Portugais Pedro Mergalho, dans son *Physices compendium* de 1520 recourt à l'expérience des marins pour démontrer mathématiquement l'absurdité des sphères distinctes, démonstration perfectionnée par son compatriote Andrès de Avelar à la fin du siècle. Dès 1541, alors qu'il rédigeait son *De revolutionis orbis terrarum* (Des révolutions des orbes terrestres), Copernic avait prononcé son verdict : « Si (contrairement à Ptolémée) on ajoute encore les îles découvertes à notre époque par les princes d'Espagne et de Portugal et avant tout l'Amérique, ainsi nommée d'après le capitaine de navire qui l'a découverte (comme Thomas More, Copernic connaît Vespucci mais ignore Colomb), et que, à cause de ses dimensions encore mal connues, on estime être un second continent (...), on ne s'étonnera pas beaucoup qu'il y ait des Antipodes et des Autochtones. En effet, des raisons géométriques nous forcent à croire que l'Amérique occupe une situation diamétralement opposée à celle de l'Inde gangétique. » Copernic ratifie ici, par le calcul, l'expérience des découvreurs. Bien sûr, des esprits attardés continueront longtemps encore à ferrailler contre cette nouvelle conception du monde, qualifiée au XVII^e siècle de « globe terraqué », au nom de la Bible, interprétée au premier degré, mais certains ecclésiastiques, tel le cardinal Contarini, l'admettent parfaitement.

Enfin, évidemment, la nécessité d'inclure l'Amérique comme continent provoque une révolution géographique, déjà évoquée mais très longue à se préciser, notamment en ce qui concerne les rivages pacifiques du nouveau continent. En 1590, Acosta croit toujours qu'ils rejoignent l'Asie au nord. Erreur très légère, il faut en convenir.

Mais l'Amérique était habitée. Autre problème essentiel : quelle était la nature de ses peuples ?

Colomb et Vespucci avaient rencontré une humanité ambiguë : des peuples doux et pacifiques « qui aimaient leur prochain comme eux-mêmes », d'autres guerriers et féroces qui aimaient leur prochain... jusqu'à le dévorer ! Cette vision duelle devait avoir une longue postérité, engendrer une controverse qui n'était pas simple querelle d'école puisque les réponses justifiaient ou, à l'inverse, condamnaient la colonisation.

Ginès de Sepulveda, par exemple, qui ne fit jamais le voyage des Indes mais avait beaucoup lu, concluait sans hésiter à l'infériorité des « Indiens » : êtres primitifs, aux mœurs dépravées, adonnés à la sodomie, qui pratiquaient les sacrifices humains et le cannibalisme, ils différaient autant des Espagnols que les singes diffèrent des hommes. Par conséquent, il était tout à fait logique d'exiger d'eux des prestations diverses (travail forcé, portage, orpaillage) en échange des services qu'on leur rendait en les évangélisant et en les civilisant. Sepulveda applique tout simplement l'un des principes de la *Politique* d'Aristote à propos de l'esclavage : « Quand des hommes diffèrent entre eux autant qu'une âme diffère d'un corps et un homme d'un animal (...) ceux-là sont par nature des esclaves parce qu'il est préférable de subir l'autorité d'un maître. » Sepulveda justifie du même coup l'*encomienda,* plus favorable aux Indiens que l'esclavage classique.

La référence à Aristote est importante car les hommes du XVIe siècle réagissent conformément à leur temps et ne mettent pas en cause la sagesse de l'Antiquité. Ils ne s'en prennent pas au principe de l'esclavage : dans le cas d'une « guerre juste » les vainqueurs ont parfaitement le droit d'appliquer des sanctions aux vaincus et, notamment, de les réduire en esclavage. Cependant, le christianisme a apporté une nouveauté : si les vaincus sont chrétiens ils devront seulement payer une rançon ; s'ils sont païens (ou infidèles) on peut en faire des esclaves.

Un champion des droits des Indiens tel que Bartolomé de Las Casas ne conteste pas cette logique. Mais, pour lui, les guerres faites aux Indiens sont « injustes ». Ces peuples vivaient sur leurs terres et n'avaient pas agressé les Espagnols qui sont venus les dépouiller de leurs biens et de leurs femmes et les contraindre au travail. Las Casas conteste l'autorité d'Aristote, grand philosophe mais dont les raisonnements n'ont pu le conduire à Dieu, qui n'a pas connu le Christ. Disciple de Thomas d'Aquin, Las Casas maintient que la foi est « un acte libre de la volonté ». On ne peut donc obliger les Indiens à la conversion : la seule colonisation admissible doit être pacifique, telle que Las Casas, évêque de Chiapas, la tentera au Guatemala. Evidemment, Las Casas parie sur la raison et la pleine humanité des Indiens. Francisco de Vitoria, pour sa part *(Leçons sur les Indiens et le droit de guerre),* thomiste comme Las Casas, reconnaît qu'aux « Indes » les Espagnols ont trouvé des villes, des institutions, des lois, des religions, une organisation sociale, ce qui démontre que les Indiens n'étaient pas arriérés et étaient doués de raison. De plus, ils jouissaient de la souveraineté politique et celle-ci est inviolable. Vitoria estime même que la pratique de la sodomie ne justifie pas une intervention guerrière car il ne s'agit que d'un péché parmi d'autres et il faudrait alors intervenir partout. En revanche, cannibalisme et sacrifices humains ne lui paraissent pas supportables et autorisent la guerre. Il s'agit de sauver des innocents. Par cette brèche, Vitoria introduit le droit de tutelle alors que ses démonstrations antérieures induisaient la condamnation de la colonisation. Mais l'aptitude à l'usage de la raison par les Indiens ne faisait, selon lui, aucun doute.

On conçoit en tout cas que ces controverses, dont on a retenu seulement ici les cas les plus fameux, aient longtemps retardé le diagnostic à l'égard des Indiens, d'autant que leur diversité entretenait incertitudes et confusion : les gens qui étaient allés aux « Indes » savaient d'expérience que Taïnos, Caraïbes, Aztèques, Chibchas ou Incas (à supposer que l'on puisse camoufler sous ces trois derniers noms, eux-mêmes contestables, des peuples nombreux) étaient aussi différents les uns des autres que Slaves, Ibériques, Arabes ou Turcs ! Les clercs demeurés en Europe avaient du mal à l'imaginer : il fallut donc attendre la bulle *Sublimis Deus* du pape Paul III (2 juin 1537) pour que les Indiens soient déclarés « hommes véritables, non seulement capables d'embrasser la foi du Christ mais (...) très enclins à cette foi » et ces dits Indiens « quoiqu'ils soient hors de la foi du Christ ne soient pas privés de la liberté et de la possession de leurs biens, qu'au contraire ils puissent librement et licitement user et jouir de cette liberté et de cette possession et qu'on ne puisse pas les réduire à la servitude... ».

Il était si difficile de tordre le cou aux légendes et aux mythes ! A mesure que l'Amérique détruisait les fables elle en forgeait de nouvelles. Les hommes « raisonnables » de l'Europe occidentale ne parvenaient pas à renoncer aux « monstres » dont Colomb, à grand regret semblait-il, n'avait pas trouvé trace. John de Hollywood, dans sa *Sphaera mundi* (1498), décrivait les « sauvages américains » comme des créatures de couleur bleue à la tête carrée : Diego Velazquez, gouverneur de Cuba, demandait à Hernan

Cortès de lui ramener des hommes à tête de chien : Walter Raleigh, dans sa *Relation de Guyane,* admettait l'existence d'êtres acéphales qu'il logeait en Amazonie : Vespucci, dès 1500, répand l'idée des géants, reprise au cours du XVIe siècle par Pigafetta, Thevet, Cavendish, entre bien d'autres. En 1704 encore, on signale des individus hauts de neuf à dix pieds. Le même Vespucci a rencontré, à l'en croire, tant de témoignages de longévité exceptionnelle que le conquistador Juan Ponce de Leon s'en va en 1513 à la recherche de la fontaine de jouvence, dont naîtra la Floride. Et, au XVIIIe siècle, Claude d'Abbeville prétendra avoir vu au Marañon des femmes âgées de 80 à 100 ans donner la mamelle à de petits enfants. Que dire alors des Amazones ! Colomb, le premier, en révèle l'existence dans l'île de Matunino (la Martinique). Vingt ans plus tard, Grijalva les cherche au Yucatan : vingt ans de plus et Jimenez de Quesada, le conquistador « lettré », pense les trouver sur le plateau chibcha. Et, en 1541, Francisco de Orellana, confirmé par son compagnon, le chroniqueur Carvajal, croit fermement les avoir rencontrées lors de la descente du grand fleuve qui va, définitivement, leur emprunter son nom.

Mythe résurgent, proliférant ! En 1558, Thevet réaffirme l'existence des Amazones dans *les Singularités de la France antarctique.* Le jésuite Cristobal de Acuña, en 1641, fait référence aux Amazones comme à une opinion commune. Un homme des Lumières, grand savant de surcroît, se livre à leur sujet aux Amériques à une enquête ethnologique et admet la possibilité de leur existence. Prestige de l'anormalité ! Sébastien Münster, dans sa *Cosmographie* (1550) menace les navigateurs transocéaniques de monstres marins fantastiques et redoutables.

Certains esprits libres, disposés à la « modernité », bafouaient avec allégresse l'autorité enfin ruinée des Anciens. C'était le cas du secrétaire de Charles Quint déjà évoqué, Maximilien Transilvano : il était ravi de prendre en défaut Hérodote et Pline à propos de l'origine de la cannelle, de l'existence véritable des îles des Épiceries, rectifie avec plaisir les erreurs de Ptolémée, constate qu'au long de leur voyage autour du monde, les Espagnols n'ont rencontré aucun monstre, contrairement à ce que pensaient les Anciens. Mais des humanistes comme Pierre Martir ont beaucoup de peine à admettre ces erreurs. Par exemple, si

Colomb est bien arrivé aux Indes, cela veut dire que la Terre est plus petite que Ptolémée ne le croyait. Un mauvais point pour Ptolémée ! Mais lorsqu'il s'avère qu'il ne s'agit pas des Indes, que la Terre a bien les dimensions estimées par Ptolémée, le bon point récupéré par la science de l'Antiquité est annulé par la démonstration de l'existence d'un continent dont ils n'avaient pas connaissance. Une révision déchirante est, en tout état de cause, inéluctable.

Soit ! mais il ne saurait être question de prendre la Bible en défaut. Elle doit rester au-dessus de tout soupçon. En 1590, le jésuite José de Acosta observe : « Dans une affaire aussi considérable que la Découverte et la conversion du Nouveau Monde à la foi du Christ il est très raisonnable de penser qu'il y en a quelque mention dans les Saintes Écritures. » Bien vu ! On conçoit par conséquent l'effort persévérant des contemporains des Grandes Découvertes pour parvenir à une localisation biblique satisfaisante des terres nouvelles. Si on perd de vue cette *nécessité* des hommes des XV^e^ et XVI^e^ siècles on court le risque de ne rien comprendre à leur perception de l'Amérique.

A ce propos rien de plus éclairant que la recherche des royaumes salomoniques, Ophir et Tarsis. Anghiera est très sceptique lorsque Colomb, lors du troisième voyage, continue à prétendre que Ophir se trouve dans l'île Espagnole : « Si on considère attentivement ce qu'enseignent les cosmographes ces terres sont les Antilles et îles adjacentes. » Lucidité, certes. Mais cela ne veut pas dire que, pour Anghiera, Ophir et Tarsis n'existent pas. De plus, un grand nombre d'auteurs ne partagent pas le scepticisme d'Anghiera. Célébrant le triomphe de Pavie en 1525, Forsetier énumère parmi les domaines de Charles Quint « la riche Ophir, isle nommée Espagnole à présent ». Sur la carte du *Ptolémée* de Michel Servet figure l'indication : « Spagnolaque et *Offira* dicitur. » Dans le *Novus orbis* de Grynaeus on lit : « Alii appelant hujusmodi insulam *Offiram.* » On n'en finirait pas...

Et ceux qui pensent que Ophir n'est pas dans l'Espagnole continuent à chercher le fabuleux royaume. Le texte de la capitulation signée avec Cabot, le 4 mars 1525, document officiel, stipule que Cabot ne va pas seulement aux îles des Épiceries, désormais identifiées (ce sont les Moluques) mais aussi à la recherche des « terres de Tarsis et d'Ophir et le

Cathay oriental et Cipango ». Durant la confection de la Bible polyglotte à Anvers, Arias Montano est séduit par la possibilité de ce que Ophir soit le Pérou et l'idée que le temple de Jérusalem a été construit avec l'or du Pérou est donc défendue ardemment par des humanistes de qualité, elle sera maintenue en plein XVIIe siècle, à l'aide d'innombrables acrobaties philologiques.

On pourrait naturellement montrer à quel point le prophète Isaïe et l'Apocalypse de saint Jean ont été sollicités par les hommes du XVIe siècle alors que les expressions invoquées : « nouveau ciel... nouvelle terre... nouvelle Jérusalem... », de nature allégorique, n'impliquaient d'aucune manière une manifestation temporelle et géographique. Il arrive même que se combinent dans l'esprit de nos exégètes les mythes de l'Antiquité et ceux de l'Ancien Testament. Un exemple extraordinaire est celui de la tradition de la porte de Fer. Selon le *Pseudo-Callisthène* et le *Pseudo-Méthode,* Alexandre le Grand, horrifié par la férocité de certains peuples asiatiques, les vainquit et les parqua dans un cirque de montagnes infranchissables dont il boucla l'unique passage par une porte de fer, totalement hermétique, sans recours. Les apports successifs de la légende rejetèrent derrière ces portes, avec Gog et Magog, les cynocéphales, les Sarmates, les Huns, les Tartares, les monophysites, en bref tous les Barbares, quelques hérétiques en prime et, pour finir, les dix tribus perdues d'Israël, bien qu'à l'origine les peuples enfermés par Alexandre n'aient rien eu de commun avec les Juifs.

L'amalgame était déjà réalisé dans la *Historia scolastica* de Pierre Comestor, au XIIe siècle, et, au début du XVIe siècle, les *Judei clausi,* c'est-à-dire les tribus perdues, sont « cartographiées » (!) sur plusieurs mappemondes, au nord de l'Asie, cernées par de hautes montagnes : sur celles de Contarini-Roselli (1506), Ruysch (1508), Waldeseemuller lui-même en 1513 et enfin sur le *Theatrum orbis terrarum* d'Ortelius en 1584 ! Eh bien ! Dans le premier chapitre de son *Histoire des Indiens de Nouvelle Espagne,* frère Diego Duran s'employa à démontrer que les Indiens d'Amérique étaient les survivants des dix tribus perdues d'Israël. Et le dominicain Gregorio Garcia, dans un livre consacré aux *Origines des Indiens de Nouvelle Espagne et des Indes occidentales,* publié à Madrid en 1729, soutenait la même théorie :

provenant de Mongolie et de Chine, les rescapés des tribus étaient passés au Nouveau Monde : ils avaient d'ailleurs conservé selon l'auteur des caractéristiques juives : ils étaient timides, peureux, cérémonieux, menteurs, subtils et... enclins à l'idolâtrie !

Pourtant, au XVIII$^e$ siècle, l'Amérique changeait de sens.

### 5) Autour du troisième centenaire Colomb, l'Espagne et l'Amérique à l'épreuve des Lumières

Au cours du XVIII$^e$ siècle l'intérêt pour l'Amérique grandit sans cesse en Europe. Le XVIII$^e$ siècle est d'abord le temps de l'or brésilien et de l'argent mexicain, il est aussi le temps du commerce des « îles » dont le sucre, le rhum, le café, l'indigo permettent de superbes profits aux négociants de France et d'Angleterre et, par voie de conséquence... aux négriers de toutes nationalités. Et le dernier quart du siècle devient le temps de l'Idéologie, notamment de celle des « Insurgents » d'Amérique du Nord, en même temps que du débat sur la colonisation espagnole montrée du doigt, honnie par les philosophes. Car c'est aussi l'époque où la Légende Noire s'acharne sur une Espagne qui sert de repoussoir aux philosophes des Lumières.

Mais Colomb refait surface. Et de quelle manière ! Oublié Vespucci, Colomb devient un héros, le personnage grandit aux dimensions du mythe. Négligeons provisoirement quelques voix discordantes : le personnage est investi de tous les mérites, hardiesse, courage, générosité, esprit d'entreprise ; il est même exempt, à en croire ses thuriféraires, de la soif de l'or qui a dévasté l'Amérique. Il inspire les poètes épiques, les philosophes, les historiens, les concours des Académies, et, de plus en plus, alors que se rapproche le troisième centenaire. Dès 1757, Mme du Bocage avait publié *la Colombiade* où elle faisait surtout mérite au Génois d'avoir porté la foi catholique au Nouveau Monde : elle fut suivie par le *Christophe Colomb ou l'Amérique découverte* (1773), de Nicolas-Louis Bourgeois, académicien de La Rochelle, qui lui consacra cet interminable poème ; puis, par *le Nouveau Monde,* de Robert Le Suire (1781), par l'épître du chevalier de Lespinasse, *Colomb dans les fers à Ferdinand et Isabelle,* qui enleva ainsi le prix de l'Académie de Marseille en 1782, enfin par *l'Amérique découverte,* poème épique en six livres de Pierre Laureau (1783).

Colomb faisait à peu près l'unanimité. En 1756, le Président de Brosses saluant « l'incroyable réussite » de Colomb dans son *Histoire des navigations aux terres australes* invitait les navigateurs à poursuivre l'exploration de l'hémisphère sud, que des officiers de marine recommandaient également. Voltaire faisait l'éloge de Colomb dans *l'Essai sur les mœurs,* Helvétius s'associait à ce jugement dans *De l'homme,* Rousseau se prenait pour Colomb dans une de ses *Rêveries,* Delisle de Sales dans la *Philosophie de la Nature* assurait qu'il respectait hautement sa mémoire ; Thomas Rousseau, chantre du commerce maritime, en faisait un « moderne Jason » (comme jadis Maximilien Transylvain) et d'autres auteurs, dont le financier Chambon, le considéraient comme le restaurateur du commerce. Mme de Genlis lui accordait une place d'honneur dans les *Annales de la Vertu* (1781), qu'il avait méritée par sa soif de connaissances, condition nécessaire du progrès scientifique.

Lorsque les contemporains considèrent que la découverte a fait le malheur de l'Amérique, ils prennent grand soin d'innocenter Colomb : « Tu conduisis des vautours au Nouveau Monde mais tu ne l'étais pas et l'Espagne ingrate t'a puni » (Delisle de Sales) ; « Tu fus juste, Colomb » (Thomas Rousseau). Joseph-Henri Mandrillon, auteur d'une dissertation, *Recherches philosophiques sur la découverte de l'Amérique,* considère par exemple que cette découverte fut un mal mais exprime une grande admiration pour Colomb, même pour le colonisateur, et impute son échec à la cour d'Espagne et aux autres colons.

La plupart des médecins des Lumières, qui voient dans la découverte de l'Amérique l'origine de la diffusion catastrophique de la syphilis, n'en rendent pas Colomb responsable : « Malheureux Colomb ! Triste victime de la fortune et des flots, tu fais au péril de ta vie une découverte des fausses richesses dont l'effet sera (...) de faire circuler dans l'autre moitié (de la Terre) avec le luxe et les crimes une *peste secrète* qui empoisonne la plus douce, la plus innocente volupté », s'écriera Guillard de Beaurieu (1771) ; l'abbé Pierre-Jean Roubanel déplore que le « doux, humain, généreux, équitable » Colomb ait favorisé sans le savoir les crimes contre l'humanité ; Joseph Roman dans un poème dont le titre est explicite (*l'Inoculation,* 1773) s'en prenait à Vespucci et à Colomb mais en leur accordant le bénéfice de l'ignorance :

> « *Si vous eussiez connu les horribles fléaux*
> *Qu'en devaient apporter vos funestes vaisseaux*
> *Non, jamais, vous n'auriez cherché dans les étoiles*
> *Une route cachée au vaste sein des eaux.* »

Seul ou presque, Simon-Nicolas Linguet, auteur d'une *Histoire politique et morale* (1766) persifle Colomb en imaginant que la vérole s'adresse à Colomb et aux Espagnols pour leur rendre grâces : « Oh ! vaillant et célèbre Christophe Colomb ! Ô vous, mes fidèles et bien-aimés Castillans ! Bénis soyez-vous à jamais, vous qui avez multiplié ma race comme le sable de la mer et ma postérité, comme les étoiles du ciel. » De fait, Saint-Domingue est considéré au XVIII^e siècle comme le foyer de diffusion de la syphilis. Le docteur Jean Astruc, professeur au Collège de France (*De morbis venereis,* 1728), l'abbé Richard, Cornelius de Pauw, ont défendu cette thèse reprise vigoureusement aujourd'hui par plusieurs historiens de la médecine, dont plusieurs Nord-Américains. En tout cas, au XVIII^e siècle, l'expression « recueillir l'héritage de Christophe Colomb » avait une signification fort précise. Une si funeste conséquence de la découverte, étendue à l'ensemble de la planète, permettait de poser la grande question en une époque où l'on se plaisait à raisonner en termes d'universel : « La découverte de l'Amérique a-t-elle été utile ou nuisible au genre humain ? S'il en est résulté des biens, quels sont les moyens de les conserver et de les accroître ? Si elle a produit des maux, quels sont les moyens d'y remédier ? »

Selon Daniel-Henri Pajeaux, ce serait l'Académie de Pau qui aurait la première, en 1774, formulé cette question. L'académie des sciences, arts et belles-lettres de Lyon prit le relais en 1782 en mettant au concours un prix de douze cents livres offert par l'abbé Raynal. Le prix, qui devait être accordé en 1783, fut plusieurs fois ajourné, jusqu'en 1787, et cette année-là, l'Académie retint trois discours mais sans décerner le prix. À son tour, et pour le troisième centenaire, l'Académie française institua un prix avec une question un peu différente : « Quelle a été l'influence de l'Amérique sur la politique, le commerce et les mœurs de l'Europe ? » L'Académie adoptait une position très « européo-centrique », au contraire de celle de Lyon, mais il faut bien convenir que les discours envoyés à Lyon faisaient, eux aussi, surtout référence à l'Europe.

Plusieurs de ces discours ou dissertations ont été conservés : ceux de Mandrillon, de l'abbé Genty, de Chastellux, d'un citoyen de Lyon demeuré anonyme; de Carle, avocat au Parlement de Paris; du vainqueur, lui aussi anonyme, du prix de l'Académie française. Ils permettent de savoir ce qu'était, dans l'opinion éclairée de la France prérévolutionnaire, la vision que l'on avait de la découverte de l'Amérique au terme de trois siècles.

Première évidence. Si Colomb est admiré, l'Espagne des découvreurs et des conquistadors est vilipendée, mise au banc d'infamie. C'est un véritable réquisitoire, un florilège de la « Légende Noire » et l'Espagne n'a d'ailleurs retiré aucun bénéfice de la Découverte. L'abbé Genty écrit même : « L'Espagne, la nation qui possédait les mines du Mexique et du Pérou, se convertit rapidement en une des plus pauvres de l'univers » et n'hésite pas à faire des conquistadors « les plus dépravés des hommes » ! Mandrillon va jusqu'à accuser les Espagnols d'avoir « assassiné » douze millions d'Indiens. Chastellux, il est vrai, n'impute pas aux conséquences de la Découverte les malheurs de l'Espagne mais à l'expulsion des Maures et des Juifs et, de plus, au rôle de l'Inquisition : il propose donc à sa manière une interprétation de 1492 qui rétablit la simultanéité des grands événements de cette année. Comme il met aussi en lumière le rôle de la Découverte dans l'essor du commerce et la création de nouvelles richesses, on peut créditer Chastellux d'un certain sens des perspectives historiques. C'est une exception.

Deuxième évidence. Le bilan d'ensemble est établi par référence à l'Europe et n'accorde aux conséquences de la Découverte sur l'Amérique qu'une place fort médiocre tandis que les effets de l'événement sur l'Afrique (notamment la traite) ne sont même pas soupçonnés ! L'anonyme de Lyon souligne par exemple le rôle du métal américain dans la politique impérialiste de l'Espagne aux XVIe et XVIIe siècles. D'une façon générale, on considère que la découverte de l'Amérique a été utile aux nations européennes et c'est le point de vue du vainqueur du concours de l'Académie française, l'un des plus originaux, qui met en balance l'augmentation des « commodités » de l'existence et le mal du luxe, montre que si l'Espagne s'est appauvrie c'est parce qu'elle a privilégié abusivement l'exploitation minière au lieu de la mise en valeur agricole (un soupçon de physiocratie !). L'anonyme de Lyon observe l'échange des maladies : les Européens ont apporté la variole en Amérique d'où ils ont ramené la syphilis en raison de « l'incontinence castillane ». Le discours primé par l'Académie française accorde aussi une grande importance à la syphilis, « importation néfaste du Nouveau Monde » et souligne le paradoxe de l'alliance entre le plaisir sensuel et une terrible maladie. Mais la distance prise par nos essayistes à l'égard de l'événement fait que pas un seul ne s'intéresse au métissage, aux effets de l'absence des femmes dans les deux premiers voyages de Colomb et au fait qu'elles furent toujours minoritaires dans la migration européenne vers l'Amérique. Carence étonnante alors que le concours de Lyon proposait « le genre humain » comme objectif de la dissertation !

C'était bien l'évolution du « genre humain » qui intéressait Condorcet et la découverte de l'Amérique fait partie de ces grands événements qui transforment l'Histoire. Condorcet lui assigne une place éminente dans la huitième époque de son *Esquisse* mais il est remarquable que le marquis, s'il se réfère aux « intérêts supérieurs de l'humanité », s'il observe que par la Découverte l'homme a pu connaître l'ensemble du globe et la totalité de l'espèce humaine, se rend aussi coupable du péché d'européocentrisme, et au suprême degré. Car le « prodigieux élargissement du champ d'observation du monde physique » est envisagé comme une chance pour l'Europe et l'on pourrait presque oublier que Condorcet fut aussi l'auteur des *Réflexions sur l'esclavage des Nègres* car, dans *l'Esquisse,* il n'établit pas le lien direct entre l'Amérique et la traite des Noirs. Dans cette vaste fresque l'événement s'efface. Colomb lui-même n'est plus qu'un emblême, un porte-parole, et les Lumières du XVIII$^{e}$ siècle se projettent sur 1492 puisque la Découverte devient le « triomphe de la raison » comme elle avait été, pour Las Casas ou Acosta par exemple, une manifestation « providentialiste ». Le Colomb, « ministre de Dieu et premier apôtre des Indes », selon le fougueux dominicain, devenait au temps des Lumières l'étendard de la déesse Raison ! Une fois de plus l'Histoire est mise au service du présent.

### 6) D'un centenaire à l'autre

On pourrait croire, à lire ce qui précède, que l'Amérique, quelle que soit l'importance accordée à sa découverte, n'a jamais été considérée pour elle-même. Elle aurait été en somme, et successivement, la chose de l'Espagne, de l'Europe, du genre humain. Une telle appréciation ne serait pas tout à fait exacte.

La réédition récente de plusieurs œuvres d'Alexandre de Humboldt a conduit certains journalistes à écrire que Humboldt avait eu « un regard d'ethnologue, le premier » [1]. Le savant allemand a tous les droits à notre admiration. Il s'en faut de beaucoup cependant, de beaucoup vraiment, qu'il ait été « le premier » à poser sur l'Amérique un regard d'ethnologue. Georges Baudot a montré, il y a quelques années, et de façon fort convaincante, que plusieurs des franciscains qui prirent en charge l'évangélisation du Mexique furent capables d'un tel regard. C'est pour cela qu'ils apprirent les langues indiennes, cherchèrent à connaître les croyances, les rites, les mœurs des peuples indiens. Ainsi, Fray Toribio de Benavente « Motolinia » et surtout l'admirable Bernardino de Sahagun. Et c'est bien parce que Sahagun avait perçu les « différences » des Indiens, avait rassemblé tous les éléments de leur identité, que Philippe II condamna cette merveilleuse enquête à l'obscurité, dont elle émerge aujourd'hui, lentement et difficilement [2].

Vers la fin du XVIII^e^ siècle, un officier espagnol de haut grade, Antonio de Ulloa, publia des *Mémoires philosophiques, historiques, physiques* concernant la découverte de l'Amérique, ses anciens habitants, leurs mœurs, leurs usages, etc. La traduction française est de 1787, elle avait été précédée de traductions anglaise et allemande et les journaux britanniques avaient prêté à l'ouvrage une grande attention. Ulloa n'était pas n'importe qui : lieutenant géné-

1. Ainsi Jean-Didier Wagneur, *Libération*, 27 décembre 1990.
2. Voir Georges Bandot, *Utopie et Histoire*, éd. Privat, Toulouse.

ral des flottes espagnoles, il était membre des académies royales de Madrid, Stockholm, Berlin, et de la Royal Society de Londres. Il avait accompagné en Amérique et dans les Andes Godin, Bouguer et La Condamine à l'occasion de leur mission scientifique. On peut légitimement le considérer comme un précurseur d'Alexandre de Humboldt, né en 1769, qui a certainement connu l'œuvre d'Ulloa.

En dépit du titre, en effet, Ulloa s'intéressait fort peu à la Découverte. Fils de son temps (il dédie un éloge à la Nature), il consacre plusieurs de ses discours à une longue description géographique : morphologie et relief, températures et climats (avec observations et enregistrements précis), productions végétales des divers terroirs avec une attention particulière aux plantes américaines (maïs, patates, avocats, goyaves, coca, tabac, etc.), examen de la faune terrestre et aquatique, inventaire des maladies dont les infections vénériennes, analyse des minéraux et des fossiles, rien n'a échappé à son regard. Les discours 17 à 22 sont consacrés aux Indiens : Ulloa se livrait à une étude anthropologique, décrivant la couleur, la taille, les traits des Indiens mais aussi leurs religions et leurs langues. On peut certes s'étonner de l'appréciation du discours 17 : « Le penchant décidé que ces *sauvages* ont à l'oisiveté et à la fainéantise les a rendus excessifs dans l'usage des boissons spiritueuses », mais elle est corrigée par les observations du discours 19. Ulloa s'inquiète ici de la diminution constante du nombre des Indiens, au point de présumer que les races indiennes « s'éteindront entièrement ». Il s'interroge sur les causes de cette dépopulation, attribuée aux ravages de la petite vérole et à l'usage abusif des alcools. Mais il va au-delà du constat et note avec perspicacité que le penchant à l'ivresse s'explique « soit par le chagrin qu'ils ont à se voir soumis à des nations étrangères et obligés de travailler contre leur inclinaison à l'oisiveté, soit par d'autres causes moins évidentes... ». Ulloa a donc perçu le traumatisme de la conquête. Sa perception de l'Amérique le renvoie implicitement à l'événement initial dont il examine les conséquences pour les peuples d'Amérique.

La grandeur d'Alexandre de Humboldt est d'avoir associé les démarches de Condorcet et d'Ulloa, d'avoir assimilé l'héritage des Encyclopédistes pour tenter et réussir une grande synthèse, *Cosmos*, véritable « essai historique sur le développement progressif de l'idée de l'Univers » où, selon la méthode de « l'empirisme raisonné », il n'entend considérer que les faits, les événements, la matière. Or, la découverte de l'Amérique est essentielle parce que c'est grâce à elle que l'Histoire occupe désormais la totalité du champ où peuvent se produire les événements. C'est pour cela que les découvertes des Vikings n'ont pas eu d'importance : elles ont été presque aussitôt oubliées et n'ont pas eu d'effet sur les progrès de la science. A l'inverse, le voyage de 1492 est le résultat d'une recherche intellectuelle : c'est l'idée de la sphéricité de la Terre qui a donné à Colomb l'impulsion décisive. Humboldt affirme donc que la découverte de l'Amérique a été l'événement décisif de la période comprise entre le XIVe siècle et le temps où il vit : « Ce fut alors que la voûte céleste révéla des étoiles et des nébuleuses inconnues qui décrivaient leurs orbites en solitaires. »

De plus, le baron prussien a le mérite d'établir les corrélations indispensables entre les événements. Il admet, par exemple, que les avancées spectaculaires de la fin du Moyen Âge ont été accompagnées par la réduction en esclavage d'une grande partie du genre humain, résultat déplorable mais dont il considère qu'il a été, si l'on peut dire, « conjoncturel » puisque le processus ainsi déclenché a fini par étendre le champ de la liberté.

Avec Humboldt, l'historiographie du XIXe siècle a définitivement fait à la découverte de 1492 la place essentielle qu'elle mérite et que certains contemporains de l'événement lui avaient d'emblée assignée : « Le plus grand fait de l'histoire du monde depuis la naissance du Christ. » Les auteurs de la nouvelle édition de la *Grande Encyclopédie* publiée à la fin du XIXe siècle (A. Berthelot, E. Levasseur, A. Giry, etc.) ont donc achevé le reclassement des événements de l'année 1492 : l'élection d'Alexandre VI Borgia, du 11 août, a droit à 25 lignes ; Laurent le Magnifique à 43 lignes pour l'ensemble de sa vie et de son œuvre ; le grammairien Antonio de Lebrija (ou Nebrija), auteur de la première grammaire castillane, publiée en 1492, à 10 lignes ; l'expulsion des Juifs d'Espagne à 12 lignes ; la reconquête de Grenade à 2 lignes ; la réunion de la Bretagne à la France à 55 lignes (il s'agit tout de même d'une encyclopédie française !).

Or, l'article *Amérique* apparaît au tome 2, à partir de la

page 675. Il ne comporte, c'est vrai, que 121 lignes relatives aux voyages de découverte mais c'est déjà beaucoup plus que pour n'importe quel événement de cette année. D'autre part, il existe un article *Colomb,* long de 11 pages (à 146 lignes chacune), dont seules les trois dernières concernent les voyages ultérieurs. Aux fins de comparaison, signalons que l'article consacré à Isabelle de Castille, long de 104 lignes, en consacre deux à la reconquête de Grenade, fait une rapide allusion à l'Inquisition et ne dit pas un mot de l'expulsion des Juifs ! La famille Médicis au complet n'a eu droit qu'à une page et demie.

En fait, dès le milieu du XVIe siècle, la cause était entendue. Le voyage de Colomb était bien reconnu comme le fait majeur de l'année 1492. Simplement, au fil du temps, la découverte de l'Amérique a envahi l'espace de la mémoire collective à tel point que les autres événements de cette année ont été ravalés au statut de « détails » et qu'il en coûtera aux historiens de rendre à ces « détails » une place plus conforme à leur importance historique.

Promue définitivement au rang d'épisode décisif de l'histoire des hommes, la Découverte a été, au cours du dernier siècle, soumise à autopsie. Colomb mérite-t-il d'être considéré comme le découvreur ? Ou le véritable *inventeur* de l'Amérique est-il Vespucci ? Quelle était la nationalité de Colomb ? Quel fut le rôle des Pinzon ? Celui de Juan de La Cosa ? Colomb croyait-il fermement à l'hypothèse asiatique ? Avait-il un secret ? Comment s'est répandue la tradition du « pilote inconnu » ? Est-elle vraisemblable ? L'importation de la syphilis en Europe est-elle un résultat du premier voyage ? Colomb est-il l'auteur de la lettre à Santangel ou celle-ci fut-elle inspirée par Ferdinand le Catholique ? Etc.

Controverses byzantines à en croire certains. Peut-être, mais elles ont l'avantage de nous rapprocher du *temps vécu* par les gens de 1492. Que reste-t-il aujourd'hui des agressions mutuelles auxquelles se sont livrés historiens espagnols et portugais à propos du rôle de leur patrie respective dans le processus de la Découverte ? Que reste-t-il des prétentions des Dieppois à l'antériorité ? Et comment jugera-t-on dans cent ans le remplacement du mot « Découverte » par l'expression « Rencontre des deux mondes » ? Car on sait bien que le cinquième centenaire va être celui de la rencontre entre l'Ancien et le Nouveau Monde. Les « Américains » des deux hémisphères et notamment les « Latino-Américains » ne peuvent tolérer, dit-on, l'idée d'avoir été « découverts ». On peut concevoir, sans nul doute, que cette pensée soit désagréable aux descendants des Sioux, des Zapotèques ou des Aymaras, car la découverte leur a coûté cher. Mais que signifie, intellectuellement, la répudiation d'un voyage d'exploration dont les initiateurs et les acteurs ignoraient parfaitement ce qu'ils allaient trouver et surtout un nouveau monde ?

Et nous trouvons plaisante, pour ne pas dire ridicule, l'indignation de ceux qui descendent directement, à quelques globules près, des découvreurs eux-mêmes ou de leurs épigones ! A l'inverse, nous jugerions naturelle l'indignation des Africains dont on parle trop peu et qui ont payé l'Amérique au prix fort, Nord et Sud, Antilles en prime. Parce qu'ils étaient déjà « découverts », parce qu'ils faisaient partie de l' « Ancien Monde », ont-ils échappé au drame ? Celui-ci est-il affaire de mots ?

Au risque de scandaliser, nous dirons que le vocabulaire nous indiffère et que nous refusons d'être dupes d'une comédie diplomatique, d'une langue de bois consensuelle qui ne changera rien à ce qui fut et peut seulement abuser les plus naïfs de nos contemporains.

Il convient peut-être maintenant de mettre entre parenthèses les manipulations de la mémoire auxquelles se prête toujours le cours du temps et d'en revenir aux hommes et aux femmes de 1492 que n'effleurait même pas le soupçon de l'Amérique.

# 2

# 1492 : ÉPHÉMÉRIDES OU LE TEMPS VÉCU

## 1) « Et nous pleurions de douceur parce que l'Espagne était enfin l'Espagne » (2 janvier)[1]

Année d'exception dès ses premiers jours... Année glorieuse pour l'Espagne, remarque Jeronimo Zurita, chroniqueur des Rois d'Aragon, et qui, pour l'occasion, juge opportun de fondre les deux Espagne en une. Les trompettes de la renommée et les messagers royaux portèrent la nouvelle à tous les royaumes d'Espagne et de la Chrétienté, jusque dans la cité de saint Pierre ; elle parvint même au sérail du Grand Turc à Constantinople et dans les villes de Barbarie. C'est, dans les pays chrétiens, admiration et jubilation, dans les pays musulmans, consternation : la ville de Grenade s'était livrée aux souverains espagnols.

Le premier jour du mois de janvier de l'année de notre sauveur de 1492, un émissaire du roi maure Boabdil a fait savoir aux princes chrétiens qu'il était prêt à livrer la ville ; ceux-ci reçurent ce jour-là quatre cents Maures en otages, des notables choisis dans les principaux quartiers de la ville, dont la présence dans le camp chrétien garantirait le bon déroulement de la reddition. Ils reçurent aussi deux beaux chevaux et une épée richement ornée, cadeaux du roi maure en signe de vassalité. Le soir du 1er janvier, un petit détachement chrétien placé sous les ordres du Grand Commandeur du Leon, Gutierre de Cardenas, s'est rendu nuitamment à l'Alhambra, a occupé les points stratégiques et le

1. Henri de Montherlant, *le Maître de Santiago.*

roi a ordonné à ses troupes de se tenir prêtes dès le lendemain matin, chacun armes à la main derrière sa bannière.

Le 2 janvier, les Rois et la Cour renoncèrent au deuil qu'ils portaient depuis la mort, le 22 juillet, du prince Alphonse du Portugal, époux de l'infante Isabelle, car le deuil ne seyait pas à la gloire de ce jour. Le cortège chrétien se mit en mouvement et chemina plusieurs heures, du camp royal de Santa Fé vers la ville, le roi d'Aragon en tête entouré des Grands du royaume et des chevaliers, derrière, la reine avec le prince Jean et les infantes Isabelle et Jeanne, accompagnés du cardinal Pedro Gonzalez de Mendoza. Quand il parvint à une demi-lieue de la ville, le cortège s'immobilisa ; le roi Boabdil sortit, accompagné de quelques cavaliers de sa maison, alla à la rencontre des Rois. Devant le souverain, il esquissa un geste vers la main royale, pour la baiser ; le roi Ferdinand lui fit l'honneur de ne pas la lui tendre. Alors le roi maure remit au souverain les clefs de Grenade et demanda qui aurait la garde de l'Alhambra : le comte de Tendilla s'avança et Boabdil ôta de son doigt un anneau enchâssé d'une turquoise sur lequel était inscrit en caractères arabes : « Il n'y a de Dieu que Dieu » et le remit au comte en disant : « Tous ceux qui ont gouverné Grenade depuis la conquête ont porté cette bague ; portez-la, puisque vous allez gouverner et que Dieu vous rende plus heureux que moi. »

Comme cela avait été prévu lors des négociations, au moment où le roi maure remit les clés de la ville, son fils, qui faisait partie des otages lui fut rendu. Les chrétiens assemblés devant la ville virent alors s'élever sur la plus haute tour de l'Alhambra la croix du primat d'Espagne, puis la bannière de Santiago et celle de Castille. L'enthousiasme souleva les cœurs, les hérauts d'armes crièrent : « Grenade, Grenade, pour les rois Don Fernando et Doña Isabel. » Et tous, lorsqu'ils virent la croix exaltée en ce lieu où depuis presque huit cents ans avait régné l'infidélité, au souvenir du sang versé durant les années de guerre, entonnèrent avec les chanteurs de la chapelle royale un *Te deum laudamus*, puisqu'il avait plu à Dieu que, par la personne de ces princes, le royaume de Grenade fût entièrement réduit à son pouvoir et à son obédience pour la plus grande gloire de sa foi catholique. Les cinq cents captifs chrétiens qui venaient d'être libérés se joignirent à cette action de grâces. Le roi, la reine, les compagnons d'armes et les courtisans, parmi lesquels le Génois Christophe Colomb, venu présenter ses projets de navigation, s'agenouillèrent. Les souverains reçurent ensuite l'hommage de leurs enfants et de leurs sujets qui vinrent baiser la main de la reine et du roi de Grenade.

Le roi avait fait prendre possession de toutes les portes, tours, forteresses de Grenade et avait placé des « alcaïdes » pour les garder. Il avait ordonné aux Maures de livrer toutes leurs armes qui furent portées à l'Alhambra. Ainsi, tous les Maures se trouvèrent désarmés, sauf ceux qui avaient contrevenu aux ordres.

Le lendemain 3 janvier, les souverains, les prélats, les grands, les chevaliers ainsi que les chrétiens libérés formèrent une procession et s'en furent de l'hôpital royal jusqu'à l'église édifiée dans la ville de Santa Fé où une messe fut célébrée. La reine Isabelle et le roi Ferdinand ne firent leur entrée dans Grenade que le 6 janvier. Le roi maure et son entourage, conformément aux conditions négociées, quittèrent la ville, passèrent le col où le roi eut un dernier regard pour sa capitale perdue et gagnèrent le val de Purchena que les souverains lui avaient donné en seigneurie, lui assurant ainsi de bonnes rentes et des vassaux.

Des émissaires s'en furent annoncer la prise de Grenade dans toutes les directions : à Rome, Juan de Estrada arriva le 1er février avec la glorieuse nouvelle. Toute la ville se réjouit et la fête fut générale. Le palais, les cardinaux, tout le clergé, le sénat et le peuple célébrèrent l'événement, les princes qui l'avaient mené à bien et la grandeur de la nation espagnole. Le cardinal Rodrigo Borgia offrit même aux Romains, qui n'en avaient jamais vu, un spectacle tauromachique, au cours duquel Cesar, son fils, mit à mort deux taureaux, et le dimanche après la fête de la Purification de la Vierge, une messe fut célébrée à l'église Santiago-des-Espagnols, où le pape Innocent VIII se rendit en carrosse sous des trombes d'eau.

Tel est le récit de la reddition de Grenade, selon les chroniqueurs. Tout s'est passé entre gens d'honneur, entre chevaliers, sans fausse note. Il est exact que les ordres donnés par le roi sous peine de mort furent respectés : Grenade ne fut pas livrée aux soldats, il n'y eut ni mise à sac, ni maison pillée, ni Maures égorgés, ni femmes violentées ;

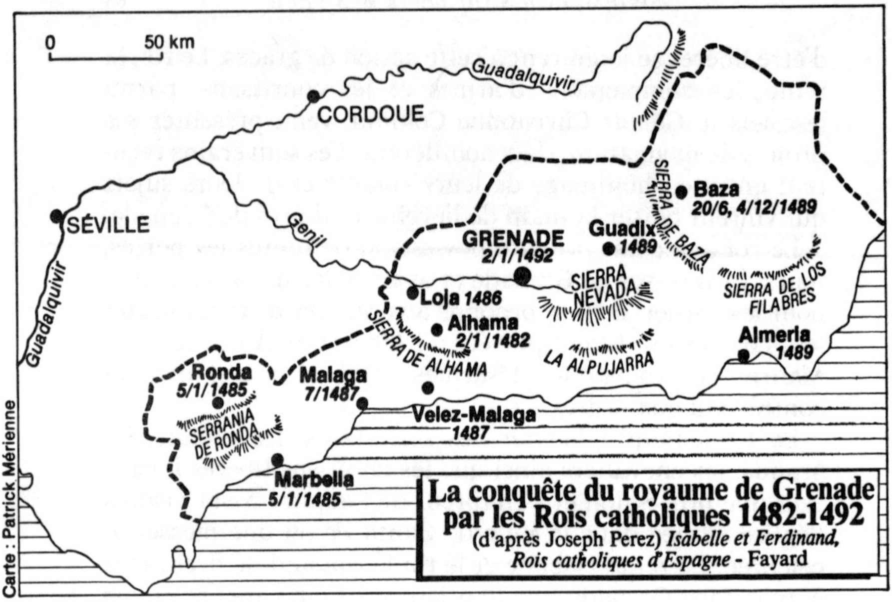


**La conquête du royaume de Grenade par les Rois catholiques 1482-1492**
(d'après Joseph Perez) *Isabelle et Ferdinand, Rois catholiques d'Espagne* - Fayard

rien de comparable, par exemple, aux violences auxquelles se livrèrent les troupes espagnoles, malgré la présence du cardinal Cisneros, lorsque Oran tomba presque sans combat quelques années plus tard, en 1509.

Les négociations avaient eu lieu bien avant la reddition : les accords avaient été signés le 25 novembre 1491 ; ils prévoyaient alors que Boabdil livrerait la ville soixante jours plus tard. Mais cette capitulation, connue à Grenade, souleva la colère des habitants qui l'acceptèrent mal, accusèrent Boabdil de trahison. Craignant de n'être plus maître des événements, Boabdil les précipita en demandant aux Rois Catholiques de prendre possession de la ville dès le début du mois de janvier. La cérémonie de la reddition avait été soigneusement préparée, jusqu'au geste symbolique de la soumission du roi maure, arrêté par le roi chrétien : Boabdil avait refusé préalablement de s'humilier devant son vainqueur et le scénario avait été fixé d'avance. Il est certain que la population musulmane, dont les chroniqueurs ne parlent pas, qu'ils ne semblent même pas avoir vue, dut assister la rage au cœur à cette cérémonie, acte de décès de l'État musulman d'Espagne. Il y eut, selon le chroniqueur Hernando de Pulgar, dans les jours qui suivirent, quelques soulèvements de Maures, et des caches d'armes furent découvertes. Fauteurs de troubles et possesseurs d'armes subirent de sévères sanctions.

Le coup de tonnerre de la chute de Grenade ne surprit que les indifférents et les ignorants : car la guerre durait depuis dix ans et le siège de la ville depuis le 26 avril 1491.

En 1481, les Musulmans s'étaient emparés de la forteresse et de la ville de Zahara : les attaques étaient fréquentes, de part et d'autre de la frontière, malgré les trêves souvent renouvelées et les Musulmans ne pensaient certainement pas, en attaquant Zahara, déclencher la guerre sans merci qui allait leur être livrée. Mais les Rois Catholiques saisirent l'occasion.

L'émirat arabe des Nasrides formait un petit État riche et brillant. Sa population s'accroissait, au rythme de l'arrivée des réfugiés de plus en plus nombreux au cours de ces années de guerre et atteignait environ 300 000 habitants à la fin du XVe siècle. Le royaume dépendait de l'extérieur pour les céréales et le bétail, mais produisait en abondance, dans ses vergers et ses jardins, des fruits et des légumes, exportait le safran de Baza, le sucre des plantations côtières de cannes, des raisins secs et du vin de Malaga. Partout des mûriers nourrissaient des vers à soie ; la commercialisation des fils de soie enrichissait Malaga et Almeria, alimentait les métiers de l'industrie soyeuse de Grenade où prospérait aussi l'artisanat de luxe. Toute cette richesse se matérialisait dans les importants tributs que Grenade versait à l'État castillan ; la ville payait à prix d'or son indépendance.

Au XVe siècle, l'émirat était secoué par des luttes internes permanentes : le parti des Zagries qui soutenait l'émir Abu'l Hassan Ali s'opposait à celui des Abencérages, partisans du prince héritier Boabdil : celui-ci entra en 1482 en rébellion contre son père et fut proclamé roi de Grenade ; mais son père et son oncle El Zagual tenaient Almeria et Malaga. Les Espagnols combattirent des ennemis désunis et il leur fut facile de jouer les uns contre les autres, de faire de Boabdil la victime de leurs manœuvres.

Les souverains castillans n'ont jamais renoncé à terminer la Reconquête, à refaire de l'Espagne une péninsule chrétienne. Le roi Henri IV, frère d'Isabelle, a lancé des offensives, repris Gibraltar aux Maures, mais les problèmes intérieurs auxquels il dut faire face, les révoltes des nobles, lui interdirent toute action d'envergure. Pour les Rois Catholiques, la situation se présenta différemment : au sortir d'une guerre éprouvante qui vit une partie de la noblesse castillane s'opposer à Isabelle, soutenir sa rivale Jeanne, fille du défunt roi Henri IV, doublée d'une guerre avec le Portugal puisque le roi Alphonse V avait soutenu sa nièce Jeanne dans sa prétention au trône de Castille, les Rois Catholiques éprouvèrent le besoin d'affermir leur pouvoir autour d'une cause exaltante : terminer la croisade, libérer le sol espagnol en chassant les derniers Musulmans, hisser la croix du Christ sur les tours de l'Alhambra. Pouvaient-ils choisir meilleure cause religieuse et nationale, pour regrouper autour d'eux dans un consensus général toutes les énergies, que la conquête de Grenade, victoire de la foi chrétienne ? C'était aussi donner à la noblesse qui venait de manifester tant d'indiscipline l'occasion de se rassembler, dans la lutte, autour des souverains, et aux soldats celle d'accéder à l'anoblissement s'ils se distinguaient sur le champ de bataille, comme au temps de la Reconquête.

Le roi d'Aragon prit en personne la direction des opérations militaires, mettant ainsi au service de son épouse, la reine de Castille, son autorité et son expérience d'homme de guerre. La reine était toujours présente à l'arrière du champ de bataille ; elle se rendait parfois sur le front accompagnée de ses enfants ; en 1489, lors du siège de Baza, qui dura six mois, elle vint en personne réconforter les soldats et l'infant Jean fut armé chevalier sous les murs de Grenade, en juin 1490. La présence constante de la famille royale au cours de cette longue guerre eut des effets psychologiques et une signification politique évidents. C'est à Grenade, dans la cathédrale, que les Rois Catholiques firent édifier la chapelle royale destinée à abriter leurs dépouilles mortelles.

Les Espagnols marquèrent leur détermination par la prise de la forteresse et de la ville d'Alhama, enlevées par le marquis de Cadix à la tête d'une importante armée de 2 500 cavaliers et 3 000 fantassins le 28 février 1482. Cette petite station balnéaire très fréquentée par l'aristocratie grenadine était à moins de cinquante kilomètres de Grenade sur la route de Malaga, principal port du royaume maure. Sa perte porta un grand coup aux Musulmans. La guerre décisive était commencée.

Le relief montagneux des Alpujarras, de nombreuses

forteresses, une bonne connaissance du terrain protégeaient les Musulmans : les Chrétiens en firent la dure expérience. Ainsi, le siège de Loja, décidé sur la lancée du succès d'Alhama, en mai 1482 : la reine a pris en charge l'effort de guerre, elle s'est adressée à toutes les villes d'Andalousie, aux grands ordres militaires, Calatrava, Santiago, Alcantara, à tout le royaume de Tolède, pour que soient acheminés jusqu'au camp royal, devant Loja, des grains, du vin, du sel, du bétail, elle a réclamé aussi des hommes et des chevaux, de la poudre, des bombardes et autres pièces d'artillerie... Sur mer patrouillaient déjà des navires chargés d'intercepter les renforts que les Maures demandaient à leurs coreligionnaires du Maroc. Le roi dirigea lui-même devant Loja, avec les chefs de ses armées, 3 000 hommes de guerre rassemblés. Mais le siège de Loja fut un échec total ; les Maures lancèrent des sorties en divers endroits, très efficaces, semèrent la panique jusque dans les campements chrétiens. Le roi décida de lever le siège au bout de cinq jours ! Et les pertes ont été lourdes, le Grand Maître de Calatrava a été tué, le duc de Medinaceli et le comte de Tendilla blessés.

Ces premières opérations militaires ont permis à chaque camp de prendre la mesure des forces de l'autre et de mettre au point sa stratégie, défensive avec de brèves contre-attaques du côté musulman, offensive du côté chrétien. Les Espagnols ont mené une guerre de sièges, appuyée sur un blocus maritime toujours strictement maintenu et sur une pratique à grande échelle de la terre brûlée destinée à affamer les populations. La meilleure époque, pour détruire les récoltes, c'est juin, lorsqu'elles sont encore sur pied ou que les céréales fauchées sont encore sur les aires : en 1483, près de Loja, 2 000 hommes à cheval et 2 000 hommes à pied furent chargés de détruire jardins et champs de céréales. L'armée recruta en outre des manœuvres pour dévaster champs, oliveraies, vergers, brûler les moulins et même les maisons. Ces ravages accompagnaient les campagnes reprises habituellement à chaque printemps.

Après l'échec devant Loja, la guerre de sièges se perfectionna et l'artillerie joua un rôle primordial. C'est d'Italie, de France, d'Allemagne que les Rois Catholiques firent venir des experts en matière d'artillerie et, pour acheminer les pièces, il fallut tracer des routes, construire des ponts, donc réquisitionner des animaux, bœufs, ânes, mulets, les chariots qu'ils tiraient et les muletiers pour les guider. Le siège de Baza exigea des travaux considérables : 10 000 ouvriers, 14 000 mulets pour les convois de ravitaillement, deux routes longues de sept lieues ouvertes sur une terre détrempée par la pluie, chacune à sens unique pour faciliter les communications. Baza se rendit aux Chrétiens en décembre 1489 : pendant les travaux et le siège lui-même qui dura six mois, 20 000 hommes avaient péri, dont 17 000 morts, selon les chroniqueurs, de maladie et de froid car cet hiver 1489 fut particulièrement rigoureux. « La guerre de Grenade, écrit Joseph Perez, a été l'occasion pour les Rois Catholiques de moderniser leur armée, de perfectionner ses techniques et son matériel grâce à l'utilisation massive de l'artillerie et de la poudre à canon. La création de corps spécialisés (artilleurs, artificiers, génie militaire, transports, service de santé) constitue une grande nouveauté et l'expérience acquise sur le terrain fera de l'armée espagnole la plus redoutable en Europe. »

Une telle guerre a exigé des efforts financiers considérables. Dès le siège de Loja, la reine faisait appel à toutes les ressources du royaume. Par la suite, pour répondre aux besoins, un dispositif administratif et fiscal fut mis en place. L'aristocratie, les municipalités, celle d'Andalousie surtout, ont fourni les gros contingents de soldats ; la *Santa Hermandad,* cette police mise en place par les Rois Catholiques, finança une grande partie des opérations militaires, et les rois empruntèrent en faisant appel aux capitaux privés. Le pape lui-même apporta sa contribution : il émit une bulle de croisade qui valait des indulgences au grand jour du jugement, pour tous ceux qui l'achèteraient : elle fut prêchée dans tous les royaumes d'Espagne et rapporta une grosse somme d'argent, transformée en salaires de gens de guerre et autres nécessités dues à la guerre.

Les opérations militaires se doublaient d'une activité diplomatique ; la chance favorisa les Espagnols ; le jeune Boabdil, le petit roi, comme l'appellent les chroniqueurs, s'était en 1483 imprudemment lancé contre la ville chrétienne de Lucena pour acquérir aux yeux des siens un prestige égal à celui dont jouissait son père, réputé vaillant combattant des Chrétiens. Capturé par ceux-ci, le voici prisonnier des Rois Catholiques. Ces derniers lui accordèrent les honneurs dus à son rang, lui rendirent la liberté avec, suprême attention, une escorte d'hommes en armes, remarquent les chroniqueurs. Certes, mais les Rois Catholiques ont signé avec lui une trêve, avant de le relâcher : ils peuvent ainsi consacrer leurs efforts à la partie occidentale du royaume de Grenade, tenue par le père de Boabdil et son oncle El Zagual. Ronda tomba en mai 1485, et peu après Marbella, Velez Malaga en avril 1487, Malaga enfin, principal port du royaume, le 20 août 1487. La campagne de 1489 est très dure, le long siège de Baza, déjà évoqué, en témoigne. Mais Baza capitule, à la fin de décembre 1489.

Reste la capitale, Grenade. Boabdil avait renouvelé en 1487 la trêve signée avec les souverains espagnols. Il s'était reconnu leur vassal, engagé à leur livrer la ville lorsque son oncle El Zagual serait vaincu. Mais il ne peut, de crainte d'une réaction violente de la population grenadine, ou ne veut, remplir ses engagements. Le siège de Grenade, dernier épisode de la guerre, est désormais inéluctable. À la fin du mois de mai 1491, les Chrétiens encerclent la ville, bloquent tous les accès. Pour impressionner la population de Grenade et manifester leur intention de tenir ce siège jusqu'à son terme, les Rois Catholiques font édifier, sur l'emplacement du camp royal, face à Grenade, la ville nouvelle qu'ils baptisent Santa Fé. Elle s'élève en quatre-vingts jours, selon un plan en forme de croix. La ville est entourée de quatre murs d'enceinte, renforcés de tours et entourés de fossés, au milieu desquels s'ouvrent quatre portes. Les souverains s'installeront désormais à Santa Fé, jusqu'à leur entrée à Grenade, et préféreront y revenir même ensuite, plutôt que de vivre à l'Alhambra.

Toute résistance paraît inutile. Voici venu le temps des négociateurs : du côté chrétien, ce sont Fernando de Zafra, secrétaire des Rois Catholiques, et Gonzalo Fernandez de Cordoba qui, tous deux, connaissent le roi Boabdil. Celui-ci pose des conditions à la reddition de sa ville : il demande que soient respectés la religion, les lois, les libertés, les biens des Musulmans de Grenade. Les rois Ferdinand et Isabelle accèdent à ces vœux. Ainsi, alors que les combattants des villes qui ont opposé une résistance aux Espagnols ont été capturés et réduits en esclavage, tous les Grenadins resteront libres. Les renégats eux-mêmes, ces transfuges chrétiens, fort nombreux à Grenade, ne seront ni inquiétés ni traduits devant les tribunaux inquisitoriaux. Les accords, signés le 25 novembre 1491, sont très favorables aux Musulmans grenadins. Comment expliquer une telle magnanimité de la part des Rois Catholiques ?

Joseph Perez cite un rapport daté du 8 janvier 1492, adressé à l'évêque de Leon : « Ce texte est tout à l'avantage des Maures, mais quand on veut terminer une affaire dans l'honneur et la dignité, tout ce qu'on fait est bien fait. Leurs Altesses tiennent maintenant Grenade, comme c'était leur volonté. Pour la suite, à eux de jouer ; les Maures sont faits de telle sorte que, sans violer les accords, on finira bien par les chasser. » C'est dans cet esprit, probablement, qu'ils signèrent les accords. Et ce qui était écrit arriva.

### 2) Tandis que s'accroît le royaume de France... (8 février)

Le 3 février 1492, la cour du Parlement de Paris a délibéré qu'elle irait au-devant de la reine Anne de Bretagne, épouse du roi Charles VIII, et a décidé l'ordonnancement de la cérémonie : les conseillers iront « deux à deux suivant leur antiquité ». La reine fera son entrée dans Paris le 9 février entre neuf et dix heures, après avoir été couronnée et sacrée Reine de France le 8 février en l'abbaye de Saint-Denis, sanctuaire de la monarchie capétienne.

Tel est l'épilogue, somme toute heureux, de la guerre qui a opposé le roi Charles VIII au duc de Bretagne François II et, après sa mort en 1488, à sa fille aînée Anne.

Anne, la jeune héritière du duché, quinze ans en 1491, avait pour prétendants quelques-uns des plus puissants princes d'Europe : tout d'abord Maximilien d'Autriche, roi des Romains et bientôt empereur (en 1493, à la mort de son père Frédéric III) auquel son père l'avait promise, un prince castillan — une ambassade bretonne avait été reçue à Burgos en février 1488 pour négocier le mariage —, le duc de Buckingham poussé par le roi Henri VII Tudor, et le vieil Alain d'Albret qui régnait sur le Béarn et la Navarre, prétendant du maréchal de Rieux, le tuteur de la jeune duchesse.

La Bretagne était, il est vrai, une pièce de choix sur l'échiquier européen en cette fin du XV$^{e}$ siècle. « La plus belle entrée qu'il pouvait y avoir pour conquérir le royaume de France », avait noté Édouard III aux plus beaux temps des guerres franco-anglaises, un siècle auparavant. Dans les dernières décennies du siècle, soustraire la Bretagne aux prétentions françaises, c'était limiter les ambitions gloutonnes de Louis XI et de ses successeurs, alors que s'affirment, en Europe, les grands États territoriaux, la France et ses rivaux, Espagne, Angleterre, Allemagne. Ces États s'affermissaient par la guerre et par le déploiement de stratégies matrimoniales déjouées bien souvent par le destin. La Bretagne échut à la France par la guerre et par mariage.

Le duc de Bretagne tenait à affirmer son indépendance face au royaume de France : il se disait « duc par la grâce de Dieu », refusait de prêter au roi de France l'hommage lige et la cour de Rennes imitait le faste royal. La Bretagne était prospère : en 1492, l'ambassadeur vénitien en France, Zaccaria Contarini, évalue les recettes du duché au sixième des revenus français, soit 400 000 livres bretonnes. Les bateaux sous pavillon breton dominaient dans les ports de Bordeaux, de Rouen, étaient présents à Bruges où un navire breton arrive en 1468 chargé de la première cargaison de sucre de Madère ! Mais le duc, trop confiant dans sa puissance, n'avait pas les moyens de sa politique : ses illusions s'effondrent devant les forces royales françaises à Saint-Aubin-du-Cormier le 28 juillet 1488. Au traité qui suit cette défaite, le duc abandonne plusieurs villes au roi de France et s'engage à ne marier ses deux filles qu'avec son consentement.

Il meurt peu après et sa fille Anne reprend à son compte les rêves d'indépendance de son père. Elle se marie par procuration avec Maximilien d'Autriche le 19 novembre 1490 et entre dans une ligue contre la France formée par Maximilien, Henri VII Tudor et Ferdinand d'Aragon. Comment Charles VIII aurait-il toléré de laisser s'installer à l'ouest de la France le fils de l'empereur déjà maître des Pays-Bas ? La guerre reprend. Les puissances alliées envoient des mercenaires qui débarquent en Bretagne : des Allemands, 6 000 Anglais, 2 000 Espagnols, et remportent quelques succès sans lendemain. Mais Anne est trahie par le maréchal de Rieux qui établit à Nantes un gouvernement séparé, la ville est livrée aux Français par Alain d'Albret au printemps 1491 : « Le roi Charles VIII y fit sa traîtreuse, desloyale et lâche entrée »... Vannes change plusieurs fois de mains et les Français y entrent définitivement en juin 1491. Cette ville sert alors de base d'opérations militaires et de quartier général à Charles VIII qui y convoque des États le 27 octobre 1491. Anne est isolée dans Rennes assiégé, contrainte à traiter le 15 novembre 1491. Le roi campait aux portes de la ville et prétendait ouvertement à sa main. Elle aurait pu rejoindre l'archiduc Maximilien et refusa tout d'abord la demande du roi Charles mais elle céda aux instances de ses conseillers qui firent valoir les intérêts du duché : amis et ennemis campaient en Bretagne et vivaient sur le pays, pillant et rançonnant villes et campagnes. À Rennes, le 8 décembre 1491, les délégués de la ville à l'annonce du mariage ont invité les habitants à allumer des feux de joie et des fêtes grandioses se déroulèrent à Vannes : le désir de paix était partout plus fort que le rêve d'indépendance, tous espéraient que ce mariage était gage de « bonne paix »... Elle fut accueillie avec soulagement.

Le 6 décembre 1491, moins d'un mois après sa reddition, Anne, déliée de ses engagements à l'égard de Maximilien, épouse Charles VIII au château de Langeais. Le roi de France prétendait avoir des droits, acquis par Louis XI et d'ailleurs très contestables, sur le duché de Bretagne : si bien que chacun des époux se fit réciproquement cession et donation de ses droits sur le duché. Les ressources des juristes sont infinies. Si le roi mourait sans descendant, la reine Anne épouserait son successeur. Le 7 juillet 1492, le roi Charles VIII reconnut aux Bretons le droit de ne payer que les impôts décidés par les États de leur duché.

Restait cependant un menu détail à régler : le roi Charles VIII était fiancé à Marguerite d'Autriche, fille de Maximilien et de Marie de Bourgogne. La jeune princesse, âgée de onze ans, était élevée à la cour de France depuis 1483, traitée en future reine. Elle n'en fut pas moins restituée à son père avec sa dot, l'Artois, la Franche-Comté, le Charolais et la seigneurie de Noyers... Le roi garda Arras et quelques autres places. Entre l'héritage de la princesse flamande et celui de la duchesse bretonne, le roi de France avait choisi.

### 3) « Voici le glaive de Dieu suspendu sur Florence » (8 avril)

Dans la nuit du 5 au 6 avril 1492, la foudre est tombée sur la coupole de l'église Santa Maria del Fiore comme un avertissement solennel. Dès le 6 avril, frère Jérôme Savonarole qui prêche le carême au couvent de Saint-Marc se saisit de l'événement dans lequel il voit un signe : « Voici le glaive de Dieu suspendu sur la terre... » Le 8 avril, Laurent de Médicis entre en agonie et rend l'âme dans la nuit. Doit-on comprendre que le dominicain a annoncé le châtiment de Dieu sur la personne du prince ? Savonarole, selon Philippe de Commynes, a prédit la mort du prince. Déjà en 1491, lors de ses prêches de carême, il avait lancé un réquisitoire contre la fiscalité médicéenne, contre la tyrannie qui pesait sur la ville et se manifestait par l'orgueil, la vanité, l'injustice, la corruption et l'exploitation des faibles. À ceux qui lui recommandaient la prudence, il disait : « Je suis un étranger et lui un citoyen, le premier citoyen de la ville. C'est moi qui dois rester, lui qui devra partir. » Et le 17 mars 1492, il avait en chaire évoqué la maladie grâce à laquelle Dieu contraint parfois les grands à honorer les humbles.

Laurent de Médicis souffrait de la goutte, ce mal hérité de son père qui depuis deux ans se faisait oppressant malgré les bains tièdes des cures thermales auxquelles il s'astreignait. Deux mois avant sa mort, il s'était retiré à Careggi, dans sa « douce » villa au nord de Florence, dont les fenêtres donnaient sur un jardin toujours vert et fleuri, auprès de ses amis, Ange Politien, le poète, l'humaniste et le précepteur de ses enfants, Marsile Ficin l'helléniste, l'âme du cercle de Careggi, et Pic de La Mirandole, le « prince des érudits ». Il leur avait fait part de sa résolution de passer le temps qui lui restait à vivre en leur compagnie, loin des soucis du gouvernement et de la ville. Ange Politien écrivait à un ami, Jacopo Antiquarius : « Il y a près de deux mois que Laurent de Médicis sent dans ses entrailles ces douleurs que l'on nomme hypocondriaques. Il survint une fièvre qui s'insinua dans les membres, dans les viscères, dans les entrailles, dans les nerfs et jusque dans les moelles. » Le mal empira, un médecin, le plus célèbre de Lombardie dépêché auprès de Laurent par Ludovic le More, déclara qu'il n'y avait plus aucun remède alors qu'un autre avait prescrit une étrange mixture dans laquelle entraient des pierres rares concassées... Le 8 avril on appela un prêtre qui donna à Laurent l'eucharistie. Ange Politien assista son ami qui réclama aussi que l'on fît venir à son chevet Pic de La Mirandole. Laurent fut visité par le prieur de Saint-Marc, son ennemi, qu'il avait certainement fait appeler. Cet entretien entre le prince et le frère dominicain suscita les interprétations les plus diverses, voire les plus inattendues. Parions pour celle de Politien selon qui le frère exhorta le prince à la pénitence et à la résignation et le bénit.

Laurent de Médicis avait quarante-trois ans et quelques mois. Ses amis pleurèrent l'écrivain, le lettré, le poète qui dirigeait l'État. La clientèle politique des Médicis, bien traitée par le pouvoir, ne put que déplorer sa mort, et ses ennemis, inquiets de la confiscation du pouvoir par un petit comité de dix-sept personnes amies de Laurent dont il faisait d'ailleurs partie, hostiles à sa marche vers le pouvoir personnel, à sa prétention de fonder une dynastie princière, eurent bien évidemment la réaction inverse. Que pensa le peuple de Florence ? Le Magnifique l'avait gavé de spectacles, réceptions princières et festivités de toutes sortes. Mais Savonarole poursuivit ses prédications de carême et la foule se pressa pour l'écouter...

Pierre, fils de Laurent, surnommé le Malchanceux, héritait d'une situation financière fort compromise car Laurent, qui s'intéressait peu aux affaires et beaucoup à la politique, n'avait pas su préserver la fortune considérable de la famille. La situation financière de l'État s'était également détériorée. Pour mener à bien sa politique princière, Laurent a puisé dans les deniers publics : les charges fiscales pèsent lourdement sur la cité, les emprunts forcés ne sont couverts qu'en partie vers la fin de la vie de Laurent et on l'accuse de prélèvements indus dans les dépôts des *Monti*, où les pères déposaient leur argent pour assurer l'avenir de leurs filles.

Mais les contemporains, à peu près unanimes, accordent à Laurent de Médicis un rôle positif dans la politique italienne. François Guichardin, un Florentin qui écrivit l'histoire de sa ville quelques décennies après ces événements, juge que « l'aspect de Florence n'était pas celui d'une cité libre, mais d'une ville esclave ; Lorenzo ne semblait pas un particulier mais un tyran ». Cependant, il estime que si l'Italie jouit en 1492 d'une paix enviable, elle la doit « à la magnificence de plusieurs de ses princes », qui étaient « de grands hommes d'État », et en particulier à l'habileté de Laurent le Magnifique, le principal soutien du juste équilibre entre les puissances italiennes. Pierre, ajoute-t-il, n'avait pas la prudence ni la modération de son prédécesseur et s'écarta tout de suite de la voie tracée par son père. Commynes ne dit pas autre chose lorsqu'il présente Pierre de Médicis comme « un homme jeune et peu sage, fils de Laurent de Médicis qui avoit esté des plus sages hommes de son temps et conduisit cette cité presque comme seigneur ». Le fils se livra vite à des violences dans le gouvernement de la ville, « si avoit fait le père, mais si sagement qu'ils (les Florentins) en estoient presque contents ».

### 4) Sept années de persévérance ou comment on devient amiral (17 avril)

Est-ce l'ivresse de la victoire remportée sur les derniers Nasrides, un état d'euphorie, un état de grâce ? Toujours est-il que les rois Isabelle et Ferdinand ont signé le 17 avril 1492 avec le Génois Christophe Colomb les capitulations dites de Santa Fé puisque le quartier général du siège de Grenade fut le lieu ultime de cette interminable négociation. Comme une fantaisie du destin, ou mieux, une intention providentielle ! Associer l'un à l'autre les deux grands événements de ce temps, la fin et le commencement. Ainsi Henri de Montherlant inspirait ces paroles au Maître de Santiago : « Cette même année 1492 où la puissance des infidèles est abattue en Espagne, Colomb découvre San Salvador, et c'est encore une poignée d'Espagnols qui part à la conquête d'un empire comme c'était jadis une poignée d'Espagnols qui avait été le noyau de la reconquête du sol natal. Oui, la même année ! Le Dieu qui règne dans les cieux a voulu qu'il n'y eût point le moindre trou dans cette grandiose continuité : l'anneau s'enchaîne à l'anneau... »

Depuis combien d'années Christophe Colomb faisait-il les antichambres des Rois Catholiques après avoir sollicité le roi de Portugal ? Le projet de voyage devenu son idée fixe, la raison de sa vie, excédait ses possibilités personnelles et même celles d'éventuels bailleurs de fonds. Surtout, il n'avait pu convaincre ses interlocuteurs de la validité scientifique de son projet. Les savants consultés par Jean II de Portugal « tinrent pour vanité les paroles de Colomb car tout ce qu'il disait était basé sur l'imagination... ». Et le Génois écrira plus tard aux Rois Catholiques : « Vos Altesses savent que j'ai passé sept ans à votre cour à les importuner au sujet de mon projet. Il n'y avait ni philosophe ni homme de science qui le prenne au sérieux. Personne ne m'apporta d'aide sauf frère Antonio de Marchena. »

Il est vrai. Le prieur du monastère franciscain de la Rabida avait été le plus ferme soutien de Colomb, encouragé aussi par le duc de Medinaceli qui rêvait d'entreprises maritimes et par quelques hommes d'affaires italiens, génois ou florentins installés en Andalousie. Mais les savants de Salamanque réunis par les souverains de Castille et d'Aragon, sous la présidence d'Hernando de Talavera, avaient jugé, avec raison, que les calculs de Colomb étaient faux : il réduisait par trop les dimensions du globe terrestre afin de rapprocher par l'ouest les « Indes » de l'Europe. La junte de Salamanque avait rendu un avis défavorable. Certes, il ne liait pas les souverains mais le voyage devenait improbable. En décembre 1489 encore, les souverains avaient accordé une audience au Génois mais les prétentions de celui-ci étaient abusives. Nouvel échec...

Comment alors concevoir qu'en avril 1492 les Rois Catholiques aient accordé à Colomb les titres inouïs qu'il revendiquait ? « Amiral de la mer Océane, gouverneur et vice-roi des îles et Terres Fermes » qu'il découvrirait. Et une « dîme » sur les richesses des nouvelles contrées : or, argent, perles, épices. Bien plus, les souverains intervenaient d'une façon décisive dans le financement de l'expédition.

Frère Diego Deza, devenu précepteur du prince héritier, théologien dominicain, et Luis de Santangel, trésorier de Ferdinand d'Aragon, ont sans doute joué un grand rôle dans la décision finale : il y avait peu à perdre, en cas de succès beaucoup à gagner. Mais ce changement soudain d'attitude pourrait être dû à la révélation d'un « secret » de Colomb. Le texte de la capitulation, le *vrai*, retrouvé et publié, autorise en effet d'étonnantes interprétations. On en jugera plus tard.

Mais au soir du 17 avril, fiévreusement, le Génois préparait déjà le voyage qui allait changer le monde.

## 5) Pour les Juifs d'Espagne est venu le temps des tribulations (fin avril)

La décision royale est tombée comme un couperet, à la fin du mois d'avril 1492, interrompant pour quelque 200000 Juifs des royaumes d'Espagne le cours paisible des jours[1]. L'édit sur lequel les souverains ont apposé, à Grenade, leur double signature est daté du 31 mars 1492 ; mais il a fallu un mois pour organiser, dans toutes les villes et les villages, une diffusion simultanée de l'ordre royal, un ordre sans appel : les Juifs et les Juives, quel que soit leur âge, qui vivent, demeurent ou se trouvent pour une raison quelconque dans les royaumes et seigneuries doivent les quitter avant le 1er juillet de cette année avec leurs fils, leurs filles, leurs familles et leurs maisonnées... à l'exception de ceux qui demanderont le baptême. Si, contrevenant à l'ordre royal, ils ne quittaient pas le pays, ou s'ils y revenaient, ils encourraient la peine de mort et la confiscation de leurs biens. Il leur est permis d'emporter leurs biens, ou de les vendre, comme ils le voudront, mais ne pourront exporter ni or ni argent. Les Juifs disposeront de quinze jours pour se faire connaître auprès d'un notaire qui enregistrera leur nom et leur délivrera un certificat.

C'est l'expulsion. Tous ont été pris au dépourvu, car chacun ne connaît que sa propre expérience et n'a conscience des événements qu'à l'échelle de sa propre vie, celle de sa famille, de son village. Certes, la mémoire collective a gardé le souvenir des massacres qui ont fait tant de victimes en 1391 à Séville, Barcelone, Lerida, Valence, Majorque et ailleurs encore, mais un siècle est passé et le traumatisme s'est estompé. Et les Juifs de ces royaumes ont une longue habitude de cette coexistence heurtée : que la disette ou l'épidémie menace, que les difficultés économiques fassent sentir leur poids, que des troubles politiques perturbent la vie quotidienne, et l'antisémitisme renaît, les Juifs se retrouvent dans leur rôle habituel de boucs émissaires. Certes, incidents ou émeutes éclatent ici et là, provoqués par des exaltés des deux camps, à l'occasion des grands moments de

1. Les chiffres donnent lieu à controverses : des 70000 de Kamen aux 350000 de Béatrice Leroy ! Bernaldez disait 170000.

la liturgie chrétienne que les fidèles célèbrent hors de leurs églises, la Fête-Dieu, le vendredi saint, ou lorsque, lors des grandes fêtes, les Juifs promènent solennellement la Torah.

Et puis, insinuante, beaucoup plus alarmante, une rumeur s'est répandue au cours des dernières années dans la région de Tolède et d'Avila : les Juifs se livreraient à des crimes rituels, par haine du Sauveur. Ils auraient crucifié un enfant chrétien de trois ou quatre ans à La Guardia, près d'Avila, un vendredi saint ; l'enfant aurait été assassiné, souffleté, flagellé, couronné d'épines et son cœur aurait été arraché. Le tout nouveau tribunal de l'Inquisition de Tolède a jugé et condamné au bûcher, sans chercher de preuves matérielles irréfutables, les coupables, deux Juifs et six *conversos*. Les Cortes de 1480 ont décidé d'assigner aux Juifs des quartiers séparés, des ghettos en somme, mesure discriminatoire, compensée, il est vrai, par une plus grande sécurité pour la communauté juive ; et les Juifs peuvent sortir, le jour, de ces quartiers pour se rendre à leurs affaires. En 1483, les Juifs d'Andalousie ont tous été sommés de quitter le pays et l'édit royal de 1492 rappelle ce précédent, suivi en 1486 de mesures de même nature à l'encontre de ceux de Teruel. Mais l'expulsion n'a pas été rigoureusement appliquée, et les Juifs sont revenus en Andalousie.

Certes, tous ces faits sont préoccupants, paraissent concordants ; mais d'autres sont de nature à rassurer les inquiétudes. Les Juifs ont conscience d'être de très bons contribuables. Comment la Couronne pourrait-elle se priver des ressources que lui procurent les communautés juives ? Les Juifs sont soumis aux mêmes impôts indirects que les Chrétiens et ils doivent aussi acquitter une contribution spéciale, le *servicio y medio servicio,* dont le montant atteint annuellement 450 000 maravédis. De plus, pendant la guerre de Grenade, entre 1482 et 1491, ils ont versé au trésor royal, au titre d'un impôt appelé, du nom de la monnaie qu'ils devaient donner, *les castellanos d'or,* une contribution à l'effort de guerre équivalente à celle fournie par la population chrétienne de Castille. Et ils s'acquittaient sans murmurer, docilement : ils se sentaient étrangers au corps social et achetaient le droit de vivre en paix auprès des Chrétiens.

Plusieurs membres de la communauté étaient parvenus à de hautes charges, occupaient les allées du pouvoir, pénétraient l'entourage royal. Des personnages aussi importants n'étaient-ils pas intouchables ? Leurs richesses, il est vrai, suscitaient les plus vifs reproches des Chrétiens : le chroniqueur Andres Bernaldez s'en fait l'écho : « Ils étaient possessionnés dans les villes les plus riches d'Espagne, dans les terres les plus fertiles. Tous étaient riches marchands ou commerçants, fermiers des *alcabalas* et d'autres revenus fiscaux, hommes d'affaires des seigneurs, tondeurs de laine, tailleurs, cordonniers, tanneurs, corroyeurs, tisserands de laine, négociants d'épices, colporteurs, tisserands de soie, orfèvres (...) aucun ne bêchait la terre (...) Tous cherchaient des emplois élevés afin de gagner de l'argent en travaillant peu. C'étaient des gens très habiles qui vivaient de prêts et d'usures aux dépens des Chrétiens. En peu de temps les pauvres, chez eux, devenaient riches. » Exact : certains d'entre eux se consacraient aux affaires de finance, y compris pour le compte de l'État et leurs charges de trésorier en faisaient des collaborateurs directs des souverains. Ils étaient bien placés aussi dans les secteurs de l'artisanat, du textile, des cuirs et des métaux. Mais tous ces artisans étaient-ils aussi riches que Bernaldez le prétend ? Il oublie en outre de signaler que tous les rois d'Aragon et de Castille, en ce XVe siècle, s'attachèrent les services de médecins juifs.

Enfin, les sujets juifs des rois de Castille et d'Aragon se sentent protégés par leurs souverains. En 1477, la reine Isabelle a rappelé à la communauté juive de Trujillo : « Tous les Juifs de mes royaumes sont à moi, et sont sous ma protection, il m'appartient de les protéger et de leur rendre justice », et encore la même année à celle de Séville : « Je prends sous ma protection les Juifs des *aljamas*[1] en général et chacun d'eux en particulier (...) J'interdis qu'on les frappe, qu'on les tue, qu'on les blesse et j'interdis aussi qu'on ferme les yeux s'ils sont attaqués, blessés, tués. » « Les Juifs d'Espagne, s'adressant à leurs coreligionnaires de Rome, en 1487, se félicitent, précise Joseph Perez, d'être les sujets de rois aussi justes et bien disposés à leur égard. » Pouvait-on espérer garantie plus sûre, patronage plus efficace ?

Ce que les Juifs n'avaient pas perçu, dès 1492, c'est le danger que représentaient pour eux les tribunaux inquisito-

1. Communauté juive pourvue d'une organisation et qui s'administrait elle-même.

riaux. L'Inquisition, créée par le pape Sixte IV à la demande des Rois Catholiques, s'est installée d'abord à Séville, en septembre 1480. En 1492, le réseau des tribunaux s'est étendu à l'ensemble du royaume de Castille : dix-sept créations, dont certaines ne furent qu'éphémères. L'Inquisition ne peut poursuivre les Juifs en raison de leurs croyances religieuses. Mais elle poursuit les *conversos*, les Juifs convertis au christianisme lorsqu'ils sont soupçonnés d'être chrétiens d'apparence mais juifs de cœur, de judaïser dans le secret de leur maison. Et les procès s'accumulent, les témoins appelés à déposer révèlent les relations qu'entretiennent Juifs et *conversos*. Dans l'exposé des motifs de l'édit de 1492, les souverains donnent longuement les raisons de leur décision d'expulsion : selon les rapports des Inquisiteurs, et d'autres personnes, religieux, ecclésiastiques ou laïques, les rois ont été informés du prosélytisme qu'exerçaient sur les nouveaux Chrétiens, souvent peu assurés dans leur foi, leurs anciens coreligionnaires. « Ils les attirent et les pervertissent pour les entraîner vers leur pernicieuse foi, ils les instruisent de leurs cérémonies, leur enseignent ce qu'ils doivent croire, tentent de les faire circoncire, eux et leurs fils, leur donnent des livres de prières, leur disent les jeûnes qu'il convient de respecter, parlent de leurs Pâques et comment les observer, comment manger du pain sans levain et des viandes abattues selon leur rite. Ils les persuadent de respecter autant qu'ils le peuvent la loi de Moïse en leur disant qu'elle est la seule vraie (...) cela résulte de maints aveux et confessions de la part des Juifs et de ceux qu'ils ont pervertis et entraînés. D'où résultent pour notre foi catholique grand tort et opprobre. »

La conclusion s'est imposée : la présence de Juifs qui veulent le rester est un obstacle à l'assimilation réelle des Juifs convertis. Il fallait séparer les deux communautés ; dès lors s'imposait une solution chirurgicale ; pour rendre impossible toute communication entre elles, il fallait contraindre les Juifs à la conversion ou à l'expulsion.

Ils se préparèrent donc à l'exil, car seule une minorité se résigna à la conversion. À cet édit, qui était une négation de leur existence socioculturelle, ils répondirent solidairement par une revendication de leur identité et de leur foi.

Ils eurent deux mois, selon les textes, pour vendre leurs biens. « Ils allaient proposant leurs biens, ne trouvaient pas preneurs et finissaient par donner une maison pour un âne et une vigne pour un morceau de pain ou de tissu. » Les Chrétiens refusèrent d'acheter afin de les acculer, au dernier moment, à tout brader. De plus, ils ne pouvaient exporter ni or ni argent. Certains, parmi les plus exercés aux techniques financières, négocièrent leurs biens contre des lettres de change payables à l'étranger, mais pour ces opérations aussi, le temps souvent leur manqua. Hommes et femmes, assure le chroniqueur, avalèrent ducats et cruzados pour les soustraire à toute recherche... quelqu'un en aurait avalé jusqu'à trente !

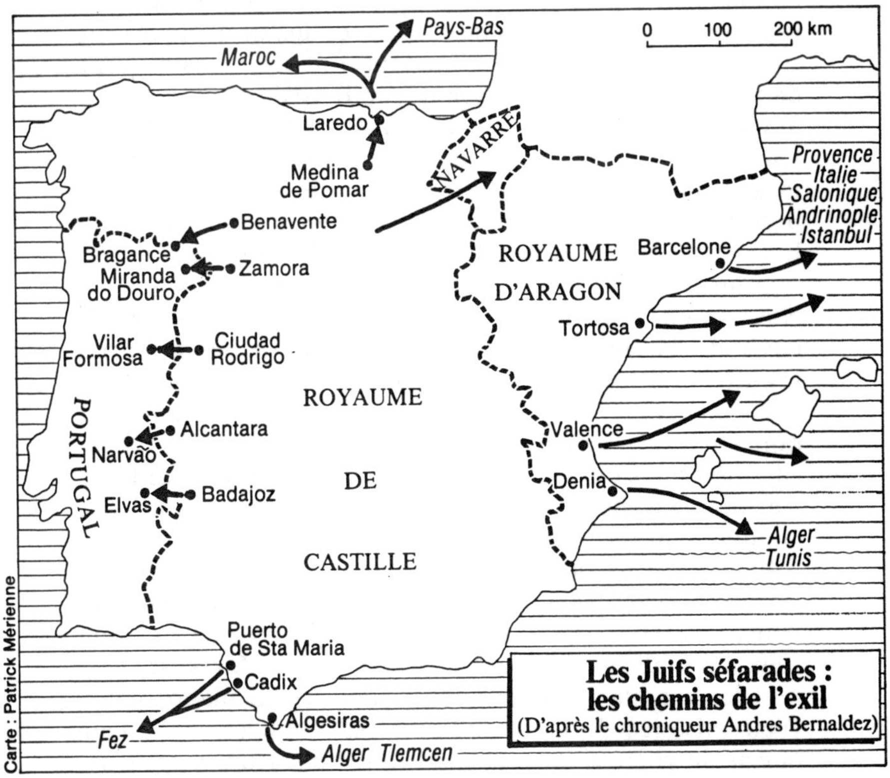


Les Juifs séfarades : les chemins de l'exil
(D'après le chroniqueur Andres Bernaldez)

Tous les exodes se ressemblent. « Ils quittèrent la terre de leur naissance et se mirent en chemin, notables et gens de peu, les vieux et les enfants, à pied, à cheval, à dos d'âne, en charrettes, et se dirigèrent vers les frontières ou les ports de leur choix. Sur les routes, dans les campagnes, maintes difficultés les attendaient ; certains mouraient, d'autres naissaient, la maladie en abattit beaucoup et il n'y avait chrétien qui n'eût pitié d'eux et ne leur suggérât le baptême. Certains, par chagrin, l'acceptèrent, mais très peu. Les rabbins les réconfortaient, faisaient chanter les femmes et les jeunes gens et agiter des tambourins pour animer la marche. »

La majorité d'entre eux passa d'abord au Portugal où le roi Jean II les accepta pour un séjour limité à six mois contre le paiement d'un ducat par personne. Ils reprirent donc la route quelques mois plus tard, à l'exception de quelque cent soixante familles qui, moyennant finance, s'installèrent dans le pays, selon le chroniqueur Bernaldez. Il évalue à 3 000 ceux qui entrèrent au Portugal par Benavente, 30 000 par Zamora, 35 000 par Ciudad Rodrigo, 15 000 par Alcantara, 10 000 par Badajoz. Un total qui avoisine les 100 000 personnes. Ceux qui vivaient près de la seigneurie de Biscaye, le Pays basque d'aujourd'hui, 2 000, et ceux qui se regroupèrent à Medina del Pomar, 1 300, gagnèrent la Navarre ou s'embarquèrent à Laredo. Les Andalous, 8 000 environ, prirent la mer à Cadix et Puerto de Santa Maria. D'autres quittèrent l'Espagne par Cathagène et les Aragonais gagnèrent les ports de Catalogne. 116 000 au total quittèrent l'Espagne, selon Andres Bernaldez. Chiffres invérifiables, mais qui correspondent aux hypothèses, d'ailleurs très ouvertes, des historiens : entre cinquante mille et cent cinquante mille.

Ils avaient gardé l'espérance, raconte encore Bernaldez, les lettrés ou les gens simples, que Dieu les sauverait comme il avait par Moïse sauvé d'Égypte le peuple d'Israël. Lorsque ceux qui se dirigeaient vers Puerto de Santa Maria atteignirent la mer, ils poussèrent de grands cris, demandèrent à Dieu miséricorde et attendirent ses miracles, qu'il leur ouvrît un chemin dans la mer. Après plusieurs jours d'attente vaine, ils en vinrent à maudire le jour de leur naissance. Ils s'embarquèrent sur vingt-cinq navires qui prirent d'abord la direction d'Oran puis se déroutèrent sur

Arcilla, au Maroc, ville chrétienne au pouvoir des Portugais. Un immense camp fut improvisé sous les murs de la forteresse où se regroupèrent les Juifs qui avaient l'intention de gagner le royaume de Fez et d'autres qui en revenaient, totalement démunis, pieds nus et vêtements en lambeaux tant ils avaient été maltraités. Ces derniers souhaitèrent être baptisés et regagner l'Espagne.

Nous laissons à notre chroniqueur la responsabilité de cet aller-retour si dissuasif à Fez. Il était, à l'époque, curé dans la paroisse de Los Palacios, près de Séville, bénéfice qu'il occupa de 1488 à 1513, donc bien placé pour recueillir des informations qu'il a peut-être exagérées : ne convenait-il pas de montrer que les Maures avaient été, à l'égard de ces Juifs que les souverains catholiques avaient contraints à l'exil, bien pires que les Chrétiens ? Il est exact cependant qu'un certain nombre de Juifs du Portugal sont revenus l'année suivante, prétextant qu'ils avaient reçu le baptême en terre lusitanienne, Portugal ou Arcilla. Encore fallait-il en apporter la preuve. Notre curé de Palacios précise qu'il a lui-même donné le baptême à une centaine de Juifs de retour en Espagne en 1493. Mais pour la grande majorité, ce fut un voyage sans retour. Ils s'installèrent à Tunis, Tlemcen, en Italie, notamment à Ferrare ou à Venise, dans l'Empire ottoman, à Salonique, Andrinople ou Istambul, dans le sud-ouest de la France en Navarre et aux Pays-Bas, en particulier à Amsterdam.

Certaines conversions firent sensation, comme celle d'Abraham Senior, chef de la communauté juive de Castille, et celle de son gendre le rabbin Mayr. Les Rois Catholiques eux-mêmes furent leurs parrains. Mais il s'agit d'exceptions. Les communautés juives des royaumes d'Espagne, contraintes à choisir entre la conversion et l'expulsion, choisirent majoritairement l'exil, événement majeur de la diaspora séphardite.

### 6) Érasme devient prêtre (25 avril)

Érasme, Desiderius Erasmus Roterodamus, ainsi qu'il signe ses écrits à partir de 1506 : le « prince des humanistes », l'apologiste d'un christianisme simplifié, l'exégète du Nouveau Testament, le soutien, puis l'adversaire de

Luther et de la Réforme allemande... Qui est-il, le 25 avril 1492, lorsque l'évêque d'Utrecht, David de Bourgogne, l'ordonne prêtre ? Est-il porté par un élan profond vers Dieu, appelé par une vocation irrésistible ? Ou a-t-il choisi la voie de l'Église, comme tant d'autres en son temps, pour faire carrière ou par commodité ? Curieusement, alors qu'il est habituellement si disert à dépeindre ses états d'âme dans son abondante correspondance, il ne dévoile ni ses raisons ni ses pensées à cette étape décisive de son existence. Il reconnaît cependant qu'il n'a, par la suite, que rarement célébré la messe.

Il a, en 1492, vingt-six ans, ou vingt-trois, car un doute subsiste sur l'année de sa naissance, à Rotterdam, le 28 octobre, 1466, ou 1469. Il est né d'une union illégitime mais durable puisqu'il a un frère, son aîné de quelques années, d'un père probablement prêtre ordonné. Ce père était, semble-t-il, un lettré qui connaissait le grec, transcrivait les auteurs anciens, possédait une bibliothèque. Il envoya ses deux garçons à la célèbre école du chapitre de Saint-Lebuinus, à Deventer. Érasme, qui avait alors six ou neuf ans, fréquenta cette école jusqu'en 1484, jusqu'à l'âge de quinze ou dix-huit ans. Les souvenirs de son enfance à Deventer reparaissent dans ses écrits : il n'a gardé aucune reconnaissance à l'égard de ses maîtres, aucune indulgence pour l'enseignement reçu ; la pédagogie était barbare et les manuels médiévaux en usage peu propices à ouvrir l'esprit. Pourtant, certains maîtres étaient des Frères de la Vie Commune ; ce mouvement religieux connu sous le nom de *Devotio moderna,* la Dévotion contemporaine, avait fondé des maisons conventuelles dans le droit fil du catholicisme ; la foi des Frères était profonde et fervente, leurs mœurs simples et sévères ; ils vivaient sous le même toit sans être retranchés du monde, se vouaient à des soins aux malades, à des œuvres de bienfaisance, à l'art d'enseigner surtout, à l'effort pédagogique. Si bien que les jugements d'Érasme paraissent quelque peu sévères à l'égard de cette école qui, à la fin du XV^e^ siècle, s'ouvrit à l'humanisme. Érasme a suivi l'enseignement de Johannes Synthen, bon connaisseur de l'Antiquité classique. Vers la fin de sa scolarité, l'école fut dirigée par Alexander Hegins, ami de Rodolphe Agricola, qui revenait d'Italie et était unanimement admiré en raison de son immense savoir : Érasme les écouta tous les deux, en fut profondément impressionné.

La mort de leur mère, emportée par une épidémie de peste, puis celle de leur père, bouleversent l'existence des deux enfants. Trois tuteurs veillent sur eux : Érasme brosse d'eux un portrait peu flatteur, des rustres, intéressés de surcroît. Ils poussent vite les deux frères vers le couvent. Tous deux cèdent, Érasme sans aucun enthousiasme. En 1488 il entre au couvent dans l'ordre de Saint-Augustin, à Steyn, près de Gouda et peu après prononce ses vœux.

Il regretta toute sa vie cette expérience monastique. Pourtant, il connut à Steyn une grande liberté de vie et des occasions de nourrir son esprit avide des beautés des œuvres classiques. Il y eut beaucoup d'amis, des religieux, des moines comme lui, avec lesquels il entretenait une correspondance suivie, toute nourrie de références humanistes. A l'un d'eux, Serviatus, il voua une grande amitié, inspirée de modèles antiques, Oreste et Pylade, mal reçue parce que excessive. Érasme était un jeune homme hypersensible, d'un tempérament délicat, d'une sensibilité débordante et de santé fragile. Il apprit à maîtriser ses sentiments et devint le plus remarquable des latinistes. Il avait dû apprendre à Deventer bien plus qu'il n'en convenait. Sa connaissance des auteurs latins était considérable : les poètes, Virgile, Horace, Ovide, Juvenal, Stace, Martial, Claudien, Perse, Lucain, Tibulle, Properce ; les prosateurs, Cicéron, Quintilien, Térence. Il n'ignorait pas les humanistes italiens, surtout Lorenzo Valla et ses *Élégances latines,* l'ouvrage novateur, décisif de l'époque, mais aussi Fifelfe, Aeneas Sylvius Piccolomini, Poggio et bien d'autres. Ses lectures chrétiennes étaient à l'époque plus réduites : il connaissait surtout l'œuvre de saint Jérôme. Ce parfait humaniste écrivait des poésies en vers latins qu'il faisait connaître à un cercle d'amis, des poètes comme lui : avec l'enthousiasme de la jeunesse ils déclaraient leurs créations immortelles. Leur exaltation les poussait à déplorer le mépris dans lequel était tenue la poésie autour d'eux ; ils étaient un petit groupe éclairé dans un océan d'ignorance et de barbarie.

Mais ni les relations érudites et poétiques, ni la peinture qu'il pratique à l'occasion ne lui suffisent. Il étouffe, semble-t-il, dans ce milieu monastique. Aucune lettre de sa dernière année à Steyn ne nous éclaire sur son état d'esprit ; ou sa correspondance s'est égarée, ou il l'a interrompue... Et son ordination, le 25 avril ? Ne s'expliquerait-elle pas par son désir de quitter le couvent ?

« Il était là, avec ses gentillesses de style, ses curiosités littéraires, son Térence à portée de main, ses modestes ambitions de lettré cherchant de bons préceptorats ou de vrais mécènes » : portrait d'Érasme en 1492, signé Lucien Febvre. Le protecteur fut l'archevêque de Cambrai, Henri de Berghes : en raison de sa réputation de latiniste et de lettré, il proposa à Érasme de devenir son secrétaire et de l'accompagner à Rome où il espérait obtenir un chapeau de cardinal. Avec l'autorisation de l'évêque d'Utrecht, celle du prieur et général de son ordre, Érasme quitta le couvent de Steyn.

Mais il se fit mal à son nouvel emploi, il se dit déçu, toujours en chemin d'une résidence de l'archevêque à une autre. Et le voyage à Rome n'a pas eu lieu. Il avait vécu protégé dans le cocon de son couvent, le voici désemparé au contact des réalités et des ambitions de la vie publique.

En 1495 commencent les déplacements de ce grand voyageur à travers l'Europe. Avec l'autorisation de l'archevêque et la promesse d'un subside, il va suivre un enseignement universitaire, ce qu'il avait tant souhaité à sa sortie de l'école de Deventer. Il se rend à Paris, à la Sorbonne : il y rencontrera des humanistes célèbres, tel Robert Gaguin.

Mais l'étape décisive reste encore à venir : à Oxford, en 1499, il rencontre John Colet. Les deux hommes s'écrivent beaucoup, « non pour s'entretenir dans le culte des belles lettres, mais pour accroître leurs connaissances des lettres saintes », précise Lucien Febvre. Érasme ne dit pas qu'il ait été touché par la grâce. L'évolution chez lui paraît naturelle. « Lui qui n'écrivait qu'aux fils des humanistes remplit ses lettres de propos religieux. »

### 7) L'Italie danse sur le volcan. Voici la « Sainte Lance » envoyée par le sultan Bajazet à Innocent VIII (moi de mai)

La ville de Constantinople avait l'insigne honneur de conserver les reliques de la Passion du Christ, le fer de lance qui avait percé le flanc de notre rédempteur sur la croix, le verre dans lequel il but le fiel et le vinaigre, l'éponge, une partie de la couronne et de la croix, bien d'autres reliques encore, et des corps saints, parmi lesquels celui de Luce et celui de sainte Anne, la mère de Notre-Dame, qui fut transporté là par sainte Hélène. Depuis 1453, c'était donc le sultan qui avait en garde ces reliques chrétiennes. Ironie de l'Histoire puisque les Musulmans, on le sait, refusent de croire à la mort du Christ. Est-ce par référence à cette croyance que le pape Innocent VIII tenta sa chance en présentant au sultan Bajazet sa requête? Il souhaitait conserver à Rome le fer de lance de la Passion du Christ. Bajazet était un homme pacifique, tout prêt à faire le bonheur de son prochain. Mais le choix était délicat : s'il donnait satisfaction au pape et aux Chrétiens d'Occident, il mécontentait les Grecs de Constantinople, chrétiens orthodoxes qui avaient une grande dévotion pour cette relique, et réciproquement. Il choisit cependant d'être agréable au pape et confia la relique aux ambassadeurs pontificaux.

Deux évêques allèrent les accueillir à la marche d'Ancône où ils débarquèrent. À Rome, Innocent VIII, revêtu des vêtements pontificaux, entouré de tous les cardinaux et d'une grande foule, fut au-devant d'eux en grande procession jusqu'à la porte du Peuple. Le pape, souffrant, était porté en litière mais tous les autres allaient à pied. Devant la relique, le pape quitta sa litière et s'inclina jusqu'à terre en signe de respect, puis il sortit la Sainte Lance de son écrin d'or et l'éleva, pointe dressée, afin que tout le peuple puisse la voir : tous l'adorèrent, comme devait l'être la très sainte relique qui perfora le flanc du Christ à l'heure de la Passion. Elle fut emmenée en procession jusqu'à l'église Saint-Pierre où lui fut réservée une place d'honneur.

La Sainte Lance était courte, comme si ceux qui en avaient eu la garde, rois ou grands personnages, en avaient prélevé un morceau, par dévotion, comme le fit cet empereur de Grèce qui utilisa pour le mors de son cheval un clou de la croix de Notre-Seigneur : et, de ce jour, Dieu lui accorda de grandes victoires, selon ce que raconte M. Jean de Mandeville, que rapporte ici le chroniqueur Andrès Bernaldez. La sainte relique ne devait représenter que la moitié de la vraie lance qui transperça le Rédempteur.

En même temps que la Sainte Lance, les ambassadeurs

portèrent au pape les 40 000 ducats de pension annuelle que lui adressait le sultan Bajazet II pour la garde de son frère le prince Djem. Ce prince, qui contestait le pouvoir de son frère, avait fui Constantinople, s'était réfugié auprès du grand maître de Rhodes : il espérait que les princes chrétiens l'aideraient à conquérir le pouvoir ! Le grand maître de Rhodes avait offert le fugitif au roi de France Louis XI qui n'avait voulu ni le voir ni même le recevoir en son royaume. Il l'avait finalement remis au pape. Innocent VIII aurait pu se servir de son prisonnier comme d'un otage, contre Bajazet, dans son projet de croisade. Il préféra négocier avec le sultan, recevoir une pension royale et s'engager à traiter le prisonnier avec les honneurs dus à son rang. À la mort d'Innocent VIII, Alexandre VI hérita du prince prisonnier.

Ces échanges de bons procédés entre le pape et le sultan laissent planer quelques doutes sur la volonté d'Innocent VIII d'animer une croisade contre les Infidèles. En janvier 1492, la glorieuse victoire des Rois Catholiques à Grenade sur les Maures d'Andalousie a pourtant relancé l'idée de croisade. La menace se précisait-elle ? Le sultan a saisi l'occasion de regagner les bonnes grâces du pape en lui adressant l'insigne relique, accompagnée d'un beau lot de ducats pour que le pontife garde princièrement en captivité ce frère dont il se méfie et qu'il fera probablement empoisonner, à Rome même, quelques années plus tard.

### 8) Et voici les fêtes brillantes de la cour des Sforza. À Vigevano, ville natale de Ludovic le More (joli mois de mai)

La cour des Sforza avait l'habitude de célébrer les fêtes de mai à la campagne. En cette année 1492, elles se déployèrent avec le faste habituel à Vigevano, dans leur résidence sur les bords sinueux du Tessin où les Sforza, et plus particulièrement Ludovic le More, qui y était né, aimaient tant se rendre.

La caravane ducale s'est embarquée à Milan et a suivi la voie d'eau nouvellement creusée jusqu'à Abbiategrasso. Là, on enfourche les chevaux jusqu'à Vigevano. Donato Bramante, le célèbre architecte que Ludovic sut attirer à la cour de Milan depuis une quinzaine d'années, dirige les aménagements du vieux château des Visconti au milieu du bourg ; le corps de logis est amplifié, allégé par la construction de deux loggias superposées qui donnent sur la campagne environnante, il lance les plans des vastes écuries à trois nefs qui pourront accueillir jusqu'à quatre-vingt-dix chevaux, reconstruit la grande tour d'entrée qui s'élève en gradins et domine la place. Celle-ci est également en chantier : Ludovic Sforza n'a-t-il pas demandé aux habitants de démolir leur vieille place du marché ? Il a demandé à Bramante de dessiner la nouvelle, un vaste rectangle bordé de façades toutes semblables, avec des arcades au rez-de-chaussée, rehaussées d'un décor peint régulièrement répété, cela sur trois côtés, car le quatrième est formé par la façade de l'église.

A Vigevano, la famille ducale et ses invités goûtent surtout les plaisirs de la chasse et se rendent vite au Castello della Sforzesca que Bramante a édifié pour Ludovic le More en 1486, une vaste maison de campagne composée de quatre édifices soutenus aux angles par quatre donjons imposants, entourée de jardins et, au-delà, de vastes réserves de chasse dans les terres en friche sur les rives du Tessin. Toutes les riches familles milanaises possèdent dans la campagne de solides résidences d'été, très différentes des légères villas inspirées de modèles antiques qu'édifient les Florentins dans les collines toscanes, mais qui témoignent de la même attirance pour la nature.

L'ambassadeur Trotti, dans le rapport qu'il envoie à la cour de Ferrare, décrit la pompeuse cavalcade, fauconniers en tête, l'autour au poing, les cavaliers et les dames dans leurs riches atours, puis le couple de léopards bien dressés que les Sforza avaient été les premiers à utiliser pour la chasse et, enfin, la meute de chiens. Il ne laisse rien ignorer des costumes que portèrent les dames, ce jour-là, les deux duchesses, celle de Milan, Isabelle d'Aragon, épouse du duc en titre, Gian Galeas Sforza, et celle de Bari, Béatrice d'Este, épouse de Ludovic le More, oncle et tuteur de Gian Galeas, le véritable maître de Milan. Les deux jeunes femmes, parées de perles et de diamants, sont coiffées « à la française », avec une grande touffe de cheveux ramenés en cornes sur le front, de longs voiles de soie recouvrent leurs riches costumes verts. Les demoiselles de leur suite sont aussi vêtues de soie verte et coiffées de la même façon. Les dames cueillirent de grands bouquets de fleurs et les deux ducs s'éloignèrent pour faire voler les faucons. Les deux duchesses participaient très souvent aux chasses. « Mon épouse est meilleure oiseleuse que moi », écrivait Ludovic le More, parlant de Béatrice, à sa jeune belle-sœur Isabelle d'Este.

Isabelle d'Este se rendait souvent en visite à la cour de Milan auprès de sa sœur Béatrice et, le 4 août 1492, elle eut ainsi l'occasion, dans une lettre à son époux Francesco Gonzague, de faire le récit d'une partie de chasse à Vigevano, « dans le plus beau site que la nature, je crois, puisse offrir à semblable divertissement. Les bêtes se trouvaient dans une vallée boisée près du Tessin. On les avait rassemblées en grand nombre dans un espace restreint au moyen de toiles ; chassées par les limiers, il leur fallait passer un bras du Tessin et grimper la côte où nous nous trouvions, nous, les femmes, sur un terre-plein dans des huttes de toile verte couvertes de branchages (...) Nous vîmes beaucoup de cerfs traverser le fleuve (...) il n'y en eut que deux qui grimpèrent vers nous (...) On vit même surgir une biche avec son petit et on ne les poursuivit pas (...) On aperçut beaucoup de sangliers et de chevreuils, mon groupe eut l'honneur du chevreuil (...) Pour terminer la fête, on vit monter un renard dont les beaux détours réjouirent la compagnie. » Dans une lettre que Béatrice écrivit au début de la même année à sa sœur, elle évoque « les plaisirs infinis de chasser le héron et les oiseaux de rivière » et termine sa lettre en lui annonçant « qu'elle a fait planter une campagne d'ail » à la ferme modèle de la Sforzesca.

Personne, en Italie, ou presque, n'avait de chasse comme celle de Ludovic dans le Vigevanais. « C'est bien le lieu du monde où le duc se tient le plus, la plus belle demeure pour chasse et voiliers que je sache en nul lieu », écrivait Commynes.

### 9) Le pape se meurt... Le pape est mort (26 juillet)

Le 25 juillet 1492, la mort emporta à l'âge de soixante ans Gian Battista Cibo, cardinal de Malfetta, plus connu sous le nom d'Innocent VIII depuis son élection au trône de saint Pierre le 29 août 1484. Le pape avait passé ses derniers jours dans un état de grande prostration qui le laissait inanimé et ouvrait déjà l'interrègne, période d'intrigues pour la succession et de troubles dans la ville.

A la mort de Sixte IV, le cardinal de Malfetta avait « acheté » son siège avec l'aide du cardinal della Rovere, neveu de Sixte, le futur Jules II. Della Rovere préféra appuyer de toutes ses ressources ce comparse d'assez faible réputation plutôt que de laisser la voie libre à l'ambitieux cardinal Rodrigo Borgia. Celui-ci feignit de céder de bonne grâce et attendit le tour suivant.

Pontificat sans éclat que celui d'Innocent VIII. Échec dans le domaine politique. Le chef temporel des États pontificaux s'est lancé avec maladresse dans les intrigues italiennes, a soutenu, appuyé par Venise et Gênes, les barons napolitains en révolte contre le roi Ferrante qui avait pour alliés, en cette occasion, le Milanais Ludovic le More et le Florentin Laurent de Médicis. Contre Ferrante, Innocent VIII a brandi l'excommunication, son arme spirituelle, sans aucun résultat.

Échec également sur le plan religieux. Avant d'entrer au conclave où se fit son élection, Innocent VIII avait signé avec les autres cardinaux une *capitulation :* ce pacte électoral imposait au prochain pape l'obligation de réunir un concile pour inciter les princes chrétiens à lancer une croisade contre les Infidèles, et pour réformer l'Église. Lourd programme dans les deux cas !

Depuis que les Turcs tiennent Constantinople, tous les papes ont nourri le projet de lever une armée pour stopper leur avance, aucun ne l'a réalisé. Mais en 1480, le danger est à la porte : les Turcs ont pris pied sur la péninsule, à Otrante d'où le roi de Naples les a délogés deux ans plus tard. Il devient urgent d'agir : en 1487, le pape Innocent a publié la bulle de croisade, obtenu des princes chrétiens l'autorisation de lever des contributions dans leurs États pour financer l'expédition, pressenti le roi de Hongrie Mathias Corvin, très concerné par le danger turc, comme chef militaire de la croisade. Il n'est pas allé au-delà... et le roi Mathias est mort brutalement en 1490. Le pape a renoncé à la croisade, négocié, comme nous l'avons vu, avec le sultan Bajazet.

Restait la réforme de l'Église... Il eût fallu Hercule pour nettoyer les écuries d'Augias ! À s'en tenir à Rome, la ville de saint Pierre comptait en 1490, d'après un recensement rapporté par le chroniqueur Infessura, 6800 prostituées, sans parler des concubines officielles ! Le pape a renouvelé le décret de Pie II interdisant aux prêtres de tenir auberges, maisons de jeux ou de prostitution, et de jouer le rôle d'entremetteurs. Mais il n'était pas lui-même un modèle de vertu. Il eut, selon un épigramme qui circulait à Rome, huit filles et huit garçons... au point que « les Romains souriaient en prononçant le nom de leur pape, Innocent, et en l'appelant Père ». Il n'eut certainement pas autant de bâtards que lui en attribuait la rumeur. Deux cependant, sûrement, et il veilla à bien les établir. Sa fille épousa un Génois auquel elle apporta une belle dot et son fils, Franceschetto Cibo, épousa Madalena, fille de Laurent de Médicis. Que dire alors de la simonie, du cumul des bénéfices, de l'absentéisme... qui concernent l'ensemble de l'Église !

Bien des papes, aux siècles de la Renaissance, furent des lettrés et des mécènes. Venant après le pontificat de Sixte IV, celui d'Innocent VIII reste terne. Il appela de Florence les frères Pollaiulo et leur confia le soin de réaliser le tombeau de bronze de son prédécesseur, il fit construire sur un éperon rocheux, au nord du Vatican, le palais du Belvédère, un château avec une loggia ouverte sur la campagne dont Mantegna assura la décoration intérieure. Cette résidence est, à Rome, le point de départ de la modernité qui s'affirmera au siècle suivant.

### 10) Il était trois petits navires... (3 août)

« Nous partîmes le vendredi 3 août 1492, de la barre de Saltès, à huit heures du matin. Nous avançâmes poussés par un fort vent du large jusqu'au coucher du soleil en direction du sud et parcourûmes soixante milles, qui font quinze lieues. Puis nous mîmes cap au sud-ouest et au sud quart de sud-ouest, qui était la route des Canaries. »

Christophe Colomb relate ainsi, brièvement dans son journal de bord, son grand départ vers l'inconnu. Les trois navires ont quitté au matin le port andalou de Palos, descendu le rio Tinto, contourné le promontoire sur lequel se dresse le couvent franciscain de La Rabida, passé la barre, et c'est la mer. Les marins ont déployé les voiles qui portaient de grandes croix peintes, et les vaisseaux ont gagné le large.

Trois petits vaisseaux, une nef, la *Santa Maria*, navire amiral que commande Christophe Colomb, et deux caravelles plus légères, la *Pinta*, et la *Niña*, dirigées par les deux frères Pinzon, Martin Alonso et Vicente Yañez. Quatre-vingt-dix marins, presque tous Andalous, et quelques Basques et Galiciens. Tous se sont confessés, ont entendu la messe avant le grand départ.

Nous ne savons rien des sentiments qui agitaient marins, pilotes et capitaines. Il est facile d'imaginer leur exaltation et leur angoisse devant cette mer ténébreuse dans laquelle ils allaient s'enfoncer, direction plein ouest à partir des îles Fortunées pour atteindre les pays des épices et de l'or, de l'autre côté du monde. Leur départ passa presque inaperçu.

### 11) Le pape est mort... Vive le pape (11 août)

Le matin du 11 août, la fenêtre du conclave s'ouvrit, une croix apparut et le cardinal diacre annonça à la ville et au monde qu'un nouveau pape avait été élu : le cardinal Rodrigo Borgia, qui prenait pour nom Alexandre. Il était le sixième du nom.

La cloche du Capitole se mit aussitôt à sonner pour annoncer l'événement et toutes les cloches de la ville lui répondirent. Le peuple alerté se regroupa dans les rues, la nouvelle se propagea et, en vertu d'une tradition établie, la foule se rua vers le palais de l'élu pour le piller. Il arrivait que cet élu ait pris le soin de laisser place nette. Rodrigo Borgia avait le geste généreux et n'avait pas recouru à cette précaution.

Le 27 août se déroula la cérémonie du couronnement dans la basilique de Saint-Pierre. Le pontife était vêtu d'une tunique blanche et d'un manteau rouge, coiffé de la tiare conique. Le cardinal Sanseverino l'aida, selon le rite, à s'asseoir sur le trône de l'apôtre et tous les autres cardinaux s'approchèrent pour faire leur soumission et rendre hommage au nouveau pontife. Puis, la messe fut célébrée.

Eut lieu ensuite la prise de possession du Latran où tout un cortège, fastueux et princier, accompagna le Saint-Père. D'abord venaient le corps des troupes mercenaires des États pontificaux, puis, à cheval sur leurs montures caparaçonnées, les cardinaux, les évêques et les dignitaires de l'Église ; suivaient les chefs des États pontificaux, les potentats locaux de Faenza, d'Imola, d'Ostie, d'Urbino, raides sous leurs armures. A quelque distance sous un dais pourpre s'avançait le pontife ; digne, bienveillant, il regardait la foule qui s'attroupait sur son passage et l'accueillait comme un sauveur. Des délégations du bas-clergé, des corps de métiers fermaient la marche. Le cortège comptait près de dix mille personnes qui suivirent l'itinéraire coutumier. La ville était en fête, des tapis décoraient les fenêtres, le clergé attendait devant toutes les églises et des jeunes filles, sous un portique simulant l'arc de Constantin, récitèrent des vers en l'honneur du pontife.

Mais au terme de cette triomphale journée, était-ce la chaleur de ce jour d'août, ou la fatigue, Alexandre VI s'écroula évanoui. Cette indisposition parut être un mauvais présage et d'aucuns prédirent un règne écourté. Il n'en fut rien. Alexandre VI occupa jusqu'en 1503 le trône de saint Pierre.

Au conclave, deux candidats s'étaient affrontés qui s'étaient déjà trouvés face à face lors de l'élection du pape défunt en 1484 : Julien della Rovere, cardinal de Saint-Pierre-aux-Liens, et Rodrigo Borgia, archevêque de Valence, vice-chancelier de l'Église, cardinal-évêque de Porto, pourvu encore d'autres bénéfices. Le premier avait contre lui le soutien que lui accordait le roi Charles VIII de France, le second le fait qu'il était espagnol. Mais tous deux connaissaient admirablement les arcanes du palais pontifical et de tous ses rouages. La lutte au conclave fut sévère. Cinq cardinaux étaient opposés à l'élection de Rodrigo Borgia, il acheta leurs suffrages. Le cardinal Ascanio Sforza, frère de Ludovic Sforza, était un adversaire sérieux : Rodrigo Borgia lui donna sa charge de vice-chancelier de l'Église ; au cardinal Orsini, le palais Borgia, au cardinal Colonna, l'opulente abbaye de Subiaco et, à d'autres, d'autres dignités, d'autres bénéfices. « Il dispersa et donna ses biens aux pauvres », écrit plaisamment un chroniqueur : il était le plus riche des cardinaux et fut élu. Élection bien évidemment entachée de simonie. Mais celles d'Innocent VIII, de Sixte IV ne l'avaient-elles pas été également ? Guichardin stigmatise cette élection : « Ces âmes vénales, au mépris de la loi divine, vendirent sans honte à Borgia le pouvoir de profaner par un trafic indigne les trésors spirituels dans le sanctuaire même de la religion et à l'abri du nom du Christ. »

Dès le jour de son élection, Alexandre VI répandit ses largesses sur le peuple. Comme il voulait soumettre les grands, il eut tout de suite le souci de s'allier le peuple de Rome en le faisant profiter des avantages d'une police, d'une administration et d'une justice supérieures à celles qu'il avait connues sous ses prédécesseurs.

Rodrigo Borgia était né à Jativa, près de Valence en 1431, de José Lanzol et d'Isabel Borgia qui fut sœur de Calixte III. Orphelin de père très jeune, l'enfant fut adopté par son oncle qui le fit nommer chantre de la cathédrale de Valence et veilla sur son instruction, lui faisant suivre, semble-t-il, des études de droit. Quand il devint pape, en 1455, Calixte l'appela près de lui à Rome. L'accession de son oncle au trône pontifical le fit opter pour l'Église. La voie choisie se révéla aisée et l'accès aux hautes charges rapide : il bénéficia du népotisme pontifical avant d'en user lui-même, largement, pour sa famille. Quelques mois d'études de droit à l'université de Bologne et le voici cardinal le 20 février 1456, à vingt-cinq ans. Un an plus tard, il est nommé vice-chancelier de l'Église romaine, la fonction la plus élevée à la Curie. Un an encore, il accède à la dignité d'archevêque de Valence. Il cumule bénéfices, honneurs et dignités en Italie, en Hongrie, au Portugal... une telle élévation l'exposant lorsque son protecteur ne serait plus là, ce qui advint en 1458, à tous les périls.

L'habile homme non seulement maintint, mais accrut sa position sous les pontificats de Pie II, Paul II, Sixte IV et Innocent VIII, soit pendant trente-quatre ans durant lesquels, en tant que cardinal vice-chancelier — ainsi qu'il est nommé dans les documents contemporains —, il prit part à l'administration romaine. Son influence augmenta surtout grâce à Paul II et Sixte IV qui lui donna l'abbaye de Subiaco et l'évêché de Carthagène en 1480. Seuls, semble-t-il, les Rois Catholiques se sont opposés aux prétentions de Rodrigo Borgia. Ils avaient peu apprécié sa nomination à l'évêché de Carthagène ; Borgia voulait aussi l'archevêché de Séville ; sa désignation par Sixte IV était déjà prononcée, les rois la refusèrent et firent même arrêter le fils de Rodrigo Borgia,

Pedro Luis, venu prendre possession de l'archevêché au nom de son père. Le pape tenta en vain de fléchir les Rois. Devenu pape, Rodrigo Borgia ne tint cependant pas rigueur aux Rois Catholiques de leur opposition.

Ses affaires privées occupaient beaucoup le cardinal Borgia. Sa vie personnelle était de notoriété publique et l'opinion était à ce point tolérante que la légèreté de sa conduite ne scandalisait guère ses contemporains. Sa liaison avec Vanezza de Cattanei remontait probablement à 1471 et il eut d'elle quatre enfants, François, César, Lucrèce et Giofré. Pedro Luis, le malheureux messager du cardinal à Séville, était né avant les enfants de Vanezza. Le cardinal eut soin de marier sa maîtresse à deux reprises, veilla sur l'éducation de ses enfants et leur fraya, plus tard, un chemin dans le monde. Le caractère mondain du cardinal, sa vie adonnée au plaisir qu'il étalait en public lui valurent les remontrances du pape Pie II en 1460. Le cardinal avait organisé à Sienne une fête champêtre; le pape en fut informé et lui écrivit : « On a dansé avec lascivité, aucun des attraits de l'amour n'a été épargné. La pudeur oblige à taire ce qui s'est passé (...) tu es la fable de tous (...) le vicaire du Christ est enveloppé dans cette réprobation... » Cette admonestation resta sans effet : Rodrigo Borgia reprit ses habitudes de vie mondaine, de dissipation et de scandales. En 1490, alors qu'il approchait de la soixantaine, il s'enflamma pour la belle Giulia Farnèse qu'il maria à Urbino Orsini.

À Florence, le frère Jérôme Savanarole s'emporte contre l'indignité de la hiérarchie ecclésiastique romaine et contre l'élection de Rodrigo Borgia au trône de saint Pierre : « Si saint Pierre revenait sur terre et voulait réformer l'Église, il serait mis à mort. » C'est précisément ce qui arriva au frère dominicain quelques années plus tard ! Déjà en 1492, lorsqu'il prêche le carême au couvent de Saint-Marc, avant l'élection du pape Alexandre VI, il expose ses révélations : « Je vis deux croix : d'abord une noire plantée à Rome dont la tête touchait au ciel et qui étendait ses bras sur toute la terre ; ces mots y étaient écrits : Croix de la colère de Dieu. Dès que je l'aperçus, je vis le temps s'assombrir, et des nuages voler dans l'air, des vent souffler, des foudres, des flèches, des pluies de grêles, de feu, d'épées tuant une grande multitude de gens (...) Puis vint un temps très serein et clair et je vis une autre croix d'or aussi grande que la première sur Jérusalem, si resplendissante qu'elle illuminait le monde. Il y avait écrit : Croix de la miséricorde divine. » Au temps de l'avent 1492, frère Jérôme reprit ses prédications. Dans l'état où se trouvait l'Église, « le gouvernement des mauvais prélats est pire que tous les malheurs physiques ».

### 12) « La reyne est accouchée d'un beau fils... » (10 octobre)

« À nos amez et féaux. Environ quatre heures du matin notre très chère et très aimée compagne la Reyne est accouchée d'un beau fils, de laquelle chose nous avons bien voulu avertir en diligence comme nos bons serviteurs, lesquels connaissons en estre très joyeux... »

« Très chers seigneurs et frères. Grâce à Dieu et à Notre Dame, environ quatre heures du matin, la Reyne a eu un très beau fils et vous assure qu'ils font tous deux bonne chère ; de laquelle chose je vous ay voulu avertir en diligence pour ce que vous en ferez tous meilleure chère en priant Dieu, très chers seigneurs et frères qu'ils vous doint ce que plus vous désirez... »

Le roi Charles VIII s'est hâté d'annoncer la bonne nouvelle : ces deux lettres, écrites à Montils-les-Tours le 10 octobre 1492, ont été adressées la première aux « gens de nos comptes, à Paris », la seconde aux « gens des comptes du Roy ».

Le dauphin fut baptisé le 13 octobre. Ses parrains étaient les ducs d'Orléans et de Bourbon et sa marraine la reine de Sicile. Suivaient M. de Nemours qui portait le cierge, M. de Foix la salière d'or, M. de Vendôme l'aiguière, M. l'Infant, frère du sieur de Foix le bassin et la serviette. M. le prince d'Orange, nu-tête, portait le Dauphin vêtu d'une robe de drap d'or. Il fut baptisé par un religieux nommé frère Jean Bourgeois, cordelier de l'observance. Le roi lui tenait la main pendant la cérémonie. L'enfant reçut le nom de Charles Orland, et passa de vie à trépas un jour du mois de novembre de l'an 1495.

Deux autres fils et une fille naquirent ensuite de ce mariage, qui tous moururent, un mois ou quelques jours plus tard. Charles VIII n'eut donc pas de descendant et la reine Anne, conformément aux accords passés lors de son mariage, en décembre 1491, épousa le duc d'Orléans, cousin du roi, qui régna sous le nom de Louis XII.

### 13) Mort discrète d'un grand artiste (12 octobre)

Quand Raphaël mourut, à trente-sept ans, au sommet de la gloire, ce fut comme si l'art tout entier disparaissait... Lorsque la peste, qui rôdait à Venise, eut raison du Titien, âgé de quatre-vingt-huit ans, les pinceaux du peintre restèrent sur le chevalet, près d'une *Pieta* inachevée. Qu'en fut-il lorsque, le 12 octobre 1492, s'éteignit dans le village de Borgo San Sepolcro, ce vieil homme, Piero della Francesca auquel ne parvenaient plus, depuis quelques années, les formes et les couleurs du monde ? Il était né là, environ l'an 1415-1420, d'un modeste cordonnier corroyeur, Benedetto de Franceschi, et sa mort fut si discrète !

Son bourg natal de l'Apennin toscan lui rendit certainement hommage, tant fut grande la fidélité qu'il lui manifesta durant sa longue existence. Les retours dans son village ponctuèrent sa vie nomade d'une cour princière à l'autre, le long des rives de l'Adriatique, à Ferrare, Venise, Rimini, Urbino; il croisa et rencontra un autre voyageur célèbre, Leone Battista Alberti.

Florence l'a formé, l'an 1439, et Domenico Veneziano qui « lui a appris l'art d'illuminer les couleurs »; mais il se détourne de la cité toscane et fait son chemin sans elle; désormais, elle l'ignore. Il retrouve sa patrie qui le nomme conseiller du peuple en 1442, lui confie la tâche de peindre le *Polyptique de la Miséricorde* en 1445. A Ferrare, Lionel et Borso d'Este l'accueillent, le chargent de la décoration de leur château, des fresques que Hercule I^er^ détruira lors des modernisations du palais quelques décennies plus tard. À Rimini, Sigismond Malatesta l'associe à l'œuvre d'Alberti, le temple des Malatesta : Piero y représente le seigneur du lieu agenouillé devant saint Sigismond. Dans le chœur de l'église San Francesco d'Arezzo, de 1452 à 1466, il réalisa son chef-d'œuvre, les fresques du *Cycle de la vraie croix*. Comme tous les artistes du temps, il va à Rome et peint pour les papes humanistes, Nicolas V et Pie II, des œuvres aujourd'hui perdues.

Après 1466, le temps des voyages en Italie est terminé : le peintre partage sa vie entre Borgo San Sepolcro et Urbin, la ville du duc Frédéric de Montefeltre. En 1469, le peintre Giovanni Santi l'héberge à Urbin : Piero della Francesca est alors pressenti pour peindre une grande toile sur l'Eucharistie qu'exécutera Juste de Gand et vient voir la prédelle du *Miracle de l'hostie profanée,* qu'a réalisée Paolo Uccello pour la confrérie du Corpus Domini. Il s'est lié d'amitié avec le duc Frédéric de Montefeltre, auquel il dédicace son traité sur la perspective, dont il peint plusieurs portraits, ainsi que celui de son épouse. Il rencontre l'architecte du palais, Luciano Laurana, donne son avis sur la construction princière envisagée.

Mais en 1467, 1473, 1478, de 1480 à 1482, il est chez lui, dans son village qu'il ne se lasse pas de représenter et que nous retrouvons sur les fonds de plusieurs de ses œuvres, le *Saint Jérôme,* le *Baptême du Christ,* et la *Nativité.* Son village lui a passé bien des commandes qu'il a conservées jusqu'à nos jours, la *Madone de la parturition,* la *Résurrection du Christ.* Pour lui-même, Piero della Francesca a peint la *Nativité,* l'une des dernières œuvres que l'on puisse dater, 1475 environ : il la conserva dans sa maison et elle l'accompagna jusqu'à la fin de sa vie. « Par sa luminosité radieuse, cette œuvre est comme le couronnement d'un art où l'auteur n'a cessé d'exalter par la perspective, par la lumière et par la couleur, la beauté parfaite de l'univers [1]. » Ce grand peintre qui parut injustement oublié par les générations qui l'ont suivi, a toujours, semble-t-il, été reconnu par les siens, son bourg de San Sepolcro et sa famille : devant la *Nativité,* ses descendants ont eu conscience du chef-d'œuvre, ils se la transmettront, de génération en génération, durant plusieurs siècles, jusqu'au XIX^e^.

### 14) « Ce fut miracle s'il ne lui coupa la tête au ras du cou » (7 décembre)

Ce 7 décembre, comme tous les vendredis, le roi Ferdinand venait d'écouter les suppliques de ses sujets pour leur rendre justice. Il descendait les escaliers du porche de la

1. P. Rotondi, « Piero della Francesca », *Encyclopedia Universalis.*

maison royale de Barcelone lorsqu'un individu, apparemment pauvre et d'humble origine, environ la soixantaine, s'approcha de lui sans que personne, autour du roi, n'y ait pris garde. Il sortit de sous sa cape une épée courte et large et la porta au cou du roi. Ce fut miracle s'il ne lui coupa la tête au ras du cou ! Un collier d'or, que le roi portait toujours, le protégea, et aussi le mouvement de recul qu'il amorça. Le traître voulait lui porter un second coup et ceux qui entouraient le souverain le désarmèrent et l'auraient transpercé de leurs poignards si le roi ne les avait arrêtés. Le roi qui perdait beaucoup de sang fut emmené dans son palais jusqu'à la chambre de son défunt père, le roi Don Juan. On l'assit sur une chaise, pendant qu'accouraient médecins et chirurgiens, et on lui fit boire une gorgée de vin pur. Il changea de couleur, demanda qu'on le soutienne et tomba évanoui. Autour de lui, tous se mirent à pleurer et à crier... Mais il reprit connaissance et calma tous ces émois. Les médecins et les chirurgiens examinèrent la blessure et se montrèrent rassurants, elle n'était pas mortelle, la veine jugulaire n'avait pas été touchée... Devait-on recoudre la blessure, ou non ? Sur ce point le corps médical n'était pas d'accord. Finalement, la blessure fut cousue et le roi se sentit mieux.

La rumeur de l'attentat dont le roi avait été victime se répandit dans la ville. Une foule de gens en armes se précipita vers le palais dont les portes restèrent fermées. Ils poussaient des cris comme si la ville avait été la proie d'ennemis ! Les uns disaient que le roi était mort et personne ne savait réellement ce qui s'était passé.

Le cardinal de Mendoza apprit la nouvelle et gagna le palais. Et la reine arriva également, entourée des dames de sa suite, criant comme folle, demandant aux uns et aux autres si son époux était vivant. Quand elle apprit qu'il était hors de danger, elle parut revenir à la vie. Les médecins réservèrent cependant leur diagnostic pour les huit jours qui suivraient, que le roi passa alité.

Quant à Juan de Camaranes, le traître, il fut soumis à la torture car il fallait savoir qui avait armé son bras. Mais on n'en tira rien, sinon que l'Esprit saint lui avait inspiré de tuer le roi et d'être, lui, élevé ensuite au trône. Mais il promettait de renoncer à cette prétention s'il avait la vie sauve. Bref, il apparut qu'il était fou, ce qui était plus rassurant que de découvrir une trahison catalane contre la personne du roi.

Le roi déclara qu'il pardonnait à son assassin, pour l'amour de Dieu et de sa Sainte Mère, et demanda qu'on le libère. Mais le Conseil du roi décida différemment, sans que le roi en sût rien, car, bien que Juan soit fou, possédé du diable et idiot, il convenait qu'il meure et que son châtiment soit cruel et exemplaire. En conséquence, il fut mis sur une charrette, attaché à un morceau de bois et promené par les artères principales de la ville de Barcelone, et dans chacune de ces rues, on lui arracherait un membre... La reine demanda qu'il soit tué d'abord. Et le feu effaça enfin toute trace de l'existence de ce malheureux (d'après Alonso de Santa Cruz).

## 15) Et pendant ce temps-là, l'Europe jouait à la guerre ou à la paix

Promesses, menaces, chantage... Naples, le Roussillon, Calais, le pape et l'empereur, les rois d'Angleterre, de France, d'Aragon, le prince-évêque de Liège, les Républiques de Venise et Florence, le duché de Milan... intrigues en tous genres, échecs et dames. Un étrange ballet diplomatique se déploie entre les Cours, grandes ou petites, dans les années 1492-1493. Ce sont des stratégies complexes, faites d'opérations guerrières brèves et limitées, de négociations, traités conclus avec, en toile de fond, les imbroglios italiens dont le roi de France entend tirer profit, les atermoiements du pape Innocent VIII au sujet de la croisade contre les Turcs, le jeu personnel en Italie et à Paris, du Milanais Ludovic Sforza.

Toujours la chronologie, Liège : la cité épiscopale se remet lentement des dramatiques événements de 1468 ; la ville s'est révoltée contre le Téméraire aux cris de « Vive le roi (Louis XI), vivent les Francs-Liégeois » ; elle est prise, pillée, détruite sous les yeux de Louis XI contraint par le duc Charles d'assister à ce tragique châtiment. Les dernières convulsions de la crise qui a soulevé le peuple liégeois pour la défense de ses libertés communales se terminent en mai 1492. Malgré l'hostilité qui les oppose depuis la guerre de Bretagne, Charles VIII de France, Maximilien d'Autriche et son fils Philippe le Beau reconnaissent solennellement au traité de Saint-Trond, le 8 juillet puis le 8 août 1492, la neutralité liégeoise. Ce statut va procurer aux Liégeois, en dépit de quelques « bavures », trois siècles de paix, un bonheur pour la « cité ardente » après tant de malheurs.

En octobre 1492, Henri VII Tudor débarque à Calais avec des gens de guerre, assiège Boulogne... Le roi Charles VIII l'arrête en lui proposant 745 000 écus d'or, versement justifié en partie par le remboursement de dettes contractées autrefois par Louis XI, jamais réglées et, plus récemment, par la duchesse Anne, devenue reine de France : on se rappelle que la jeune duchesse avait appelé à l'aide les Anglais et leurs alliés contre les troupes du roi de France. Le 3 novembre 1492, à Étaples, les deux rois signent une alliance à vie, une paix perpétuelle... La guerre de Cent Ans est tout à fait terminée ! Les Anglais restituent les places occupées et le traité s'accompagne de clauses commerciales : ressortissants des deux pays et marchands étrangers ont désormais toute liberté pour circuler et commercer.

En décembre 1492, les souverains de Castille et d'Aragon reçoivent à Barcelone les ambassadeurs du roi Charles de France. Les rois d'Aragon et de France s'opposaient dans les Pyrénées : la Navarre, le Roussillon et la Cerdagne faisaient l'objet de conflits permanents. Durant l'été 1492, le roi d'Aragon a levé des troupes pour récupérer par la force le Roussillon ; des négociations ont interrompu ces préparatifs guerriers mais ont, semble-t-il, échoué ; selon le chroniqueur Alonso de la Cruz, les Rois Catholiques ont même porté l'affaire devant le pape, lui demandant de recourir contre le roi de France à l'excommunication, s'il refusait de restituer le Roussillon, comme le prévoyait le testament de son père. Louis XI s'était fait remettre ce territoire en gage pour avoir aidé le roi d'Aragon à vaincre les Catalans révoltés ; il ne s'agissait donc que d'une cession momentanée... Mais que disent les ambassadeurs du roi français ? Ils font savoir aux souverains espagnols que le roi de France était heureux de leur remettre gracieusement, sans contrepartie d'argent, la Cerdagne et le comté du Roussillon ; ceci contre un traité de bonne amitié et la garantie que les souverains ne mettraient pas d'empêchement à son projet de passer en Italie jusqu'au royaume de Naples, n'enverraient pas de gens de guerre contre lui. Précaution utile et nécessaire : Ferrante, roi de Naples, était le cousin de Ferdinand d'Aragon. Tempérons cependant l'offre généreuse de Charles VIII : il ne proposait qu'une cession à titre précaire, révisable (le cas du Roussillon ne sera résolu qu'au traité des Pyrénées, en 1659) ; sa proposition venait encore en compensation des dettes contractées par Anne de Bretagne auprès de Ferdinand d'Aragon au moment des guerres entre Bretagne et France. Et il y avait une contrepartie, non en argent, mais en nature : des mulets chargés de brocarts d'or et de draps de soie arriveront à Amboise quelques mois après la signature du traité entre les souverains, à Barcelone, le 19 janvier 1493.

Autre frontière, autre problème, c'est en janvier 1493 que Maximilien d'Autriche entre dans le royaume de France et dirige ses hommes d'armes vers Lyon. Brève expédition, vite interrompue par un arrangement suivi d'un traité, à Senlis, le 23 mai 1493. Maximilien reconnaît implicitement le mariage breton et, bien que le traité ne le précise pas, laisse les mains libres au roi de France pour la réalisation de ses projets italiens.

Dans tous ces traités que le roi Charles VIII signe avec les souverains européens, ses ennemis d'hier et ses rivaux, apparaît, évidente, sa volonté de mettre fin à tous les contentieux, de s'assurer de leur non-intervention, et même de leur assentiment, s'il décide de marcher sur Naples : dès l'année 1492, l'Italie, riche et divisée, attire irrésistiblement le jeune roi. Les droits qu'il prétend faire valoir sur le royaume de Naples, comme ceux que revendiqueront ses successeurs, quelques années plus tard, sur le Milanais, sont comme des mirages dont l'illusion va le perdre.

Philippe de Commynes et François Guichardin, l'historien florentin, décrivent la situation italienne et ses échos à la cour de France. Pour Guichardin, Ludovic le More est responsable de la « descente » de Charles VIII en Italie ; il ne fut, en réalité, ni le seul ni le premier à appeler le roi de France à l'aide ; le pape Innocent VIII dès septembre 1488, dans le conflit qui l'opposa au roi Ferrante de Naples, avait déjà envisagé l'intervention française À Milan, Ludovic Sforza a écarté du pouvoir son pâle neveu Gian Galéas, une situation que supporta fort mal l'épouse du duc, Catherine d'Aragon, fille du duc de Calabre Alphonse, petite-fille du roi Ferrante de Naples. « En ce temps là estoient forts et riches le dit Ferrand et son fils Alphonse, et fort experimentez au mestier de la guerre », précise Commynes. Ludovic le More redoute leur puissance et leur ressentiment. Mais l'Italie connaissait la paix, en cette année 1492, une paix due à un précaire équilibre entre les cinq principaux États, le duché de Milan, les républiques de Venise et de Florence, le royaume de Naples et les États pontificaux. Une paix que les contemporains, tel François Guichardin, ont analysée : chacun, sur ses gardes, observait les autres, « ils se traversaient réciproquement dans les projets qu'ils formaient pour s'agrandir ou pour augmenter leur autorité ; mais ces intrigues secrètes ne donnaient point d'atteinte à la paix, au contraire ». Pour Guichardin, le principal garant de cet équilibre, par son habileté, sa position géographique en Italie, son poids politique est le Florentin Laurent de Médicis. De son vivant en effet, l'équilibre ne fut pas rompu. Mais les intrigues allaient bon train : nombre de barons napolitains exilés par le roi Ferrante se sont réfugiés à la cour de France où ils forment le parti « angevin » et poussent au renversement de Ferrante. Ils y rencontrent les envoyés de Ludovic Sforza, dès le mois de décembre 1491, lorsque le moment paraît propice, le roi Charles étant libéré des guerres bretonnes. « Leurs paroles en public n'estaient que visitations et paroles assez générales », dit Commynes, « ... mais ils firent sentir à ce jeune Roy Charles VIII, de vingt deux ans, les fumées et gloires d'Italie, luy remontrant le droict qu'il avoit en ce beau royaume de Naples, qu'ils lui savaient bien blasonner et louer ».

Charles VIII peut prétendre, en effet, avoir des droits au trône de Naples comme héritier de la Maison d'Anjou... Charles d'Anjou, frère de Saint Louis, a été appelé en 1266 par le pape à Naples où les Angevins ont régné durant presque deux siècles. Les droits à la couronne de Naples sont revenus à René d'Anjou, le « bon roi René » en 1436 à la mort de son père Louis III ; mais il s'est trouvé en concurrence avec la Maison d'Aragon. Au terme d'une guerre aux enjeux multiples, qui a dressé tous les États italiens les uns contre les autres, il a perdu la couronne de Naples au profit d'Alphonse d'Aragon, dont le roi Ferrante est le fils. Le roi René a transmis ses droits sur Naples à son neveu le duc Charles du Maine, dernier comte de Provence qui en 1481 légua ses domaines au roi de France. Charles VIII fait enregistrer le 3 juillet 1489 par la Chambre des comptes les testaments du roi René et celui du duc Charles qu'il a fait rechercher dans les archives d'Aix-en-Provence. Une commission du Parlement valide les droits du roi de France. À Paris, tout est clair. Mais à Naples règne le puissant roi Ferrante et sa postérité est assurée.

Comment le roi Charles VIII peut-il mettre en œuvre une intervention par les armes dans le lointain royaume de Naples ? Le pape Innocent VIII a appelé les princes chrétiens à se réunir dans une croisade contre les Turcs dont l'avance, en Grèce et dans les Balkans, est inquiétante. Constantinople est tombé en 1453 et en 1480, nous l'avons vu, les Turcs sont à Otrante. Lors de la fête de l'Annonciation de 1490, le pape a réuni à Rome un congrès préparatoire à la croisade : la levée d'une force de 120000 hommes est décidée, des plans d'attaque de la Turquie par la Grèce sont mis sur pied, tous les princes chrétiens sont représentés, sauf Venise qui a toujours préféré traiter directement avec le sultan. Mais la mort emporte brutalement, le 6 avril 1490, le roi Mathias Corvin, pressenti comme chef militaire de la croisade. Le roi Charles VIII laisse entendre qu'il est prêt à assumer ce rôle. Ainsi l'assure son ambassadeur en Angleterre, Robert Gaguin : « Le roi a l'intention de reprendre par les armes le royaume de Naples afin de s'en servir comme d'une base de départ de la croisade vers la Grèce... » Sa volonté de signer des accords de paix avec les souverains européens devient dès lors compréhensible : non seulement il souhaite avoir les mains libres en Italie, mais il voudrait être reconnu par les princes chrétiens comme chef militaire de cette croisade qui, semble-t-il, se prépare et dont il rêve.

Les puissances italiennes sont-elles favorables à une intervention française dont les Aragonais de Naples feraient les frais ? Ludovic le More, à Milan, la demande, Venise ne la verrait pas d'un mauvais œil car une victoire française ne pourrait qu'affaiblir la tutelle sur l'Italie de Maximilien d'Autriche, roi des Romains, et la pression qu'il exerce au nord de l'État vénitien. Le roi Charles compte sur le pape Innocent VIII, très hostile au roi Ferrante de Naples ; mais le pape opère une volte-face très « italienne », sur les conseils de Laurent de Médicis : il signe la paix avec Ferrante le 22 janvier 1492... Les intérêts supérieurs de la croisade lui ont inspiré cette paix, se justifie-t-il, afin de rallier sous la bannière pontificale le roi de Naples ; mais il a ainsi légitimé la dynastie aragonaise de Naples, ce qui est fâcheux pour Charles VIII.

Tout se précipite en Italie en cette année 1492 : Laurent de Médicis meurt, le 8 avril, et son fils Pierre se rapproche du roi Ferrante, privant Ludovic le More d'un allié de poids face à Naples. La mort du pape Innocent VIII, le 25 juillet, pose en termes nouveaux la politique pontificale déjà si ambiguë.

Son successeur Alexandre VI Borgia est un politique très fin et très réaliste, bien plus enclin à défendre ses intérêts par des intrigues qu'à diriger une croisade contre les Infidèles. Afin de briser les barons romains qui lui sont hostiles, les Orsini, les Colonna, et qui sont soutenus par le roi de Naples, il déclare son hostilité à Ferrante ; Charles VIII le remercie en donnant à César Borgia, fils cadet du pape, l'évêché de Castres qui représentait jusqu'à 6 000 ducats de revenus : les Borgia totalisaient dans nombre de pays d'Europe des bénéfices ecclésiastiques. Telle est la situation, apparemment favorable aux projets de Charles VIII en 1492 ; mais la politique d'Alexandre VI est changeante, il louvoie, donne des gages aux uns et aux autres et bientôt s'alliera avec le roi Ferrante.

Ludovic le More a tenté de reprendre à son compte la politique d'équilibre menée par Laurent de Médicis. Il a proposé aux princes italiens une ambassade commune auprès du pape nouvellement élu, pour lui adresser l'habituel compliment d'obéissance. Mais le refus de Pierre de Médicis a été transmis à Ludovic par le roi de Naples Ferrante. Ludovic, grâce à son frère le cardinal Ascanio Sforza qui a joué un grand rôle dans l'élection du pape Borgia, jouit d'un grand crédit à Rome et tient à le conserver : il le sent menacé par les intrigues du roi de Naples. Isolé, se défiant de Pierre de Médicis, il tente de se rapprocher de Venise. Vainement, selon Guichardin, car la Sérénissime a toujours intérêt à la désunion italienne. Alors, il accentue sa pression sur le roi de France. Pour éviter un péril, remarque Guichardin, il se jeta dans un plus grand et « ne fit pas réflexion que rien n'est plus dangereux qu'un remède trop violent pour le mal et au-dessus des forces du malade ».

À la cour de France, des favoris du roi entretenaient son inclination à conquérir le royaume de Naples, « ils lui remplissaient l'esprit de vaines idées et de projets flatteurs.

Ils lui proposaient cette entreprise comme un moyen de surpasser la gloire de tous ses prédécesseurs lui répétant sans cesse qu'il renverserait sans peine l'Empire ottoman dès qu'il serait maître du royaume de Naples ». Guichardin comme Commynes ont évoqué l'atmosphère à la cour de France. Il y avait cependant, face à ceux qui rêvaient de s'illustrer au combat et d'amasser de beaux profits, le clan des non-interventionnistes, la reine Anne, l'ancienne régente Anne de Beaujeu, son mari Pierre et bien d'autres conseillers.

## 16) Et pendant ce temps-là, Hercule d'Este le Sage faisait de Ferrare une des plus belles cités d'Italie

Voici lancée la grande opération d'urbanisme voulue par le duc Hercule Ier : en 1492, le tracé des fortifications de la nouvelle agglomération ferraraise, au nord de la cité médiévale, est creusé ; depuis deux ans déjà le duc a rattaché au domaine public tous les terrains de la zone ainsi cernée et le nouvel espace urbain va devenir un immense chantier. Ferrare sera « la première ville moderne de l'Europe » et sa surface va être multipliée presque par trois.

Comme la plupart des ducs d'Este, ses prédécesseurs, Hercule Ier est un prince intelligent et éclairé. Il a trente-trois ans et dirige le duché depuis près de vingt ans. Ses sujets sont fiers de son physique imposant, de son humeur gaie et enjouée. C'est un diplomate plus qu'un guerrier, très à l'aise dans les intrigues italiennes. Bien implantés à Ferrare depuis près de trois siècles, les Este ont su donner à leur duché un éclat bien supérieur à ses dimensions et à son poids politique. En cette fin du xve siècle, Ferrare vit son âge d'or. La cour du duc Hercule est fastueuse. C'est un mécène qui vit entouré d'artistes, d'humanistes et de poètes. Mantegna, Piero della Francesca, Leone Battista Alberti, le Flamand Roger Van der Weyden ont fréquenté la cour de Ferrare et une originale école de peintres locaux s'est développée sous la protection des princes. Les spectacles donnés lors des fêtes princières sont célèbres depuis qu'en 1486 fut donnée au palais ducal la représentation des *Menechmes* de Plaute. L'écrivain Matteo Maria Boiardo est un fidèle du prince. Auteur des traductions en italien de

Xénophon, Hérodote. Apulée, il vient surtout de publier *le Roland amoureux,* un poème chevaleresque qui enflamme toutes les imaginations.

Bien géré, bien administré, le duché jouit d'appréciables revenus et la fortune privée du duc passe pour être considérable. L'essor démographique de la ville (40 000 habitants environ) a provoqué une crise du logement et l'agrandissement réalisé par le duc Borso en 1451 au sud-est du noyau médiéval se révèle insuffisant. Hercule I$^{er}$ décide la réalisation d'un vaste programme urbanistique conforme à ses goûts de mécène et à son souci de prestige. Il confie le soin de tracer les plans de cette nouvelle extension, au nord de la ville médiévale, au-delà du château ducal qui ouvrait sur la campagne, à l'architecte Biagio Rossetti, auteur de nombreux édifices dans la ville ancienne. Et le château qui se trouvait à la limite nord de la ville se retrouve au centre de l'agglomération.

Malgré le bon état des finances locales, toute la population fut mise à contribution : un impôt spécial fut imposé à tous les Ferrarais sans exception et les propriétaires du duché durent prévoir des corvées pour les paysans qui travaillaient sur leurs terres. Le plan de ce nouvel espace urbain répondait aux conceptions géométriques des urbanistes de la Renaissance. Un plan qui n'était pas nouveau, au demeurant, car très utilisé dans les créations des villes neuves médiévales ; mais ici l'ampleur des proportions, les perspectives des avenues donnaient à l'ensemble une allure toute moderne.

Le bourg médiéval aux rues incurvées, étroites, enjambées par des arcades est relié par le château d'Este à l'*addizione Ercolea* ou *Terra Nuova,* construite autour de deux axes qui se recoupent face au château et aboutissent à trois portes reliées entre elles par des fortifications de briques renforcées de seize tours. A leur croisement s'élèvent quatre palais, dont le palais des Diamants entrepris en 1493 par Biaggio Rossetti pour Sigismond d'Este, frère d'Hercule I$^{er}$ : sa façade aux douze mille blocs de marbre taillés en facettes miroite curieusement.

Les artères sont droites et d'une largeur exceptionnelle pour l'époque. Le corso Porta Po et Porta Mare mesure dix-huit mètres de large, le corso Hercule d'Este seize mètres, dont douze pour la chaussée des voitures et quatre pour les allées latérales réservées aux piétons, anticipation de nos trottoirs actuels. Le corso Hercule d'Este est la rue noble, bordée de palais aux belles façades de briques égayées de rinceaux sculptés en marbre autour des portes, organisés autour de jardins ou de cours intimes, tel le jardin du palais des Diamants, dominé par une élégante loggia. Cette rue aboutissait aux jardins du château. Quand le duc traversait la ville et s'avançait vers son château, « c'était toujours comme s'il défilait au milieu de ses sujets »[1].

1. Bertrand Jestaz, *l'Italie de la Renaissance,* Fayard, 1990, p. 280

# 3

# 1492 : FASCINATIONS, MODÈLES, RÉFÉRENCES : DE L'ITALIE AUX FLANDRES

## 1) D'un art de vivre à l'usage des élites

Depuis un siècle et plus s'élabore en Italie, où les splendeurs de l'art gothique furent généralement méprisées, une vision révolutionnaire du monde. Au prix d'une rupture avec un certain pessimisme médiéval, elle affirme que l'homme est grand, qu'il résume l'harmonie du monde : il transforme tout, son esprit et ses mains créent la Beauté. Ivresse de la création, philosophie du dépassement. Florence, constamment en recherche, mène le mouvement, un double mouvement, de création artistique et de réflexion philosophique. Mais aussi Urbin, Pérouse, Mantoue, Padoue, Rimini, Milan, Rome déjà et Venise toujours. Autant de centres où, dans sa diversité, brille l'art nouveau... Ici, le mécénat est princier (Urbin, Milan, Ferrare, Rimini), là, à Venise, il procède des familles patriciennes, à Florence il est général, puisque les princes sont des marchands et que les grandes familles bourgeoises rivalisent. Partout les associations religieuses et charitables jouèrent un rôle actif. Chaque centre exprime son génie propre : esthétique paisible à Pérouse, brillante et inquiétante à Ferrare, orgueilleuse et ostentatoire à Milan, dominatrice et continue à Venise où les relais sont toujours pris, sereine et maîtrisée à Urbin, haut lieu de la Renaissance grâce au duc Frédéric de Montefeltre. À la même époque en Flandres rayonne l'école de ceux que l'on appelle les *Primitifs,* qui ont leur manière, toute à eux, sans rupture tapageuse, de créer la beauté. Ils fascinent également, et certainement plus que les artistes italiens, une Europe traumatisée par les crises et les guerres, une Europe profondément chrétienne qui ne reçoit, en cette fin du XVe siècle, que très partiellement le message italien.

Le 6 avril 1492 lorsque meurt le prince de la cité, brusquement à Florence se termine la fête, cette mise en scène permanente, cortèges, cavalcades, triomphes, une manière de miroir que les élites, lettrés et artistes se tendaient à eux-mêmes, tendaient à la ville et à l'Italie tout entière : le reflet les flattait, il leur assurait qu'ils étaient les plus riches, les plus savants, les plus brillants. Mais déjà le grand imprécateur Savonarole a ébranlé les valeurs morales et intellectuelles de la société médicéenne, il a dénoncé en chaire les idéaux hédonistes des philosophes qui entourent le Magnifique, ces maîtres à penser qui proposent d'atteindre Dieu par la contemplation de la beauté, y compris celle du corps humain : il a prêché le retour aux Saintes Écritures, seul chemin vers Dieu, seule source de vie spirituelle Cette société si brillante, symbolisée par Laurent le Magnifique emporté par la maladie avant la vieillesse, au prestige encore intact, est déjà gangrenée : l'opposition politique s'y développe, alimentée par les dépenses excessives et le faste du prince, ses expédients pour trouver de l'argent, ses manœuvres au sein des institutions municipales vers le pouvoir personnel ainsi que par ses incompétences d'homme d'affaires. Certaines filiales de la firme Médicis, à Londres, Bruges, Milan ont fermé ; en 1494, la faillite de la compagnie sera consommée. En 1494, les troupes françaises bousculent le précaire équilibre italien et Pierre, fils de Laurent, est chassé par les Florentins. Fin d'une époque.

Si l'on veut bien considérer, avec Fernand Braudel, qu'en cette fin du XVe siècle « Florence est à l'Italie ce que l'Italie sera à l'Europe », que « tout y conflue et tout en part », qu' « elle rééquilibre l'Italie, bat la mesure » [1], les années de rupture de l'histoire florentine sont lourdes de sens. Elles sonnent la fin du Quattrocento, la fin de l'Italie maîtresse de ses destins, en paix avec l'extérieur et en paix avec elle-même : les accords de Lodi, signés entre les États italiens le 9 avril 1454 ont en effet permis la paix, une paix fragile et soupçonneuse, souvent rompue, mais en définitive maîtrisée.

1. Fernand Braudel, *le Modèle italien*, Arthaud, 1989. Livre posthume du grand historien.

Après 1492, tout converge : la fin des premiers Médicis à Florence et bientôt, en 1499, celle des Sforza à Milan, Ludovic le More à la merci des Français qu'il avait lui-même appelés, le Milanais en des mains étrangères, tout comme Naples et son royaume. La riche Italie excite toutes les convoitises. En 1492, le duc d'Urbin reçoit toujours au palais des Montefeltre, mais l'inspirateur des arts est mort, et son fils, le dernier des Montefeltre, n'a pas sa grandeur. À Ferrare, la cour des Este brille encore, et celle de Mantoue, une exception en raison du prestigieux mécénat d'Isabelle d'Este, épouse de Gian Francesco Gonzague. Ce sont des centres mineurs en sursis. Bien sûr, la Renaissance italienne survit à la crise. Des artistes, parmi les plus grands, Léonard de Vinci, Raphaël, Michel-Ange, les frères Bellini, ont assuré la transition. Mais elle sera différente, dominée au XVIe siècle par l'autorité de deux centres, Rome et Venise, qui a poursuivi son chemin, sûre de sa supériorité, « adossée à l'Italie et tournée vers l'extérieur ».

Les premiers Italiens hors de leurs frontières ont été les marchands. Le marchand italien... « On ne cesse de découvrir cet étrange, ce tenace, cet intelligent personnage, détesté souvent, suspect toujours et indispensable. » Il dispose, poursuit Fernand Braudel, des plus belles choses du monde dans sa boutique, et de moyens mystérieux pour expédier l'argent au loin ou pour le faire revenir entre ses mains. Les marchands italiens sont partout : ce sont des Génois et des Vénitiens essentiellement, mais aussi des Florentins installés à Constantinople, présents sur les marchés de Syrie et d'Égypte, indispensables intermédiaires entre Orient et Occident dans le commerce des drogues, produits tinctoriaux, poivre et autres épices, coton, soie, riz... Ils fréquentent régulièrement les ports d'Afrique du Nord, Tripoli, Tunis, Bône, Bougie, Alger, Oran où ils rencontrent les Marseillais et les Catalans. L'Afrique livre ses produits bruts, cuir, blé, cire, ce qu'apporte le commerce saharien, dattes, défenses d'éléphants, esclaves noirs, or du Soudan. Dans la mer Orientale, où les rivages sont musulmans, les navires qui circulent sont chrétiens, et en majorité italiens.

Quant à l'Europe, dès avant la guerre de Cent Ans, l'économie italienne avait réussi à l'investir, à l'encercler. Gênes dès la fin du XIIIe siècle, Venise au début du XIVe ont établi une liaison directe de la Méditerranée à la mer du Nord. Les navires méditerranéens, après des escales à Aigues-Mortes, Barcelone, Valence, Séville, Lisbonne, Londres, atteignent Bruges, cet entrepôt international : là se rencontrent les marchands italiens et ceux de la Hanse, s'échangent les produits du Proche et de l'Extrême-Orient, les draps des Flandres et les produits de la mer du Nord et de la Baltique. C'est, explique Fernand Braudel, une large navigation périphérique, de Bruges à la Syrie et l'Égypte. Un autre itinéraire par voie de terre emprunte les cols alpins, le Brenner et le Saint-Gothard, il relie encore les Pays-Bas à l'Italie animant sur ses marges des villes prestigieuses, Cologne, Bâle, Nuremberg, Augsbourg qui deviendra une capitale de l'argent grâce à sa richesse minière. Toujours des marchands italiens, milanais, florentins et vénitiens sur ces routes terrestres vers les Flandres et les villes d'Allemagne. À Venise, ces voies se terminent au *fondaco dei Tedeschi,* cet immense magasin.

Les artères commerciales qui irriguent et enveloppent l'Europe font apparaître les deux pôles économiques, actifs au XVe siècle, les Flandres et l'Italie, qui sont également les deux pôles culturels et artistiques. Car la puissance matérielle de Venise, Milan, Florence, affirmée par les marchands dispersés dans le monde s'est doublée du prestige intellectuel et artistique que donne à ces centres le spectacle de leurs réussites. Bien après les marchands, ont voyagé hors d'Italie des personnes de qualité, mais il s'agit là d'une émigration faible numériquement et très étalée dans le temps, d'une émigration « perlée », « de luxe », « preuve d'une prééminence italienne de longue durée » : ce sont des lettrés, des professeurs, ceux que l'on appelle des humanistes, des ingénieurs, très actifs en Hongrie par exemple, au XVe siècle dans les travaux d'hydraulique ; des architectes : ce sont des Italiens qui édifient les lignes de forteresses en Hongrie, pour contenir l'avance ottomane et eux encore que l'on retrouve à l'œuvre à Moscou à la fin du siècle ; mais aussi des orfèvres, des sculpteurs et des peintres : en 1479 le sultan fait connaître à Venise son souhait de recevoir un portraitiste éminent ; Gentile Bellini se rend à Istanbul où il reste deux ans et peint le portrait de Mahomet II. Plus tard, l'Italie exportera vers la France des hommes politiques, et l'astrologie reste une spécialité italienne.

Comme l'Italie fascine l'Europe, elle attire vers elle humanistes et artistes qui font le voyage vers les merveilles qu'elle offre, chacun enrichissant ainsi son expérience et apportant la sienne : le Flamand Rogier Van der Weyden vers 1450, le Français Jean Fouquet de 1445 à 1447, qui réalise à Rome le portrait du pape Eugène IV. À la cour d'Urbin, le Flamand Juste de Gand (Josse Van Wossenhove) dans les années 1470 et l'Espagnol Pedro Berruguete rencontrent Piero della Francesca, travaillent avec des artistes italiens, au point que nous ne savons plus aujourd'hui, exactement, quel fut le rôle de chacun dans la décoration du *studiolo* du duc Frédéric de Montefeltre. Et c'est Antonello de Messine, peintre sicilien formé à Naples qui transmet aux Vénitiens, lors d'un séjour dans la cité des Doges en 1476, l'art et les secrets de la peinture à l'huile flamande. Il les tenait de Jan Van Eyck lui-même, dans l'atelier duquel il avait travaillé à Bruges, affirme Giorgio Vasari, dans ses *Vies des plus excellents peintres, sculpteurs et architectes* en 1550 : hypothèse que la chronologie rend impossible. C'est à Naples qu'Antonello se familiarisa avec la peinture flamande, certainement ; mais son talent pour peindre les portraits à la manière flamande lui valut un tel succès à Venise que sa réputation parvint jusqu'à Milan où le duc, par son ambassadeur à Venise, tenta de l'attirer et de l'attacher à sa cour.

Humanisme et Renaissance : les deux visages sous lesquels s'opéra la grande transformation culturelle de l'Europe à la jonction du Moyen Âge et des Temps modernes. Humanisme : mutation des esprits ; Renaissance : renouvellement artistique. Schéma simplificateur, bien entendu, mais qui permet de saisir l'évolution comparée des deux mouvements. L'Humanisme est bien antérieur à la Renaissance dont il a assuré le développement et la diffusion. C'est, selon les métaphores de Fernand Braudel, le moteur, le metteur en scène, le sergent-fourrier de la Renaissance. Il était présent dans les courants de la pensée médiévale où le souvenir de la Rome classique ne s'est jamais perdu : il animait les élites intellectuelles d'Europe, à Paris, en Angleterre, en Allemagne, mais c'est en Italie que commença, avec Pétrarque, au XIV^e^ siècle, la lente reconquête de l'héritage antique. Et c'est là, au XV^e^ siècle, qu'à l'abri des guerres, des générations de lettrés ont porté l'Humanisme à ses som-

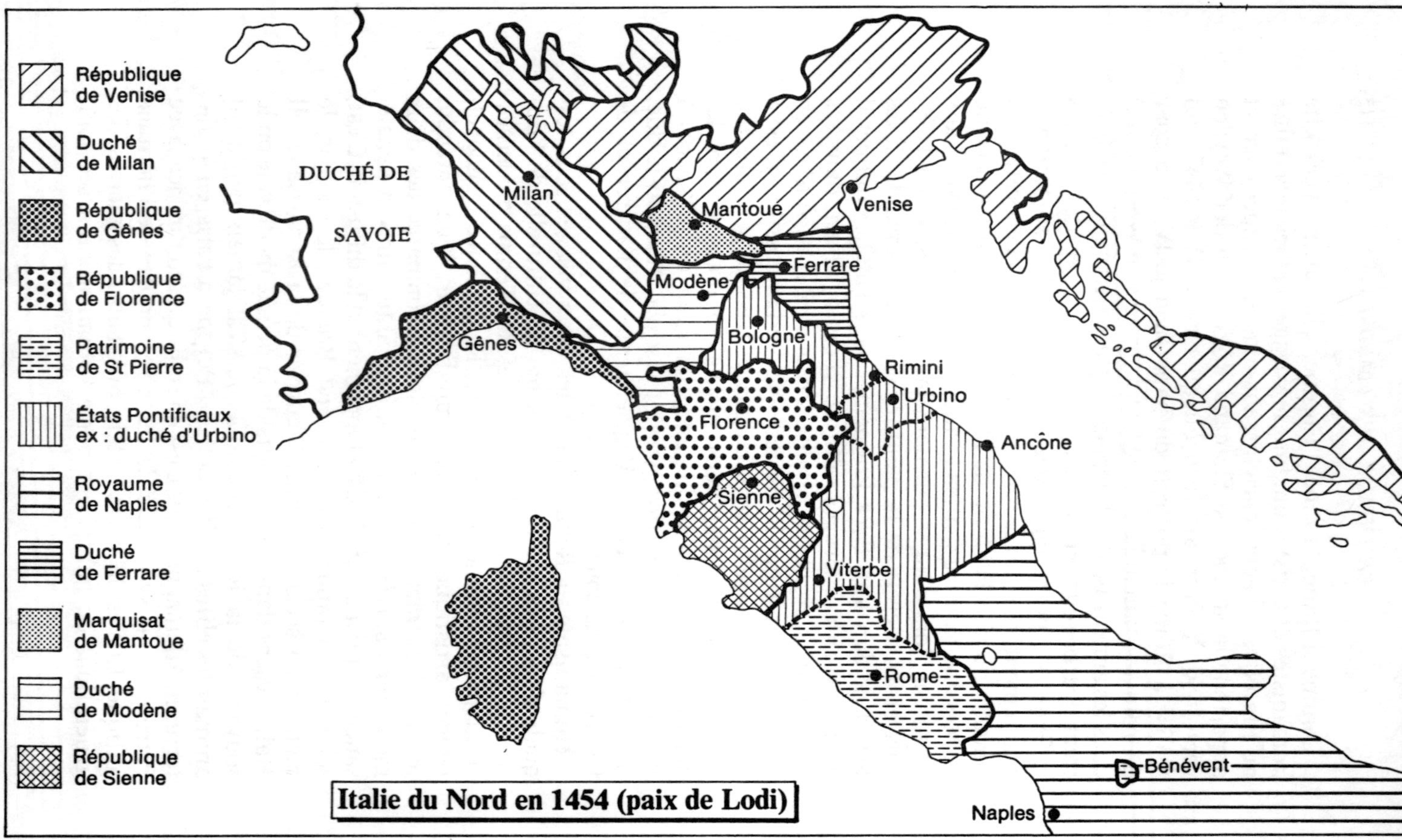
République de Venise
Duché de Milan
République de Gênes
République de Florence
Patrimoine de St Pierre
États Pontificaux ex : duché d'Urbino
Royaume de Naples
Duché de Ferrare
Marquisat de Mantoue
Duché de Modène
République de Sienne
DUCHÉ DE SAVOIE
Milan
Mantoue
Venise
Ferrare
Modène
Gênes
Bologne
Rimini
Urbino
Florence
Ancône
Sienne
Viterbe
Rome
Bénévent
Naples
Italie du Nord en 1454 (paix de Lodi)
Carte : Patrick Mérienne

mets. Un second humanisme a pris le relais, fondé sur les études grecques et hébraïques, symbolisé par Pic de La Mirandole, « *homo trilinguis* » par excellence, fleuron de l'élite culturelle florentine, et par le cardinal Bessarion, figure éminente de ces transfuges grecs vers Rome, Venise, Florence : ils ont assuré un énorme transfert de connaissances : à Venise, les richesses de la bibliothèque du cardinal Bessarion ont permis à l'éditeur Aldo Manuce de réaliser un grand nombre de ses éditions princeps. L'Humanisme, ce phénomène urbain, lié à la montée des élites bourgeoises, s'est naturellement développé en Italie au XVe siècle, à partir de 1440, selon l'historien Alberto Tenenti.

### 2) Florence, la cité dont le prince est un marchand

La cité toscane, symbolisée par la figure emblématique de Laurent le Magnifique, a éclipsé toutes les autres. Laurent n'est cependant que l'héritier de la richesse et de la gloire de Florence dont son grand-père Cosme, dit l'Ancien, fut l'artisan.

Les brillantes destinées familiales sont nombreuses, dans l'Italie de la Renaissance ; celle des Médicis, cette famille qui donna des papes à la chrétienté et des reines à la France, reste exceptionnelle et exemplaire : parce qu'elle est issue d'un milieu précis, une bourgeoisie enrichie dans la marchandise et la banque ; dans une ville précise, celle des Florentins, avides de libertés, si attachés à leurs institutions communales que les Médicis n'osèrent pas, en ce siècle, en faire leur seigneurie personnelle ; à une période précise, le Quattrocento, période de frémissement général des esprits et de fièvre de création sans précédent. Il n'y avait pas, à Florence, ceux qui produisaient la richesse, ceux qui gouvernaient la ville et ceux qui, dans leur cabinet de travail ou leur atelier, se consacraient à glorifier et embellir la cité : nous sommes à l'époque des hommes universels. Ce type d'homme, qui semble un produit du génie toscan, apparaît dans le milieu des hommes d'affaires qui font commerce de tout dans le monde, dont la réussite est fondée sur la curiosité, l'intelligence, la force de caractère et le savoir donné par l'expérience professionnelle et les voyages. Cosme de Médicis était l'un de ces hommes : avec une égale réussite il dirigea les destinées de la ville pendant trente ans, de 1434 à 1464, fit remarquablement fructifier ses affaires et se révéla un mécène d'un goût très sûr.

A Florence, les institutions communales reposaient sur l'organisation des *Arts,* c'est-à-dire sur les corporations de métiers : sept *arts majeurs,* l'art des marchands qui garda toujours la prééminence ; l'art des changeurs qui contrôlait la frappe des florins, cette monnaie portant le signe de saint Jean Baptiste et le lys qui témoignait sur toutes les places internationales de la force économique de la ville ; l'art de la laine, très important au XIVe siècle ; l'art de la soie, florissant au XVe siècle ; l'art des merciers, épiciers et médecins ; l'art des pelletiers et des fourreurs ; enfin l'art des juges et des notaires. Quatorze *arts moyens et mineurs.* Pour exister en tant que citoyen actif, il fallait faire partie d'un art, disposition qui écartait les nobles des institutions dirigeantes, sauf cas particulier, ainsi que le peuple, la grande masse artisanale des ateliers textiles et tous ceux qui exerçaient de petits métiers, encadrés par l'art correspondant à leur activité sans en être membre actif : ils n'étaient représentés ni dans la direction des arts ni dans le gouvernement de la commune.

Le gouvernement de la cité était aux mains des membres des arts majeurs, essentiellement de l'art des marchands, donc aux mains de la grande bourgeoisie d'affaires : les prieurs et gonfaloniers qui en étaient issus et représentaient les quartiers de la ville exerçaient l'exécutif et étaient renouvelés tous les deux mois. Le législatif revenait théoriquement au peuple et à la commune, représentés par des conseils que présidaient le capitaine du peuple et le podestat, tous deux choisis pour un temps limité : ils approuvaient les pétitions adressées par l'exécutif. Sur les 60000 habitants environ que compte Florence au XVe siècle, 3000 sont des citoyens actifs.

Mais les renouvellements constants de ceux qui détenaient les charges publiques, les intrigues auxquelles donnaient lieu ces changements, le climat de perpétuelle campagne électorale dans lequel vivait Florence, entretiennent le mythe d'une commune aux institutions vivaces, portée par l'idéal de liberté. De la même façon, la possibilité, en cas de problème grave, de faire appel à la démocratie directe en convoquant le peuple souverain sur la place de la Seigneurie pour lui proposer une *baldia*, une commission pourvue de pleins pouvoirs, renforçait le leurre de la participation de tous à la vie de la cité.

Dans l'émulation que se livraient les villes italiennes, Florence ambitionnait la première place, prétendait être la « nouvelle Rome », grâce à l'ampleur et au nombre de ses monuments, grâce à l'idéal politique qui animait la vie communale. L'oligarchie au pouvoir ressentit très vite le besoin de s'assurer le concours de hérauts qui proclameraient dans un éloge de la ville, et plus largement de l'Italie, les valeurs démocratiques de la cité : en 1376, l'humaniste Coluccio Salutati, chancelier de Florence, s'écrie : « Faites vôtre la sentence de Caton : nous voulons être libres et vivre en hommes libres. » De même, en 1444, Leonardo Bruno, à la tête lui aussi de l'administration florentine, situe, dans son *Histoire du peuple florentin*, l'apogée de Rome au temps de la République, le déclin dès l'époque de César, et discerne une remontée du pays au moment de l'essor des communes italiennes. Ainsi, hommes de lettres, historiens, chroniqueurs puisèrent leurs arguments dans le patrimoine des Anciens; ils y découvrirent des valeurs antérieures à celles qu'exaltait le christianisme, et différentes : le mythe de la gloire, le culte du héros. Ils développèrent les vertus civiques de l'homme engagé dans la vie profane, exerçant le négoce, voué au travail scientifique. Le discours était général, mais tenu plus vivement à Florence qu'ailleurs.

Telle était la ville sur laquelle Cosme de Médicis assura son pouvoir, le 5 octobre 1434; il regagna Florence sous les acclamations populaires après une année d'exil auquel l'avaient contraint ses ennemis du régime oligarchique. Désormais, il n'est, en apparence, dans la vie quotidienne, qu'un homme d'affaires parmi les autres et gouverne la cité en respectant les formes extérieures des institutions municipales; il n'occupa qu'à trois reprises, donc durant six mois de façon discontinue, la charge de gonfalonier de justice. Son pouvoir était assuré par un réseau d'amis présents aux conseils et dans la seigneurie qui contrôlaient les élections; si des Florentins peu dociles ou hostiles accédaient au priorat, Cosme créait des institutions où il plaçait des amis en faisant glisser vers elles la réalité du pouvoir; il pouvait aussi soumettre ses ennemis à des impôts spéciaux qui ruinaient leur fortune, ou recourir contre eux au bannissement. En matière de politique extérieure, il connut deux succès diplomatiques qui mirent Florence au premier plan de l'actualité; en 1439-1440, il accueillit l'empereur d'Orient Jean VIII Paléologue, le patriarche de Constantinople, le pape et toute l'Église de Rome lors du concile œcuménique, un événement qui fit de Florence la capitale de la chrétienté. Et lorsqu'en 1454, après la chute de Constantinople, Cosme l'Ancien mena les États italiens, devant l'avance turque, à signer le principe d'une paix générale, à Lodi, il apparut comme l'arbitre de l'Italie.

De sa maison, à vrai dire un palais construit dans le goût nouveau mais dont le rez-de-chaussée était occupé par des bureaux et des entrepôts, Cosme dirigeait les affaires de la ville et les siennes. Selon Philippe de Commynes, la firme Médicis est « la plus grant maison de marchandises qui ait été au monde » ! Une des plus importantes, assurément, et Cosme l'Ancien était le plus important contribuable de la ville, selon le cadastre de 1457.

Cosme avait hérité de son père, outre d'importantes propriétés foncières en Toscane, deux ateliers d'art de la laine et deux ateliers d'art de la soie à Florence, d'une compagnie commerciale qui possédait des succursales à Rome, Venise, Pise, Genève, Avignon, Bruges, Londres, Barcelone et Valence. Il a habilement modifié la structure de la compagnie, substituant aux succursales des filiales indépendantes, suivi avec soin l'évolution économique européenne, fait glisser ses affaires de Genève vers Lyon, créé des filiales nouvelles à Milan, à Bâle. Il a conclu avec le pape d'excellentes affaires en se faisant concéder en 1462 l'exploitation et la commercialisation des mines d'alun, cette substance indispensable dans la teinture des textiles, découvert un an plus tôt à Tolfa, dans les terres pontificales. Prudent dans ses spéculations, plus marchand que banquier, prêtant aux rois le moins possible... Cosme de Médicis a doublé, de 1440 à 1464, sa fortune personnelle.

Troisième volet de l'activité de Cosme : son mécénat. Comme tous ceux qui voulaient manifester leur appartenance à l'élite de la cité, mais à un niveau supérieur en raison de sa richesse, de sa position dans la ville et de son talent, Cosme de Médicis exerça un mécénat éclairé dans tous les domaines de la pensée et de l'art.

Son architecte préféré fut Michelozzo : il lui confia en 1437 la reconstruction de l'église et du couvent dominicain de San Marco, que le moine Giovanni de Fiesole, Fra Angelico, recouvrit de fresques. Dans ce couvent où, plus tard, Savonarole tonna contre la tyrannie des Médicis, Cosme allait parfois faire retraite. En 1444, Michelozzo entreprit pour Cosme le palais de la via Larga ; à la sévérité de la longue façade à bossages, rythmée horizontalement par des bandeaux et une corniche s'oppose la légère simplicité du *cortile* intérieur, conçu comme un cloître à usage profane; cette cour carrée si nouvelle à l'époque et si souvent répétée ensuite, « à laquelle toute la cité rendit hommage », enthousiasme Filarete, en 1460 : les portiques à arcades du rez-de-chaussée sont séparés par un large bandeau de l'étage à doubles baies ; sur ce bandeau est concentrée toute la décoration du *cortile,* des médaillons en relief qui représentent des scènes antiques : ces médaillons, ajoutés après la construction, reprennent des pièces antiques de la célèbre collection des Médicis. Pour le palais de Cosme l'Ancien, Donatello sculpta le *David* de bronze, ce nu profane, nerveux et svelte. Michelozzo fut également l'architecte des villas à l'antique ouvertes sur la campagne toscane, celle de Fiesole, et celle de Careggi qui abrita le cercle célèbre des humanistes. Brunelleschi et Donatello édifièrent la sacristie de Saint-Laurent, paroisse des Médicis. Ainsi, Michelozzo, Brunelleschi, Donatello, les peintres Gozzoli et Filippo Lippi travaillèrent pour le maître de la cité ; certains, tel Donatello qui veillait sur ses collections, devinrent ses amis.

Cosme favorisa également l'hellénisation de la culture, ce second souffle de l'humanisme. La tenue à Florence du concile œcuménique de 1439 et la venue en nombre de Byzantins éveillèrent l'attention des humanistes florentins ; lorsque la catastrophe se produisit, en 1453, ils eurent très vite le sentiment qu'il y avait, en perdition, une somme de savoir à récupérer : Gemisthos Plethon, un érudit byzantin venu à Florence à l'occasion du concile, fit connaître aux Florentins et à Cosme, qui participait volontiers aux discussions des hommes de lettres, des *Dialogues* de Platon ; Cosme demanda à Marsile Ficin, un poète helléniste, fils de médecin, qu'il avait attiré près de lui, auquel il offrit la villa de Careggi, de traduire cette œuvre en latin, afin de lui donner une plus grande audience. Cosme participa à la vaste quête de manuscrits menée avec passion par les lettrés de la Renaissance et, afin de regrouper toutes les productions de la pensée humaine, il fonda deux bibliothèques, la bibliothèque Marcienne, et celle qui prit plus tard le nom de son petit-fils, la Laurentienne, car celui-ci poursuivit l'œuvre de son grand-père.

Les cadres de pensée des classes dirigeantes, auxquels adhérait le maître de la cité, se sont imposés à la société tout entière : mêmes aspirations, même idéal qui guidait les goûts, les façons de vivre et de penser. A l'exception des exclus de la société florentine, des silencieux qui n'étaient que spectateurs.

Voici Francesco Sassetti, homme d'affaires, né dans une famille enrichie dans le commerce. Il est entré tout jeune au service de Cosme qui fit de lui son homme de confiance, puis de Pierre le Goutteux, de Laurent enfin qui s'en remettait entièrement à lui. Il possédait une fortune personnelle considérable et gérait une importante entreprise : beau mariage, palais, charges publiques. Sassetti se trouva pris par l'exigence socioculturelle qu'imposait son statut social : il s'engagea dans des dotations et fondations d'hôpitaux, de chapelles ; les artistes chargés de leur ornementation représentèrent le riche donateur qui affirmait ainsi aux yeux de ses concitoyens sa richesse et son rang. Dans la chapelle funéraire que Francesco Sassetti fonda et qu'il dédia à son saint patron, Domenico Ghirlandaio l'a représenté, témoin des miracles du saint, dans le cadre de la cité florentine : apparaissent la place de la Seigneurie, Laurent de Médicis, son jeune frère Julien et ses amis humanistes et poètes. La décoration des tombeaux de porphyre de Sassetti et de son épouse est inspirée de thèmes antiques, tout à fait païens. La bibliothèque de ce banquier rassemble bien plus d'œuvres de l'Antiquité classique et des célèbres Toscans des siècles passés, Dante, Pétrarque, Boccace, que d'œuvres chrétiennes, à l'exception de celles de saint Augustin : c'est la bibliothèque d'un fin lettré, mais nous en venons à douter de sa foi chrétienne.

Homme de goût, Francesco Sassetti s'est adonné à la vie brillante à laquelle ses richesses lui donnaient naturellement accès. Il a adhéré aux idéaux de cette société florentine alors à son apogée, en compagnie des humanistes et des artistes amis de Laurent le Magnifique. Le soin qu'il apportait à ses affaires et à celles des Médicis se relâcha : il partage avec Laurent de Médicis qui lui accordait toute sa confiance la responsabilité du déclin de la firme Médicis. En 1488, il fait le voyage à Lyon, pour visiter la filiale essentielle et tente de redresser une situation très compromise. Il succombe à une attaque le 31 mars 1490, peu avant l'effondrement de la firme Médicis à laquelle il avait consacré sa vie.

Plus modeste, Luca Landucci, que nous connaissons grâce au journal qu'il rédigea sa vie durant : de 1450 à 1516, chronique de sa ville au XVe siècle, reflet de l'existence et des aspirations d'un boutiquier moyen : il est né en 1436 dans une famille aisée qui lui fit suivre l'école jusqu'à l'âge de quatorze ans, puis l'envoya en apprentissage chez un apothicaire. Le jeune homme a de l'esprit d'indépendance, et le goût des affaires : malgré quelques revers de fortune, il achète une boutique au coin de la rue Tornabuoni et, en 1490, une seconde face au palais Strozzi... Il réalise le rêve de tout Florentin aisé : il se fait bâtir une villa dans les collines toscanes où il se réfugie avec sa famille lorsqu'une épidémie rend l'air malsain, à Florence. Sa femme, « sa chère compagne, vertueuse sans pareille », lui a apporté une dot de quatre cents florins. Son modèle ? Cosme de Médicis, comme celui de tous les Florentins, d'après lui. À l'image de Cosme, il est entreprenant en affaires, le premier, par exemple, à importer du sucre de Madère pour le vendre dans sa boutique. Il regarde avec intérêt s'élever les édifices, palais et églises qui se construisent dans sa ville. Il a le goût des livres : sa bibliothèque, précise-t-il lorsqu'un incendie l'emporte en fumée, valait bien vingt-cinq ducats; et celui des affaires publiques, les affaires de sa ville et celles du monde : il note dans son journal en 1477, sous les murs de Nancy, la mort de Charles le Téméraire, aussi cruel, selon lui, que le Grand Turc et en 1492 il salue la défaite du Croissant et la « grande acquisition pour la foi du Christ et le début de la soumission des infidèles » qu'est la reddition de Grenade aux Rois d'Espagne. Sa piété toute simple et l'argent mis de côté lui permettent d'envisager à la fin de sa vie un grand projet qu'il ne peut mener à terme : il voulait rendre grâce à Dieu et à saint Jean Baptiste en leur élevant un temple dont il élabore lui-même le plan qu'il soumet à l'architecte Simone Cronaca en 1505.

Nulle mise en question, à Florence, des valeurs marchandes, nul mépris des richesses amassées qui donnent prestige social et accès au pouvoir et permettent de participer activement à la vie collective ; cette exaltation, fortement teintée d'humanisme, des valeurs bourgeoises se retrouve dans l'œuvre écrite de Leone Battista Alberti, illustre Florentin du XV^e^ siècle ; il a pourtant peu vécu dans la cité toscane, ne s'est engagé ni dans la vie politique ni dans les affaires. Sa famille fut l'une des plus riches et puissantes de Florence, au XIV^e^ siècle ; elle a mené une politique de prestige artistique et intellectuel, fait édifier églises et chapelles, s'est entourée d'artistes et de lettrés. Mais les intrigues et les luttes pour le pouvoir municipal l'ont contrainte à plusieurs reprises à l'exil, et c'est de Gênes où naquit Leone Battista en 1404, ou de Venise que le chef de famille, Benedetto, puis ses fils, dirigent l'entreprise commerciale en relation avec Genève, Avignon, Paris, Londres, Bruges, Cologne, Barcelone, Valence, Rhodes, l'Afrique du Nord, la Syrie et la Grèce ! Leone Battista refusa la carrière commerciale conforme aux traditions familiales et, pour assurer son confort et sa tranquillité, plus que par conviction religieuse, il entra dans les ordres. Cet homme à la curiosité et au savoir quasi universels fut sculpteur, peintre, musicien, homme de lettres et surtout architecte et urbaniste ; de son enfance d'exilé il garda le goût des voyages, d'une cour à l'autre en Italie, où le recevaient les Gonzague les Este, les Médicis, les papes et les prélats de Rome ; il n'en composa pas moins, à la gloire de ses ancêtres et des vertus marchandes, sous la forme alors en vogue de dialogues, les livres de *la Famille.* Ce fils de marchands connaît et défend l'habileté et le travail des chefs d'entreprise : il justifie les bénéfices commerciaux, considérés comme la normale rétribution d'un travail, et les profits réalisés grâce aux « hon nêtes et louables activités » des hommes d'affaires. Seule la richesse permet à ceux qui la possèdent l'indépendance, la réussite, l'autorité, l'honneur. « *La Famille* est un véritable hymne à l'argent considéré comme garant de la liberté individuelle », mais aussi comme garant de la prospérité et du bonheur de la cité. Alberti exalte l'individu qui se réalise grâce à son intelligence, à sa *virtu,* cette qualité romaine constamment évoquée, il replace l'homme dans la communauté de la cité ; la réussite personnelle se confond avec le bien général. « Si l'on observe qu'Alberti loue la richesse et méprise les pauvres, recommande les exercices physiques et non les pratiques ascétiques, conseille de rechercher la gloire et non le salut, justifie les dépenses généreuses et ne parle pas des aumônes, ne voit dans les fondations religieuses de ses ancêtres que leur côté prestigieux et, surtout, ne fait allusion ni à la Vierge ni aux saints, ni aux dogmes chrétiens ; on conclura que l'auteur de *la Famille* ne se présente ni ne se comporte en chrétien. Son éthique ne naît pas du rapport entre Dieu et les hommes, mais des relations entre ceux-ci et leurs semblables ; elle est laïque[1]. » Même si Alberti, homme d'Église, ne nie pas l'existence de Dieu.

Les valeurs morales exprimées par Alberti sont semblables à celles qui ont guidé le banquier Francesco Sassetti et notre boutiquier Luca Landucci, animé cependant, à la différence des deux lettrés, par une foi chrétienne profonde. Identique le code socioculturel auquel ils souscrivaient, qui les entraînait à s'attribuer tout l'éclat social auquel ils pouvaient prétendre : ils le manifestaient par des actes précis d'ordre religieux, artistique ou littéraire ; le mécénat ainsi était général. Notables, corporations, confréries y participèrent. Au besoin de témoigner de leurs richesses en consacrant une partie de leur fortune à glorifier Dieu et ses saints par l'édification d'églises et chapelles, par des commandes d'œuvres pieuses, les bourgeois ajoutèrent bientôt le plaisir de jouir de leur fortune, de vivre dans le luxe : ils commandèrent aux architectes des palais où ils résidèrent, des villas dans la campagne toscane, aux sculpteurs des œuvres profanes, tel le *David* de bronze que Donatello sculpta pour Cosme de Médicis ; ils constituèrent des bibliothèques et des collections d'antiques.

La puissance des *Arti* s'est très tôt à Florence inscrite dans la pierre : l'art des marchands, dès le milieu du XIIIe siècle, a fait revêtir extérieurement de marbres polychromes et intérieurement de mosaïques le baptistère consacré à saint Jean Baptiste, patron de la ville. Le palais de la laine, siège de la corporation du même nom, s'élève tout près de la place de la Seigneurie, à côté de l'ancienne loge aux grains transformée en sanctuaire : là, à San Michele in Orto, se

1. Christian Bec, *l'Italie de la Renaissance. Un monde en mutation, 1378-1494*, ouvrage coordonné par Ivan Cloulas, Fayard, 1990, p. 110.

développe un vaste programme à la fois politique et religieux ; dans une illustration de la puissance économique de la ville, représentée par les sept arts majeurs et les quatorze arts moyens et mineurs sous la figure de leurs saints protecteurs, les sculpteurs les plus novateurs de Florence se sont associés. Nanni di Banco, dont la carrière fut brève, termina le premier, en 1411, les *Quatre Saints couronnés*, patrons des menuisiers et des forgerons dont les drapés, les déhanchements rappellent l'antique, puis saint Éloi en 1415, patron des maréchaux-ferrants, et enfin saint Philippe, celui des tanneurs. Ghiberti, orfèvre avant d'être sculpteur, réalisa la première statue en bronze de la Renaissance, celle de Jean-Baptiste, vénéré par les marchands, en 1414, suivi d'un saint Mathieu, patron des changeurs en 1420 et, en 1426, d'un saint Étienne, protecteur des tisserands de laine. Donatello, élève de Ghiberti, s'affirma aussi grâce aux leçons des modèles antiques mais avec son tempérament passionné et son style personnel : il réalisa, pour San Michele in Orto, quelques-uns de ses chefs-d'œuvre, saint Marc, patron des tisseurs de lin et des fripiers, saint Pierre, patron des bouchers, et surtout, en 1416, saint Georges, le martial patron des armuriers. En 1464, Verrocchio sculpta un impressionnant bronze de Thomas l'incrédule.

Tous les Florentins succombaient à cette fièvre, ce délire de création artistique : la diversité des mécènes multipliait le mouvement, alimentait l'activité de nombreux ateliers. Les grands projets étaient soumis à concours, devenaient affaires publiques sur lesquelles s'affrontaient les goûts et les styles. En 1401, six orfèvres s'étaient portés candidats pour l'exécution de la porte nord du Baptistère, parmi lesquels Philippo Brunelleschi et Jacopo della Quercia : ce fut un jeune homme de vingt-trois ans, orfèvre et sculpteur, Lorenzo Ghiberti, qui l'emporta. En 1418, dix-sept architectes proposèrent un projet pour la construction de la coupole de l'église Santa Maria del Fiore : Brunelleschi, écarté lors du précédent concours auquel il avait postulé en qualité d'orfèvre, fut retenu.

Il avait entre-temps, selon Vasari, fait le voyage de Rome, examiné les monuments antiques dont il avait pris les mesures et les proportions. Au début du XV$^{e}$ siècle, la nef de l'église Santa Maria del Fiore, le plus vaste édifice de la chrétienté avant la construction de Saint-Pierre de Rome, était ouverte à tous les vents : il était d'autant plus urgent de prendre une décision au sujet de la coupole que des architectes français et allemands édifiaient au même moment pour les Milanais le plus formidable *duomo* gothique jamais conçu en Occident. Et les Florentins souhaitaient un édifice de style nouveau, qui soit le symbole de la supériorité de leur ville. Brunelleschi stupéfia ses contemporains en élevant de 1420 à 1436 cette coupole octogonale à double paroi, plus étroite et plus haute que la rotonde du panthéon d'Agrippa dont il avait, à Rome, étudié les proportions. L'immense coupole s'éleva sans échafaudage et sans étai sous les yeux admiratifs et inquiets des Florentins ; d'aucuns, comme Ghiberti, éternel rival de Brunelleschi, en prédisaient l'écroulement. « Brunelleschi avait prévu une construction par couronnes successives emboîtées les unes dans les autres, les deux calottes, l'une portante, l'autre couvrante, étant reliées entre elles par des nervures méridiennes en briques ; la coque inférieure est cerclée par une chaîne formée de poutres en bois réunies par des bandes de fer. » Jean Delumeau conclut que la coupole de Saint-Pierre de Rome, achevée plus d'un siècle plus tard, en 1590, ne constitue pas un progrès important par rapport à celle de Florence. Et Michel-Ange, devant le dôme de Santa Maria del Fiore, s'inclinait : « Il est difficile de faire aussi bien, impossible de faire mieux. »

L'atmosphère d'émulation aiguisée par l'habitude de la critique favorisait les initiatives, poussait les artistes à conquérir un public difficile, à assurer leur gloire en affermissant leur style et leur génie. Extrêmement exigeants à l'égard d'eux-mêmes, ils se livrèrent à un approfondissement de leurs connaissances, se mirent à l'école des Anciens, car le retour à l'Antiquité leur parut la condition du renouvellement auquel ils aspiraient, de la Renaissance artistique. Les fouilles entreprises à Rome et le cortège bruyant des trouvailles archéologiques, l'inventaire passionné des monuments, bas-reliefs, statues, réinstallés dans la topographie de la ville antique, offrirent aux artistes une première et riche gamme de références. Puis vint le tour d'Athènes, par-delà l'héritage de Rome.

Filippo Brunelleschi, écarté de la réalisation de la porte du baptistère de Saint-Jean au profit de Ghiberti, avait acquis à Rome une grande culture archéologique tandis que

Ghiberti, réduit au rôle de spectateur lorsque s'éleva la coupole de Santa Maria, l'œuvre de Brunelleschi, s'était livré dans ses *Commentaires* à une réflexion personnelle sur l'art, la tradition et les apports de l'Antiquité ; lui aussi connaissait Rome et avait fait venir à grands frais des œuvres antiques de Grèce. À Florence, dans le jardin de la place Saint-Marc comme dans le palais des Médicis, le vieux sculpteur Bertoldo veillait sur les collections d'antiques de Laurent le Magnifique que les jeunes artistes étaient autorisés à visiter ; ils participaient parfois à leur restauration, tels Verrocchio et le jeune Michel-Ange ; celui-ci s'échappait de l'atelier de son maître Ghirlandaio pour venir faire seul l'apprentissage du dessin et de la forme parmi les modèles de l'art classique. Il avait si bien assimilé les formes antiques que plusieurs de ses premières sculptures furent prises pour des œuvres de la Rome classique : que l'on se souvienne de *Cupidon endormi !* La leçon de l'Antiquité ne devait pas être simple imitation, le modèle devait être dépassé, l'œuvre vivifiée par l'énergie personnelle de l'artiste : Michel-Ange se dégagea promptement de ses modèles.

En 1550, lorsqu'il édite ses *Vies des plus illustres peintres, sculpteurs et architectes,* le peintre Vasari accorde une immense influence à cette école du jardin de Saint-Marc, véritable « séminaire » de génies, où se forma Michel-Ange, pour lui l'incarnation de la Renaissance dans sa perfection ; Florence, à la fin du Quattrocento, grâce au mécénat des Médicis qui fondèrent cette « académie » avant la lettre, autant que Rome où les trouvailles archéologiques faisaient revivre la ville antique, aurait permis l'essor de l'art nouveau qui conquit ensuite toute l'Europe. Vasari, devenu au XVI^e^ siècle le peintre officiel du duc de Toscane, le « directeur des Beaux-Arts » du duché, distingue trois étapes dans l'évolution de l'art de la Renaissance : la période de l'émancipation aux XIII^e^ et XIV^e^ siècles, celles de la maturation au XV^e^ siècle et de la perfection au XVI^e^ siècle, au moment où il écrit son œuvre. A chaque étape, précise André Chastel, il met l'accent sur les artistes les plus marquants et sur leur nouveauté, la plasticité de Giotto, l'organisation de l'espace de Masaccio, la souplesse des formes de Léonard de Vinci et la plénitude de Michel-Ange qu'il place au sommet de l'évolution. Tous sont toscans et se sont formés à Florence !

La contestation vint de Venise où surgirent les polémiques contre l'œuvre de Vasari, en particulier contre le primat toscan qu'il affirmait. La distance des siècles permet une meilleure appréciation : la vitalité, la créativité de la cité toscane, son rôle d'initiateur dans l'art nouveau qu'elle a toujours revendiqué, dans la sculpture et l'architecture d'abord, puis la peinture, ne sont pas niables.

Ce qui paraît plus contestable, c'est la glorification trop exclusive du rôle des Médicis à laquelle a été tout naturellement entraîné Vasari, après le retour de l'illustre famille a Florence, en 1530, et l'avènement du grand duc Cosme Ier dont il devint l' « imprésario artistique ». Sur les fresques des plafonds du Palais-Vieux de Florence, en 1556 Vasari a représenté Cosme l'Ancien et son petit-fils Laurent : *Cosme au milieu des savants et des artistes,* Marsile Ficin, le géographe Toscanelli, l'Angelico, Ghiberti ; et l'*Apothéose de Laurent* qui converse avec les humanistes et les artistes. Dans un dialogue imaginé entre le duc Cosme et le peintre, celui-ci présente cette fresque « où Laurent est assis avec le livre ouvert parmi tant de lettrés qui ont tous à la main des livres, des mappemondes, des compas... ». Après s'être consacré aux affaires publiques, celles de l'Italie et celles de la cité, Laurent de Médicis « s'adonne aux plaisirs et à l'étude de la philosophie et des lettres en compagnie des savants avec qui il les pratiquait dans ses villas de Careggi ou de Poggio a Cajano... ». Ce sont : Chalcondylas, Pic de La Mirandole, Politien, Pulci, Ficin, Landino, Alberti et le Grec Lascaris.

Tous les éléments propres à l'élaboration de la légende des Médicis, qui sert si bien les intérêts du duc Cosme Ier. quelque cinquante ans après la mort de Laurent le Magnifique, sont en place : une « académie » des arts, l'école du jardin de Saint-Marc, une « académie » littéraire, le groupe des philosophes et des savants de Careggi regroupaient dans un même élan artistes et humanistes pour célébrer les mérites de Florence, « paradis de la culture » à l'ombre du mécénat des Médicis. Image forte, longtemps répandue à la suite de la « mise en scène symbolique » de Vasari, selon lequel « le génie a besoin d'être fécondé par le savoir et reconnu par le pouvoir », toutes conditions réunies sur les rives de l'Arno pour ce chantre de « l'âge d'or » florentin. Image mythique et trompeuse, selon André Chastel, quelle que soit la force du modèle florentin, de l'idéal du néoplatonisme élaboré par les amis du Magnifique, et qui doit être fortement nuancée. Elle correspondrait davantage à l'époque de Cosme l'Ancien qu'à celle, beaucoup plus troublée, de son petit-fils.

Laurent avait grandi dans l'assurance de ceux auxquels le pouvoir est assuré : la continuité des Médicis allait de soi à la direction des affaires de la ville, et lorsqu'une conspiration éclata, en 1478, montée par les Pazzi et les Salviati, rivaux politiques et concurrents commerciaux des Médicis, avec la complicité du pape Sixte IV, Laurent en sortit miraculeusement indemne alors que son frère Julien trouva la mort sous les coups des conjurés. Il bénéficia des meilleurs maîtres : Cristoforo Landino, un humaniste de l'entourage de Cosme, commentateur et éditeur de Dante, Horace, Virgile, traducteur de Pline l'Ancien, lui enseigna la rhétorique et la poétique ; Argyropoulos lui apprit Aristote et à la villa de Careggi Laurent fut le disciple de l'helléniste néoplatonicien Marsile Ficin ; lors des rencontres entre philosophes, il dissertait sur la nature du vrai bien, sur les rapports de l'âme et du corps ; il participait aux banquets organisés par Ficin pour commémorer la mort de Platon et celle de Cosme.

Il avait été habitué très jeune à être associé à l'hommage rendu à sa famille à l'occasion des commandes officielles passées auprès des artistes ; en 1459, Benozzo Gozzoli fut choisi par les Médicis pour décorer la chapelle de leur palais florentin : en peignant à fresque les foules venues adorer l'Enfant nouveau-né et sa mère, les bergers, les anges et le cortège des Rois mages qui s'avancent dans la campagne toscane, le peintre glisse le portrait de plusieurs membres de la famille Médicis et rappelle l'épisode glorieux de l'histoire de Florence, le concile œcuménique dont Cosme avait été l'instigateur, vingt ans auparavant en 1439 : Florence avait été éblouie par les deux messagers d'Orient qui lui avaient rendu visite ; les voici, sur la fresque de Gozzoli, le patriarche de Constantinople représenté sous les traits du plus âgé des Rois mages, Jean VIII Paléologue le second mage ; le plus jeune, enturbanné comme l'empereur Paléologue, chevauchant un cheval blanc est Laurent, un beau jeune homme aux cheveux blonds et bouclés, revêtu du costume qu'il portait lors d'une fête orientale donnée sur la place de la Seigneurie peu avant que Gozzoli n'entreprenne son œuvre.

Lorsque Laurent accéda au pouvoir à la mort de son père Pierre le Goutteux, Marsile Ficin lui adressa dans une lettre le conseil suivant : « De même que Dieu a formé Cosme à l'image du monde, de même continue, comme tu l'as commencé, à te former à l'image de Cosme. » Laurent n'avait cependant pas les larges compétences de son grand-père ; il manifesta la même attirance pour le pouvoir personnel sans la prudence qui avait toujours guidé Cosme l'Ancien, et la même habileté diplomatique. Mais il s'intéressa médiocrement aux affaires familiales qui périclitèrent : les compagnies de Bruges, Londres, Venise furent fermées en 1478, nous avons vu menacée celle de Lyon en 1488 et déjà évoqué la faillite de la compagnie en 1494.

Cet élève des humanistes connaissait le latin et le grec, les auteurs antiques et modernes, s'intéressait à la philosophie, à la musique, aux arts, était un poète très estimé et un bon orateur : sa renommée d'amateur d'art aux yeux des princes italiens de son temps faisait de lui l'arbitre du bon goût et tous sollicitaient ses conseils. Vers le roi Jean II du Portugal, il envoya Andrea Sansovino pour diriger la construction d'un palais, auprès du roi de Naples il recommanda en 1480 Giuliano da Maiano qui édifia et sculpta la porte Capouane, en 1490 Luca Fancelli et Giuliano da Sangallo, auquel il tenait pourtant beaucoup. En 1482, sur sa probable suggestion, Léonard de Vinci proposa ses services à Ludovic le More et s'exila à Milan. Verrocchio, à qui la protection de Pierre de Médicis avait valu des commandes prestigieuses à San Lorenzo, à Careggi, délaissa pour Venise, en 1481 ou 1482, son atelier florentin. Trois fortes figures de l'art toscan, Botticelli, Ghirlandaio et Signorelli sont appelés à Rome en 1481 pour décorer la chapelle Sixtine, mais ceux-ci revinrent, il est vrai, dans la cité toscane ; Antonio Pollaiulo et son frère partirent à leur tour en 1484 pour sculpter le monument funéraire de Sixte IV, souhaité par Julien della Rovere et entreprirent ensuite celui d'Innocent VIII.

Certes, les artistes florentins s'étaient toujours beaucoup déplacés : Donatello en 1443 se rendit à Padoue, pour sculpter la statue du condottiere Guattamelata et y resta dix ans, Filarete avait constuit à Milan, en 1456, l'*Ospedale Maggiore,* participé à l'édification du château Sforza ; Piero della Francesca, un Toscan formé à Florence, y resta toujours méconnu et s'accomplit dans d'autres centres artistiques ; Alberti lui-même, si Florentin d'esprit et d'inspiration, vécut comme un éternel exilé, même s'il retrouva sa ville pour de fréquents séjours. Mais après 1469, le mouvement s'accélère, les artistes florentins sont sollicités partout en Italie, Laurent de Médicis ne les retient pas, bien au contraire : ces messagers de l'art portent au loin la renommée de Florence dont les ressources paraissent inépuisables. Florence donne le ton, remarque Fernand Braudel. Florence se vide de ses artistes, estime André Chastel qui voit dans l'attitude de Laurent de Médicis une opération de propagande culturelle. À Florence, son mécénat manque d'ampleur : la part des Médicis dans les commandes adressées aux artistes est plus faible que celle des couvents, des confréries, des notables florentins.

Les hommes d'affaires faisaient construire des palais, commandaient des décorations de chapelles et des œuvres d'art. Pour l'ordonnance de la façade du palais de Giovanni Ruccellai, riche marchand amateur d'art, Alberti choisit l'ordre classique, dans les années 1450, un développement en hauteur rythmé par trois étages de pilastres, opposé à la massivité, à l'horizontalité du palais des Médicis. En 1489, Cronaca éleva pour les riches et puissants Strozzi une élégante demeure seigneuriale, et Giuliano de Sangallo le palais Gondi. Le riche banquier Francesco Sassetti fit construire aux environs de 1480 dans le quartier nord de la ville un luxueux palais qui comprenait deux chapelles et abritait sa riche bibliothèque. Notre boutiquier Luca Landucci a noté son intérêt à voir surgir de terre toutes ces demeures. Tous veulent construire, précise-t-il, les architectes et les matériaux commencent à manquer. La Seigneurie, en 1489, favorise le mouvement en exemptant de taxes pendant quarante ans toutes les constructions achevées avant cinq ans.

Attiré par ses résidences de la campagne toscane, Laurent de Médicis ne s'associa pas à ce mouvement d'embellissement urbain. Ses villas : celles dont il avait hérité, construites par Michelozzo, à Careggi où réside Marsile Ficin et à Fiesole, où s'établirent Politien et Pic de La Mirandole, après quelques transformations, en 1490 ; et celles qu'il fit construire : la villa de Spedaletto, près de Volterra, aujourd'hui disparue, fut décorée par Botticelli et Ghirlandaio à leur retour de Rome aux environs de 1484-1485, par Le Pérugin et Filippino Lippi ; nous connaissons les noms de ces artistes grâce à un rapport sur les peintres les plus célèbres de Florence rédigé par un agent de Ludovic le More : celui-ci se tenait toujours à l'affût de l'actualité artistique florentine. Et surtout, la villa de Poggio a Cajano, à moins de vingt kilomètres de Florence en direction de Pistoia. La propriété avait été achetée aux Ruccellai, en 1479. Sous la direction de Laurent de Médicis, Giuliano de Sangallo avait étudié l'association du bâtiment et des jardins, l'ordonnance générale, le décor intérieur : ce devait être la villa toscane idéale, le lieu de retraite des humanistes et, bien qu'elle soit restée inachevée à la mort de Laurent, cette villa représente réellement une anticipation de la villa de Palladio. C'est le chantier de la villa de Poggio qui permit à Vasari de répandre l'idée que « Laurent de Médicis avait le goût de l'architecture et surtout de celle qui avait une saveur antique ».

Bien plus qu'aux grands chantiers architecturaux, Laurent de Médicis apportait ses soins à ses collections d'antiques et d'objets précieux légués par Cosme de Médicis, qu'il accrut considérablement : l'inventaire de 1492, comparé à celui de 1465 réalisé à la demande de Pierre le Goutteux, prouve que Laurent a presque doublé les collections de médailles d'or et d'argent, de camées, d'incises et de vases. Cet intérêt pour les arts dits « mineurs », alors que l'architecture reste, à Florence, le premier des arts, cette attirance pour les lieux de retraite à la campagne, ce goût de la nature, définissent une personnalité : Laurent de Médicis est un esthète, extrêmement doué mais beaucoup plus porté vers la jouissance et la spéculation que vers l'activité, à l'exception de la politique.

Et c'est dans le cadre apaisant des villas toscanes, à Careggi surtout, où Laurent trouva refuge à l'approche de la mort, que s'élabora le nouvel humanisme florentin dans le cercle étroit de l'entourage médicéen. On connaît les acteurs : Marsile Ficin entouré de poètes, de philosophes et de lettrés ; Ange Politien, poète et humaniste, précepteur des fils du Magnifique ; Pic de La Mirandole, arrivé à Florence en 1484, qui éblouit la ville par sa prestance, sa jeunesse et son savoir ; Cristoforo Landino, le philologue qui, dans ses

*Entretiens au couvent des Camaldules,* exalte la contemplation et loue le philosophe voué à l'étude, aux dépens de l'homme politique engagé dans la vie active. En 1492 précisément, cette réflexion est enrichie, stimulée par les deux cents manuscrits de l'Antiquité hellénique que ramena Jean Lascaris pour le compte de Laurent de Médicis, à l'occasion de son second voyage en Orient.

Les humanistes de Careggi s'éloignèrent des préoccupations littéraires et morales de leurs prédécesseurs. Tous possédaient une immense culture, étaient tendus par l'ambition, volontiers avouée, de renouveler la compréhension de l'univers par la conciliation entre la pensée antique et la révélation chrétienne : en quelques années le néo-platonisme qui exprime cette quête métaphysique devint le discours privilégié de l'humanisme florentin, sous l'impulsion de Marsile Ficin. La philosophie de l'inventeur du néoplatonisme de Careggi est spiritualiste. Mais est-elle chrétienne ? Pour Marsile Ficin, tout part de Dieu et revient à lui. « Sa métaphysique est fondée sur l'idée d'une échelle d'êtres qui émanent du Dieu-un, source de sagesse, de beauté et de bonté [1]. » Les âmes, sensibles à l'appel divin, opèrent une purification et une ascension vers Dieu par l'ascèse et la méditation : l'homme tire sa grandeur de sa participation au divin. Sa limitation, c'est le corps, la matière qui alourdit l'âme, le monde extérieur. Ficin estime que les religions antiques ont annoncé le christianisme, ont joué le rôle d'une pré-Révélation, mais le dogme chrétien, le péché originel racheté par la venue du Rédempteur sont totalement absents de la pensée de cet homme d'Église, chanoine de la cathédrale de Florence. La pensée de Pic de La Mirandole ne s'identifie pas davantage à la doctrine chrétienne : outre le grec et le latin, il connaît l'arabe, le chaldéen et l'hébreu, il a étudié les textes cabalistiques et sa pensée est beaucoup trop imprégnée du monothéisme hébraïque pour accepter la trinité. Pic exalte exagérément le rôle de l'homme « qui n'est ni mortel ni immortel » mais « libre et souverain », si bien qu'il a le pouvoir de se hisser par la volonté au niveau des choses divines ou de se rabaisser au niveau de l'animalité. Dès lors, conclut Jean Delumeau, « l'enfer n'existe pas,

1. Jean Delumeau, *la Civilisation de la Renaissance,* Arthaud, 1967, p. 499.

puisque la punition suprême consiste en l'abaissement jusqu'au niveau de l'anéantissement »[1].

La célébration de la beauté de l'univers et de l'homme qui en est le reflet est source d'inspiration artistique. Par des thèmes mythologiques, certains artistes transmettent le message néo-platonicien des humanistes. Sandro Botticelli a vécu à Florence au temps du Magnifique et quelques années après lui : son œuvre traduit tous les courants, toutes les crises qui ont marqué ces temps troublés.

La vitalité des milieux artistiques florentins a permis à ce fils de modeste tanneur, d'abord apprenti dans un atelier d'orfèvre, puis élève du frère carme Filippo Lippi, de répondre aux commandes de riches financiers proches des Médicis. Dans une *Adoration des Mages,* en 1476, la famille qui préside aux destinées de la ville apparaît, comme dans la fresque de Gozzoli de la chapelle des Médicis, Cosme, ses fils et ses deux petits-fils. Botticelli fait partie du cercle des amis du Prince. Il devient le peintre attitré de Lorenzo di Pier Francesco de Médicis, un cousin de Laurent, pour lequel il réalisa *la Naissance de Vénus* et *le Printemps,* destinés à décorer une villa à Castello, dans les environs de Florence. Pier Francesco de Médicis était lié d'amitié avec Marsile Ficin et le groupe des « platoniciens ». Botticelli fut ainsi orienté vers l'humanisme et l'esprit de Careggi.

La composition du *Printemps* est une œuvre d'esprit néo-platonicien dont Jean Delumeau nous donne les clefs[2]. Cette toile si admirée, devant laquelle défilent de nos jours les foules du musée des Offices, est une composition savante et allégorique, destinées à la villa privée d'un lettré florentin, réalisée à l'intention d'une élite intellectuelle initiée à la doctrine néo-platonicienne, et qui, seule, pouvait en comprendre la signification. Les personnages : Zéphyr, la nymphe Chloris qui se mue en Flora, messagère du printemps, Vénus, ici d'une surprenante réserve, Cupidon, les trois grâces, Pureté, Beauté et Volupté, enfin Mercure vers qui se tourne Pureté, ont chacun une fonction symbolique dont la dialectique néo-platonicienne permet l'interprétation.

Le moine dominicain Savonarole s'éleva vigoureusement

1. Jean Delumeau, *la Civilisation de la Renaissance,* Arthaud, 1967, p. 457.
2. *Ibid.*, pp. 463-465.

en chaire, au couvent de Saint-Marc dont il était prieur, contre ces idéaux éloignés de l'orthodoxie catholique, et qui, selon lui, fleuraient le paganisme. Il eut des admirateurs et des amis jusque dans l'entourage du Prince. Et c'est à la demande de Pic de La Mirandole que Laurent le Magnifique intervint auprès du général de l'ordre pour que le moine soit transféré du couvent de Bologne à celui de Florence en 1487. Il prêcha d'abord sans grand succès à l'église de Saint-Laurent, paroisse des Médicis et de l'élite intellectuelle de la ville. Puis, peu à peu, il trouva son accent et le public accourut de plus en plus nombreux. L'Apocalypse, la nécessaire réforme de l'Église et les fléaux à venir en raison de la corruption des clercs, tels étaient les thèmes favoris de ses sermons. Il s'en prit au Prince, ami du pape, père de cardinal, maître et tyran de la ville, attiré par le luxe et les plaisirs... Sandro Botticelli, comme d'autres artistes, entendit la parole du frère. Il changea sa manière de peindre au temps de la prédication du moine et porta probablement lui-même certaines de ses œuvres sur les bûchers de vanité que celui-ci faisait allumer. Une vision du frère Jérôme lui inspira *la Crucifixion mystique :* Marie-Madeleine qui représente l'Église implore le pardon de Dieu au pied de la croix ; une louve, symbole de la corruption ecclésiastique, échappe aux plis de sa robe, tandis qu'un ange, debout près de la croix, châtie le petit lion, symbole de Florence. Dans le fond apparaît la ville, protégée par Dieu le Père des flammes peuplées de démons.

Ainsi, Sandro Botticelli, naguère le plus illustre des peintres de la cité, artiste favori des riches mécènes dont il partagea et exprima les idéaux philosophiques, ressentit profondément l'angoisse morale et les déchirements que vécurent les Florentins. Après la crise traversée par la ville, le tumulte des événements qui accompagnèrent et suivirent la mort de Laurent : l'arrivée des Français, la fuite de Pierre de Médicis, les prédications, le procès et la mort du moine dominicain, il fut confiné dans un isolement complet, en marge des nouveaux courants artistiques. Il mourut presque oublié en 1510.

La prédication du moine a écarté Botticelli de l'élite de la cité, du discours philosophique, littéraire et artistique d'un groupe de plus en plus étroit, d'une cour princière. Un mouvement qui s'amorçait sous Cosme l'Ancien et se précisa sous Laurent le Magnifique. Une des raisons du succès de la prédication de Savonarole, n'est-ce pas « la rancune des Florentins moyens contre la culture trop exclusive, trop artistocratique des humanistes du cercle médicéen[1] » ? Écartés du pouvoir politique monopolisé par le groupe de plus en plus étroit du clan Médicis, ils ne se reconnaissent plus dans l'idéal culturel proposé par les amis du Prince. Seules les festivités offertes par la Seigneurie à la ville rassemblaient toutes les classes sociales, bourgeois, lettrés et menu peuple, répondaient au besoin de vie publique ; elles se multiplièrent de 1480 à 1492, les fêtes traditionnelles du printemps, le 1$^{er}$ mai, celles de la Saint-Jean, et surtout du Carnaval où défilaient des chars et des montages signés des plus grands artistes ; en 1491 aux chars des métiers se mêlaient des tableaux historiques, tels le triomphe de Paul-Émile réalisé par le Cronaca et des tableaux mythologiques. Les jours de fête, les Florentins se rendaient aussi en famille à Careggi, admirer le parc botanique et la ménagerie de Laurent de Médicis, ouverts au public. Lors des noces de Laurent avec Claire Orsini, en 1469, cinq banquets fastueux avaient été proposés au peuple urbain... Désormais, les Florentins ne se satisfont plus de la fugace frénésie de la fête : une inquiétude spirituelle taraude les esprits. Le Prince est célèbre dans l'Europe entière, mais son peuple ne s'identifie plus avec lui.

### 3) Urbin, la cité dont le prince est un condottiere

Baldassare Castiglione a séjourné souvent au palais d'Urbin durant les deux dernières décennies du siècle, et observé Guidobaldo de Montefeltre, le dernier duc d'Urbin : noble naissance, jeunesse — vingt ans en 1492 —, prestance, éducation accomplie tant dans les jeux de la guerre que dans ceux de l'esprit. Le jeune homme a hérité de la *condotta* confiée à son père par les princes italiens et le souverain pontife : sa carrière de *condottiere* paraît toute tracée. Le peintre Jacopo de Barbari l'a représenté, jeune élève auprès de son professeur, le célèbre franciscain mathématicien

1. A. Chastel et R. Klein, *l'Europe de la Renaissance. L'âge de l'humanisme*, Paris, 1963, p. 92.

Luca Pacioli, entourés de divers instruments, polyèdre, décaèdre, posés sur une table. En somme, éducation très soignée et les meilleurs maîtres du temps, auxquels son père était lié. En octobre 1490 le jeune homme a épousé Élisabeth, sœur du duc de Mantoue, le *condottiere* François II Gonzague, un mariage fastueux qui unissait deux cours princières parmi les plus brillantes d'Italie du Nord. Nul doute que le jeune prince ait servi de modèle à Baldassare Castiglione lorsqu'il écrivit *le Courtisan,* à la fin du XV^e^ siècle. L'ouvrage est un manuel de politesse et d'élégance où le diplomate de Mantoue, considéré alors comme l'éducateur des gens bien nés, décrit l'idéal aristocratique de la Renaissance, un idéal à vrai dire affadi et formalisé, très éloigné de la grandeur naturelle du duc Frédéric, père de Guidobaldo.

En 1492, dix ans après la mort du duc, le prestige et la richesse qu'il a accumulés permettent au palais d'Urbin de donner l'image d'une cour raffinée ; artistes et lettrés sont toujours présents, même si le cours des ans les a renouvelés : outre Castiglione, qui donne le ton, le cardinal Bibbiena, Bonifacio Bembo qui avait été peintre et décorateur à la cour des Sforza, Giovanni Santi, le peintre local, très actif en ces années, auprès duquel s'initie son fils Raffaelo Sanzio, âgé de neuf ans, dont le génie perce déjà : son père le confiera bientôt à Pietro Vanucci, dit le Pérugin, dans la ville voisine de Pérouse. Témoin de la grande époque où le souffle de la Renaissance animait les créateurs qui fréquentaient le palais ducal, Francesco di Giorgio Martini, architecte, sculpteur, peintre et, à Urbin, l'ami du duc Frédéric, est toujours présent au service du duc Guidobaldo : il termine la construction du palais ducal et perfectionne encore le réseau des fortifications du duché. Sa renommée est grande : on le consulte à Milan, sur le choix de la voûte de la croisée de la cathédrale, à Pavie, encore sur le plan de la cathédrale, à Naples où il travaille aux fortifications du royaume.

Francesco, fils de Giorgio, petit-fils de Martini, est né à Sienne le 23 septembre 1439. Il a étudié la sculpture et la peinture à Orvieto puis étendu ses connaissances et son savoir-faire dans d'autres villes d'Italie, à Turin, à Rome où il entreprit vraisemblablement la préparation de sa grande œuvre, le *Traité d'architecture civile et militaire,* célèbre en son temps, mais traduit seulement au XIX^e^ siècle. Il retrouve également sa ville natale qui occupe une position de pointe en matière technique et plus spécialement hydraulique depuis l'ingénieur Taccola. Francesco di Giorgio est précisément chargé en 1469 du service des eaux, des fontaines et des aqueducs ; sous sa direction fut réalisée la fontaine de la place de la Seigneurie. En novembre 1477, la cité de Sienne autorisa son ingénieur à répondre à l'invitation de Frédéric de Montefeltre, duc d'Urbin : cet appel prouve la renommée qu'il avait acquise, comme ingénieur et comme architecte ; il lui donne aussi accès à un milieu privilégié, où sont vives les préoccupations scientifiques, techniques et intellectuelles, à une bibliothèque parmi les plus riches d'Italie.

Le comte de Montefeltre, devenu duc d'Urbin par décision pontificale en 1474, appelle à lui l'architecte et l'ingénieur militaire auquel il souhaite confier la fortification de son État. Le territoire des Montefeltre qui, théoriquement, fait partie du domaine temporel de l'Église, s'étend au nord de la dorsale des Apennins, sur les courtes vallées qui rejoignent la plaine côtière et la mer Adriatique, vallée du Cesano, du Metauro, de la Foglia, haute vallée de la Marechia dont les Malatesta, ennemis traditionnels des Montefeltre, tiennent, à Rimini, le débouché maritime. En 1384 le ralliement volontaire de Gubbio a donné au comté une appréciable extension vers le sud et une position stratégique de première importance, vers Pérouse et Assise. Le relief difficile fait de ce comté une forte position stratégique ; ouvert sur l'Adriatique, il domine les collines de Toscane et d'Ombrie, assure la liaison entre les villes de la côte, Rimini, Pesaro, Ancône et l'Italie du Centre ; des passages que le duc d'Urbin entend surveiller par le renforcement ou la construction d'un réseau de forteresses et de tours qui quadrillent le territoire. Francesco di Giorgio remplira son contract initial. Dans son traité d'architecture dédié au duc Frédéric, il précise avoir construit au moins cent trente-six édifices, forteresses ou résidences sur le territoire de la Seigneurie ! Après la mort du duc Frédéric, l'ingénieur siennois poursuivra l'œuvre entreprise.

Au nord, il a restauré et agrandi le nid d'aigle de San Leo que le jeune Frédéric avait enlevé de haute lutte en 1439 à Sigismond Malatesta ; au sud-ouest, construit en 1482 l'imposant château de Mondavio et la grosse tour ronde de La Roca, à Cagli, sur un éperon. La ville d'Urbin, choisie comme capitale de son État par le duc Frédéric, est gardée par des forteresses qui en protègent l'accès : celle de Sassocorvaro au nord-ouest dans la vallée de la Foglia, au sud-ouest par le palais fortifié de Castel Durante, surplombant le Metauro. A l'est d'Urbin, la résidence d'été de Corte Alta, à Fossombrone, a été agrandie, fortifiée, par les deux architectes du duc, Luciano Laurana et Francesco di Giorgio Martini.

Ces citadelles, tours et maisons fortes expriment l'activité guerrière du seigneur de ces lieux. Car Frédéric de Montefeltre, lettré éminent, mécène éclairé et homme d'État, est aussi, et peut-être d'abord, un capitaine de guerre, un *condottiere*... « Grant saige homme et bon capitaine », disait de lui Philippe de Commynes. L'architecte militaire, à cette époque, n'était pas seulement un bâtisseur de forteresses : il était également chargé de prendre celles des ennemis et, dès 1478, Francesco di Giorgio participe à une première campagne militaire aux côtés de Frédéric de Montefeltre. Celui-ci déployait ses talents militaires depuis quatre décennies, sur le sol italien, au service de différents États. Francesco di Giorgio ne l'accompagnait cependant pas au cours de sa dernière campagne menée en 1482 avec le duc de Ferrare Hercule d'Este et la plupart des États italiens contre Venise et le pape Sixte IV : la bataille se déroula dans l'insalubre Polésine et le duc fut emporté par une épidémie de malaria.

Cosme de Médicis illustre l'Italie des princes marchands, celle des villes industrieuses et brillantes du Quattrocento où l'élite dirigeante s'adonne aux affaires, affaires privées, exigées par le négoce et la banque, affaires de la cité. Les Républiques marchandes n'entretiennent pas d'armées et engagent celle des *condottieri.* Tous les États souverains, toutes les cités signaient avec eux des contrats. Frédéric de Montefeltre, dans ses activités guerrières, évoque une autre image de l'Italie, celle des luttes constantes, souvent brèves, entrecoupées de négociations, toujours confuses, qui opposent les mercenaires des cinq « grands » de la péninsule, Milan, Venise, Florence, la Papauté et le royaume de Naples, autour desquels gravirent de plus petits, sans que l'équilibre général soit rompu. Chacun mène son jeu, surveille celui des voisins, l'ambition de l'un se heurte à la coalition des adversaires groupés en ligues aussi changeantes que l'intérêt des coalisés, au gré de la conjoncture. Les *condottieri* ajoutent à la confusion en changeant de camp, leur contrat terminé. Mais ils s'enrichissent et sont célèbres.

L'image du *condottiere* qui s'impose aujourd'hui est celle que la Sérénissime a élevée à son capitaine Bartolomeo Colleone, farouche et dominateur sur son cheval, tel que le sculpta Verrocchio en 1488. Mais Colleone fut aussi un mécène qui s'entoura d'artistes et légua une partie de ses biens à la république de Venise. Autre *condottiere* mécène, implanté dans une seigneurie comme le duc de Montefeltre : Sigismond Malatesta, son voisin et ennemi, le tyran de Rimini qui fit mettre à mort deux de ses épouses, fut de tous les conflits italiens jusqu'à sa mort en 1468, mais attirait à lui savants et artistes ; en 1450 il demanda à Leone Battista Alberti de transformer l'église Saint-François de Rimini en mausolée pour sa famille : Alberti métamorphosa l'église gothique en édifice de la Renaissance en s'inspirant, pour la façade, d'un monument romain tout proche, l'arc d'Auguste, en remplaçant à l'intérieur les ogives par des arcs en plein cintre.

Frédéric de Montefeltre, le *condottiere* ami des arts et des lettres, n'est donc pas isolé dans l'Italie du XV$^{e}$ siècle. Tous les profits, ceux de la marchandise et de la banque comme ceux de la guerre, sont réinvestis dans l'art. Dès qu'ils atteignent une position élevée dans leur seigneurie ou dans la collectivité communale, les hommes de ce siècle suivent les conseils énoncés par Alberti dans son traité d'architecture, imprimé en 1485, après sa mort : « Élevons de grands édifices afin d'apparaître magnanimes et puissants à la postérité. » Le comportement est général. L'exercice du mécénat, le choix des artistes appelés, la création artistique ainsi favorisée dépendent de l'homme, et Frédéric de Montefeltre fit d'Urbin une capitale de la Renaissance italienne.

Les artistes qui séjournèrent à Urbin ont réalisé plusieurs portraits du duc de Montefeltre. Nous voyons toujours le même homme, au profil si caractéristique : peintres et graveurs n'ont livré du *condottiere* borgne, au nez cassé dès la jeunesse par un coup de lance lors d'un tournoi, que le profil le plus flatteur, le droit, et ne l'ont jamais représenté de face. Le portrait le plus fidèle, dans la manière flamande, le plus célèbre aussi, est celui qu'a réalisé Piero della Francesca lors de son premier séjour à Urbin, en 1466. Le profil du duc emplit tout l'espace du tableau, repoussant dans un lointain irréel le paysage sur lequel il se détache ; le duc est coiffé d'un mortier rouge, bien enfoncé sur sa tête. Nez busqué, cassé à la base, yeux globuleux, menton proéminent et trois verrues en triangle soigneusement ordonnées sur la joue : le visage est puissant et calme, l'œil pénétrant sous la lourde paupière. À ce portrait présenté aux Offices est associé celui de son épouse qui lui fait face, quoique Piero della Francesca ait peint Battista Sforza beaucoup plus tard, avant la mort de la jeune femme survenue en 1472 ; le diptyque n'a été monté qu'après sa disparition. Au visage massif du duc s'oppose celui de Battista, menu et sévère, le front agrandi par les cheveux tirés, plaqués sur les oreilles en colimaçons ornés de velours et de perles. Battista Sforza, née à Pesaro, épousée à treize ans par le duc qui en avait trente-huit, est morte à l'âge de vingt-cinq ans ; elle avait reçu une éducation savante, comme toutes les femmes de sa famille, et prit une part active au mécénat de son époux.

Piero della Francesca a représenté l'homme ; le Castillan Pedro Berruguete a peint le Prince, prince lettré et guerrier, dont la continuité est assurée en la présence de son successeur : sur cette toile du palais d'Urbin, le tout jeune Guidobaldo, revêtu d'une lourde robe d'apparat, est debout près de son père et tient en sa main le symbole du pouvoir ducal. Frédéric de Montefeltre, assis, dirige son regard sur le grand livre qu'il tient entre ses mains. Son armure apparaît sous l'ample vêtement de cour, il porte l'épée au côté, a posé son heaume près de lui. C'est encore un chevalier en armes, aux pieds de la Vierge et des saints protecteurs, qu'a peint Piero della Francesca, environ en l'an 1472, sur le retable des Montefeltre conservé à la pinacothèque de Brera à Milan. Juste de Gand a évoqué les hôtes illustres du duc et son engagement politique dans les affaires italiennes : un groupe de personnages assiste, en retrait, à la scène sacrée de *la Communion des Apôtres ;* dans ce groupe le peintre flamand a représenté un personnage vêtu à la mode orientale en qui l'on voit généralement le Vénitien Caterino Zeno, envoyé en 1474 à la cour d'Urbin par le shah de Perse pour solliciter l'aide des princes italiens contre les Turcs.

Quoique fils naturel du comte Guido Antonio de Montefeltre, Frédéric reçut l'éducation d'un enfant de son rang, à

Urbin d'abord, puis dans les cours voisines. À Mantoue, il fréquenta l'école de Vittorino de Feltre, humaniste et mathématicien : à la « Gioiosa », les élèves s'initiaient aux langues anciennes, à l'histoire, à la philosophie, à la peinture et au chant, selon une pédagogie basée sur la joie, le plaisir d'apprendre, destinée à leur assurer un épanouissement complet, humain, intellectuel et physique. La pédagogie du maître porta ses fruits : Frédéric eut comme condisciple Ludovic Gonzague, futur duc de Mantoue (1447-1478), souverain éclairé, attiré par la peinture et l'architecture, grand collectionneur de livres et d'inscriptions. À Venise, le doge Francesco Foscari remarqua les reparties intelligentes du jeune Frédéric et lui promit un bel avenir. Il s'initia donc à la politique à Venise, aux lettres et aux arts à Mantoue. Pour la guerre, ses maîtres furent les deux *condottieri* Niccolo Piccinino, chef des mercenaires milanais, et Francesco Sforza.

Le triomphe du duc Frédéric de Montefeltre est célébré à la manière antique par Piero della Francesca au dos du portrait des offices : la Renommée, jeune femme ailée ressuscitée de la Rome antique, couronne le duc d'Urbin, assis sur un char. Au-delà du thème, tout à fait dans l'esprit du temps, apparaît l'hommage rendu à l'homme de la Renaissance, qui illustre les valeurs humanistes, animé par la *virtu* qui lui permet, en se fortifiant dans l'action, de s'affirmer dans sa plénitude humaine, couronné par la Renommée.

Lorsqu'il eut gagné Urbin par les chemins des Apennins à l'invitation du duc, Francesco di Giorgio Martini retrouva au palais ingénieurs, sculpteurs, peintres florentins, étrangers et locaux, graveurs, marqueteurs, tout un monde d'artisans très spécialisés, fondeurs de bombardes, tapissiers venus des Flandres, sachant tisser l'or et l'argent, horlogers, copistes, enlumineurs et dénicheurs de manuscrits; le château était un chantier et la cour d'Urbin comptait environ cinq cents personnes autour du duc qui attirait à lui artistes, lettrés et hommes politiques de son temps. Les ducs de Ferrare, Borso d'Este puis Hercule Ier, les marquis de Mantoue venaient en voisins, Laurent de Médicis y résida en qualité d'hôte de passage et laissa son surnom de Magnifique à une aile du château. Le cardinal Bessarion s'y arrêta alors qu'il se rendait en France représenter le

Saint-Siège et l'ambassadeur de Mathias Corvin, roi de Hongrie, lorsqu'il se rendit à Rome pour chercher une épouse à son souverain. Les familles princières envoyaient leurs jeunes gens pour s'y former, la présence de Grecs réfugiés de Constantinople, auréolés du prestige de l'hellénisme puisé aux bonnes sources, rehaussait encore le prestige de cette cour où vint également, pour un bref séjour, Marsile Ficin, le philosophe florentin traducteur de Platon qui dédia au duc Frédéric plusieurs de ses ouvrages, le second livre de son *Epistolario,* sa traduction du *Politique* et, en 1481, un petit traité sur l'astrologie.

Dès qu'il devint seigneur d'Urbin, le duc souhaita transformer en palais le vieux château des Montefeltre ; au cours des travaux il fut englobé dans l'ensemble architectural qui existe aujourd'hui. Lorsque arriva Francesco di Giorgio, en 1477, le château se dressait déjà au-dessus de la ville : il n'y apporta que des aménagements complémentaires et c'est à tort que Vasari lui attribua l'ensemble de l'œuvre. Deux campagnes de travaux s'étaient déjà déroulées ; la première, aux environs de 1450, concerne l'aile orientale du château, celle que l'on découvre lorsqu'on aborde le château ducal par le haut de la ville : longue façade horizontale et sévère, de plain-pied sur la rue, égayée seulement par une succession de baies géminées très influencées par la première Renaissance florentine : l'effet reste quelconque et le goût du duc ne s'est pas encore affirmé. Il cherche partout un architecte, particulièrement en Toscane « où se trouve la fontaine des architectes », et finalement le découvre à Mantoue en la personne de Luciano Laurana. Dans le préambule de la lettre patente par laquelle il engage Laurana, en juin 1468, le duc précise ses préférences pour ceux qui ont étudié les antiques et les modernes et possèdent ce noble art de l'architecture, basé sur l'arithmétique et la géométrie qui font partie des sept arts libéraux. Pour lui, comme pour les humanistes florentins, l'architecture n'est pas seulement au sommet des arts, mais au sommet de l'activité intellectuelle. Le passé de cet architecte dalmate reste cependant mystérieux. Les plans du château étaient certainement bien avancés lorsque Luciano Laurana fut nommé chef de chantier en 1468. A cette époque, Alberti était familier de la cour d'Urbin, et Piero della Francesca la fréquentait aussi : tous deux ont certainement exercé une

*Vespucci et l'Amérique.* Gravure de Théodore Galle, 1589. Un siècle après la découverte, Colomb est absent. C'est Vespucci qui porte la croix, la bannière et l'astrolabe, et donne son prénom au nouveau continent. Le hamac est américain. A l'arrière-plan, un repas de cannibales. *(Roger-Viollet.)*

Thomas More. L'humaniste anglais qui devait périr sur l'échafaud, victime de sa foi et de Henry VIII, a créé dans *Utopie* (1516) le personnage de Raphaël Hythlodée, compagnon de Vespucci, qui fait le tour du monde *avant* Magellan et El Cano. More connaît Vespucci, mais ignore Colomb. *(Hachette.)*

Nicolas Copernic. Le génial savant polonais, étudiant à Cracovie en 1492, fait allusion en 1541, dans son *De Revolutionis Orbis Terrarum,* à la découverte de l'Amérique. Il ignore totalement Colomb ! *(Hachette.)*

Ces deux scènes correspondent à deux épisodes de la guerre de Grenade dont les 54 magnifiques stalles sculptées sur bois au chœur de la cathédrale de Tolède par Rodrigo Aleman en 1495 racontent l'histoire. L'une représente la prise d'Alhama, forteresse maure, en 1482, premier grand fait de la guerre, et l'autre l'entrée des Rois catholiques dans Grenade, le 2 janvier 1492. *(D.R.)*

Boabdil, le dernier roi Nasride de Grenade, qui remit les clés de la ville aux Rois catholiques le 2 janvier 1492. *(D.R.)*

Mariage de Charles VIII et d'Anne de Bretagne (13 décembre 1491). Anne, sacrée à Saint-Denis le 8 février, est entrée à Paris le 9 février 1492. *(Hachette.)*

Laurent de Médicis à la fin de sa vie (1448-1492). L'homme symbole de la Renaissance florentine et qui a su maintenir jusqu'à sa mort l'équilibre politique de l'Italie. *(B.N., médaille.)*

Ludovic Sforza, dit le More, époux de Béatrice d'Este, oncle et tuteur de Gian Galeas auquel il succéda comme duc de Milan après la mort de celui-ci (1495). Homme fort du duché, il voulut faire de Milan l'égale de Florence. *(D.R.)*

*La Vierge au chancelier Rolin.* Ce célèbre tableau de Jan Van Eyck laisse apparaître dans ses trois arcatures la ville de Liège qui accède enfin à un statut de neutralité en 1492. Au premier plan et au centre, le symbole du paradis. *(Giraudon.)*

Hercule d'Este, duc de Ferrare (1433-1505), père d'Isabelle et de Béatrice, réalisateur de l'« agrandissement » de Ferrare, l'un des programmes urbains les plus remarquables de la Renaissance. *(B.N.)*

Vigevano, lieu de naissance de Ludovic le More, agréable petite ville proche de Milan, dont la magnifique place au décor peint (aujourd'hui à demi effacé), dessinée par Bramante, servait de cadre aux fêtes des Sforza. *(D.R.)*

Synagogue du Transito, l'une des deux synagogues conservées de Tolède, l'autre étant celle de Santa Maria la Blanca. Le Transito offre au regard extérieur une apparence banale mais les inscriptions hébraïques et le plafond de mélèze de la salle intérieure sont d'un grand intérêt. *(Roger-Viollet.)*

Coupole du Dôme de Florence, d'une grande hardiesse, élevée par Brunelleschi de 1420 à 1436, dont les contemporains jaloux attendaient vainement la chute. *(D.R.)*

Urbin, l'une des plus étonnantes villes de l'Italie de la Renaissance, portée à son apogée par le duc Frédéric de Montefeltre, patrie de Bramante et de Raphaël. *(B.N.)*

Les tourelles du château d'Urbin qui apparaît au centre de la gravure et dont la topographie pentue du site accentue la verticalité. *(D.R.)*

Façade de la Chartreuse de Pavie, « immense mise en scène de marbres polychromes », dont les travaux battaient leur plein en 1492. *(D.R.)*

*Le Printemps* de Sandro Botticelli (aujourd'hui aux Offices), un des plus célèbres tableaux de la Renaissance, destiné à une élite intellectuelle... mais qui autorise plusieurs lectures. *(Giraudon.)*

Autre toile célèbre de Jan Van Eyck, signée et datée, celle des *Epoux Arnolfini,* Lucquois installés à Bruges, dont la composition savante doit tout au miroir convexe qui renvoie aux spectateurs l'image des témoins placés face aux époux, hors du champ du tableau. *(D.R.)*

Cène qui se trouve au centre du merveilleux retable de Gil de Siloe (sans doute Anversois), à la Chartreuse de Miraflores, près de Burgos, dont on dit qu'il fut doré avec le premier or d'Amérique. *(D.R.)*

Kremlin, réalisation de longue haleine (1475-1499) de plusieurs architectes milanais attirés à Moscou par Ivan III : successivement Fioravanti, Marco Ruffo, Pietro Antonio Solario, Alivisio... *(Hachette.)*

Cette toile célèbre d'Alejo Fernandez où s'exprime la piété mariale des Découvreurs que la Vierge abrite sous son manteau, se trouve dans l'un des salons de l'Alcazar de Séville où elle a fait retour après un passage à Madrid. A gauche : Christophe Colomb. A droite : les frères Pinzon. *(Hachette.)*

Cette gravure évoque l'univers fantasmatique des marins où se mêlent la crainte des monstres et les rêves érotiques peuplés d'amazones et de naïades. *(D.R.)*

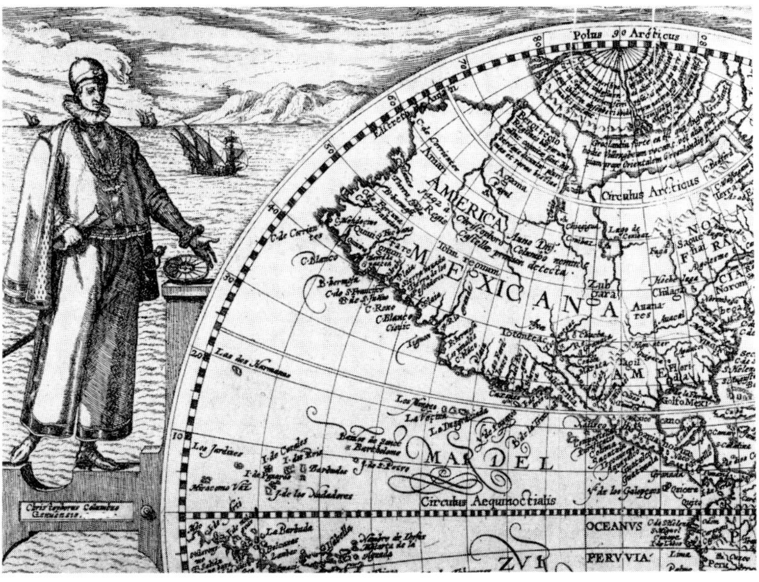


Colomb découvre le continent à l'embouchure de l'Orénoque (1502). En fait, il est presque certain que Colomb a découvert l'Orénoque dès son deuxième voyage au cours d'une expédition restée secrète à partir de Saint-Domingue. Ce fleuve a joué un grand rôle dans les représentations de Colomb car il considérait qu'il descendait du paradis terrestre. *(D.R.)*

Cette gravure de Théodore de Bry (1595), l'un des créateurs de l'imaginaire américain, suggère les amours exotiques des découvreurs, dont l'un des héritages devait être la syphilis. *(Hachette.)*

Luther brûle la Bulle sur la place de Wittemberg (10 décembre 1520). C'est à Wittemberg que Luther avait affiché sur les portes de l'église ses 95 thèses en 1517. Le geste représenté ici marque l'escalade du conflit avec Rome puisque Luther détruit par le feu la bulle *Exsurge Domine* qui l'excommunie : la rupture de la Chrétienté latine est consommée. *(Hachette.)*

Les janissaires traversent la Drave. Les années 1520 correspondent à la ruée des Ottomans en Europe centrale : ils vont déferler sur la Hongrie, conquise après Mohacs (1526) et aller mettre le siège devant Vienne en 1529. *(D.R.)*

Cortez déjeune avec les ambassadeurs de Moctezuma. La conquête du Mexique par Cortez (1519-1522) va révéler l'étendue et les richesses du nouveau continent. On se souvient de ce que le souverain aztèque avait envoyé au-devant des nouveaux venus des ambassadeurs pour jauger leurs intentions et leurs forces... Ils furent très vivement impressionnés par les chevaux, les arquebuses et les bombardes... *(Hachette.)*

influence décisive dans les choix architecturaux retenus. Le duc passait aussi pour avoir des compétences en matière d'architecture ; à qui attribuer la conception de ce corps de bâtiment projeté en avant, face au couchant au sommet d'une colline, des deux tourelles effilées surmontées de clochetons qui encadrent la façade allégée par trois étages de baies de part et d'autre de trois loggias superposées ? Le palais ducal surgit dans toute son ampleur, flanqué au nord par la cathédrale, au-dessus des damiers de tuiles rouges dessinés par les toits des maisons étagées sur le versant et ses murs de briques s'illuminent au soleil couchant.

A cette époque, les architectes rêvaient de cités idéales et les préférences de Francesco di Giorgio, dans son traité d'architecture, vont au plan radioconcentrique ; il admet cependant que le plan d'une ville doit s'adapter au site et que la première préoccupation de l'architecte doit être de tirer le meilleur parti du terrain : idée d'évidence, pour qui a découvert le château-palais d'Urbin inséré dans son contexte urbain. C'est à Urbin que l'architecte siennois mena à bonne fin son traité d'architecture civile et militaire dédié au duc Frédéric. Il décrit le plan d'aménagement des palais, avec des cours intérieures, des galeries couvertes et tout le luxe que pouvaient s'offrir les classes aristocratiques ou les riches bourgeois : autant de modèles qui s'imposaient à lui. Luciano Laurana avait déjà édifié le *cortile* d'honneur, un des plus harmonieux de la Renaissance italienne, achevé peu après 1474 : il réalisa là un chef-d'œuvre de pureté architecturale. Deux étages : à l'étage inférieur, les arcs de travertin blanc des cinq portiques, sur chaque côté, prennent naissance d'abondants chapiteaux corinthiens soutenus par des colonnes de pierre blanche ; dans les écoinçons, entre les arcs, des médaillons. À l'étage, des pilastres prolongent la même architecture et alternent avec des fenêtres très simples ; dans les angles, sur toute la hauteur, des pilastres doubles soulignent l'articulation géométrique de l'ensemble : et partout, le même jeu de couleurs, briques rouges et travertin blanc.

Le duc Frédéric n'apprécia-t-il pas assez son architecte dalmate ? Sans que nous en connaissions la raison, celui-ci quitta Urbin en 1472. Cinq ans plus tard, Francesco di Giorgio reprenait le chantier. Il s'attacha à donner une unité stylistique à l'ensemble du palais, éleva du côté ouest un jardin suspendu plein de fantaisie et à l'est, au-dessus d'un nouveau *cortile,* une crypte qui devait être surmontée d'un édifice rond destiné à servir de mausolée. En 1482, à la mort du duc, celui-ci n'était pas encore construit et le duc demandait dans son testament qu'on édifiât, sur une colline proche, l'église de Saint-Bernardin. Francesco di Giorgio en entreprit tout de suite la construction : elle est très sobre, marquée par l'influence florentine — une courte nef articulée sur un chœur composé comme un plan central —, et abrite les tombeaux de marbre noir des ducs Frédéric et Guidobaldo.

Lorsque Francesco di Giorgio arriva à Urbin, en 1477, le duc était entouré d'artistes, invités de toutes les régions d'Italie et de tous les pays d'Europe. Aux décorations de stuc et de marbre, frises et ornements des embrasures et des cheminées, s'activent depuis plusieurs années l'atelier toscan de Domenico Rosselli et l'atelier lombardo-vénitien d'Ambrogio Barocci ; les portes deviennent compositions de marqueterie.

Le duc a voulu faire appel aux virtuoses de la peinture à l'huile, il a invité l'un de ces Flamands qui connaissent le secret des tableaux lumineux et calmes : Juste de Gand (Joos Van Wassenhove) est à Urbin depuis 1472 ; le Castillan Pedro Berruguete, très proche du style nordique, est arrivé en 1475. Tous deux ont travaillé avec Melozzo da Forli, élève de Piero della Francesca, avant son départ pour Rome en 1476, et avec Bramante, né dans un village tout proche d'Urbin, mais qui s'est fixé à Milan en 1477. Piero della Francesca est devenu l'un des familiers du duc depuis 1466 et lui a dédié son traité sur la perspective en 1475 ; le Florentin Paolo Uccello, esprit bizarre, obsédé de mathématiques, toujours en recherche, a été également appelé à Urbin en 1467 : il avait déjà près de soixante-dix ans. Ces artistes réalisèrent, à l'ombre du mécénat éclairé du duc Frédéric, quelques-uns de leurs chefs-d'œuvre.

Piero della Francesca avait été pressenti pour réaliser le panneau principal du retable de l'église du Corpus Christi d'Urbin : la confrérie de la Sainte-Croix proposa ensuite la commande à Paolo Uccello, mais son projet n'emporta pas l'adhésion des donateurs qui lui préférèrent Juste de Gand ; celui-ci réalisa en 1474 *la Communion des Apôtres ;* Paolo Uccello peignit cependant à Urbin la prédelle de la *Légende de l'hostie profanée,* qui faisait partie du retable commandé. Cette œuvre de taille réduite, presque une miniature, raconte la légende de façon narrative en épisodes successifs, alors que, pour rendre les volumes et la matière, l'espace et la lumière, à sa manière qui préfigure le cubisme et choqua ses contemporains, cet artiste avait besoin de grands espaces de liberté. La prédelle d'Urbin est une de ses dernières œuvres. Urbin inspira à Piero della Francesca *la Madona de Senigallia,* qui évoque l'art flamand, et *la Flagellation du Christ,* une composition très italienne où l'artiste déploie les constructions savantes du théoricien des mathématiques, en développant deux perspectives sur la même toile derrière deux groupes de personnages, l'architecture d'un palais de la Renaissance et celle d'une ville. Cette œuvre exprime son talent : ses recherches en mathématiques et sur la perspective lui permirent d'atteindre la perfection des formes, un accord rigoureux entre les images architecturales de ses décors, et les images humaines qu'il rendit graves, solennelles et impassibles en les dépouillant de toute émotion. « Son art noble, serein, limpide, est lié par nature à Urbino[1]. »

Raffaello, le fils de Giovanni Santi, peintre d'Urbin honorable et abondant, ouvrit ses yeux d'enfant sur ces chefs-d'œuvre. Sa carrière de peintre ne se déroula pas à Urbin, mais son talent s'y éveilla et son souvenir flotte dans la ville : son visage, livré par l'autoportrait des Offices, retrouvé dans celui du prophète Daniel sous le pinceau du Pérugin au collège des Changes de Pérouse, apparaît soudain sous les traits d'un ange de l'Annonciation sculpté sur bois au palais d'Urbin; ressemblance fortuite, mais qui impose ici la présence idéalisée du jeune peintre.

Toutes les valeurs humanistes de la Renaissance et leur expression artistique s'expriment dans le *studiolo* du duc Frédéric qui était terminé, comme en témoigne une inscription sur la cimaise, depuis un an à peine lorsque Francesco di Giorgio arriva à Urbin. C'est, au cœur du château, à côté de la chambre à coucher du duc, une petite pièce close, aux parois entièrement marquetées sur

1. Bertrand Jestaz, *l'Italie de la Renaissance. Un monde en mutation, 1378-1494,* Fayard, 1990, p. 222.

deux mètres de hauteur, puis recouvertes de portraits, où rien ne pénètre du dehors, pas même la lumière qui vient d'en haut, obliquement.

Tout le monde intérieur du duc apparaît, grâce à des trompe-l'œil en marqueterie sur des architectures urbaines, des paysages, des natures mortes aux fruits ou des animaux, sur des armoires entrouvertes où s'entassent livres, instruments de musique, luth, guitare et petit orgue, instruments d'astronomie, une clepsydre, une sphère armillaire, sur des niches sculptées habitées de figures allégoriques telles les trois vertus théologales. Sur la partie supérieure, tous les maîtres à penser du duc étaient représentés en vingt-deux tableaux : dans le panthéon personnel du duc se concilient l'admiration pour l'Antiquité et la foi chrétienne en un syncrétisme harmonieux : savants, philosophes, poètes grecs et romains (Euclide, Aristote, Ptolémée, Platon, Sénèque, Cicéron, Homère, Virgile, Boèce...) voisinent avec les quatre Pères de l'Église et saint Thomas d'Aquin. Du Moyen Âge, Frédéric a gardé les grands humanistes, poètes et philosophes : Dante, Pétrarque, Duns Scot et Albert le Grand. Le présent rejoint le passé car les amis personnels sont présents, Vittorino de Feltre, le maître de Mantoue, le cardinal Bessarion, cet inlassable défenseur de l'union intellectuelle entre Orient et Occident, et les papes Pie II et Sixte IV. Tout l'univers de ce prince de la Renaissance est représenté ou symbolisé ici. Il est lui-même présent sur l'un des tableaux de marqueterie, tenant sa lance tournée vers le sol, « présidant aux œuvres pacifiques ».

L'attribution des portraits historiques reste difficile. D'après Vespasiano de Bisticci, le « libraire » florentin, ami du duc, qui rassembla pour lui près de sept à huit cents manuscrits, ils seraient l'œuvre d'un peintre flamand ; et selon un historien espagnol du XVIe siècle, celle d'un peintre espagnol ; Juste de Gand et Pedro Berruguete sont ainsi tous deux attestés, et, à bien étudier les styles, deux mains différentes se distinguent, saint Augustin, par exemple, serait l'œuvre du Flamand et Platon celle du Castillan, et peut-être y eut-il un troisième auteur. Des certitudes pour les panneaux de marqueterie : ils ont été réalisés par Baccio Pontelli, menuisier florentin, et son atelier, probablement, selon André Chastel, préparés à Florence et montés à Urbin. La vogue des décors de marqueterie se développa à Florence vers la moitié du XV$^{e}$ siècle ; la marqueterie, c'est l'art abstrait par excellence, et il y a des correspondances entre le travail des marqueteurs qui découpent et ajustent comme les pièces d'un puzzle, des éléments géométriques et les recherches des peintres et des architectes passionnés de géométrie et de perspective, Brunelleschi, Alberti, Piero della Francesca, Paolo Uccello.

Reste le mystère de la *Vue de la Cité idéale* du palais d'Urbin. Quel en est l'auteur ? À quelle date ? Est-ce une illustration du traité sur la perspective de Piero della Francesca ? Une esquisse pour une scène théâtrale, un simple décor ? Ou « le rêve d'une cité idéale où tout ne serait qu'ordre et beauté », une « utopie » dans laquelle l'auteur projeta ses rêves d'anticipation ? L'inspiration est nettement renascentiste : une place au premier plan, et un temple circulaire de conception platonicienne à la porte entrouverte, invite à pénétrer dans le Saint de ce monde ordonné, abstrait, inhabité et mystérieux. De part et d'autre du temple, les perspectives de deux rues rectilignes fuyant jusqu'aux collines qui enserrent la ville. Les rues sont bordées par les façades des palais, fortement rythmées par la répétition des arcades du rez-de-chaussée et la superposition des ordres antiques. Luciano Laurana ? Francesco di Giorgio Martini ? Piero della Francesca ? Bramante ?

### 4) Milan, la cité dont le prince est un parvenu

« Je veux que tu écrives une grande histoire de Milan. Tu raconteras l'époque des Visconti, puis celle des Sforza et ton récit culminera sur les splendeurs de mon duché. Je veux que ton talent fasse naître une histoire qui égale celle de Thucydide et de Tite-Live. » Ainsi Ludovic le More passe-t-il commande auprès de Giorgio Marula, un érudit local qui connaissait les auteurs antiques et jouissait à l'époque d'une excellente réputation. Dix ans plus tard, la grande œuvre est encore en chantier ; Ludovic, furieux, dessaisit l'auteur et confie la tâche à un écrivain mondain, Tristano Calco, qui critique son prédécesseur et ne fait rien de bon. L'histoire de Milan est enfin menée à bien en 1503 par Bernardo Corio : une œuvre qui ne s'est pas imposée à la postérité malgré le souhait exprimé par Ludovic Sforza.

Mais bien plus que le sort de cet ouvrage, c'est l'objectif du commanditaire qui retient notre attention et la façon dont il l'exprime. Il s'agit d'une opération de propagande politique. Ludovic recherche la gloire pour sa ville — le civisme, cette valeur morale et politique si vive à Florence fait défaut à Milan où la seigneurie personnelle des ducs n'a pas mobilisé les esprits et créé une unité morale ; la gloire pour sa famille — les Sforza, ces *condottieri* sont des princes, ou plutôt des ducs, de fraîche date ; et surtout pour sa personne. Car, à la différence de Laurent de Médicis, Ludovic a conquis de haute lutte sa position dans le duché de Milan : ni la fortune, ni le pouvoir, ni la gloire ne lui furent assurés au berceau. Par référence à des auteurs classiques, obligatoire dans l'esprit du temps, il demande que soit exalté son prestige personnel, il doit devenir le héros de l'histoire de Milan et les splendeurs de son duché affirmeront sa supériorité ; car l'art et la culture, pour lui comme pour les princes italiens de ce siècle, soutiennent la politique.

Né au château de Vigevano le 27 août 1452, Ludovic Maria Sforza, appelé le More, un surnom qu'il adopta, était le cinquième fils du célèbre *condottiere* Francesco Sforza qui avait épousé, en 1441, Bianca Maria, fille du duc de Milan Filippo Maria Visconti. Le dernier des Visconti n'eut pas d'enfant mâle ; ainsi les Sforza succédèrent-ils aux Visconti après l'éphémère intermède de la République ambrosienne qui donna l'illusion d'une renaissance du vieux pouvoir communal. Le *condottiere* s'était taillé une réputation de grand homme de guerre, tantôt au service de son beau-père, tantôt au service du pape — Eugène IV le nomma vicaire de la papauté dans la marche d'Ancône, et gonfalonier de l'Église —, tantôt à celui des Florentins qui l'avaient choisi comme général en chef : pour eux, il remporta en 1442 la victoire d'Anghiari... contre Piccinino, chef des mercenaires du duc de Milan. Galleazzo Maria succéda à son père Francesco en 1466 et, lorsqu'il mourut assassiné en 1476, son fils Gian Galeazzo, huit ans, fut porté au pouvoir sous la régence de sa mère, Bonne de Savoie. C'est alors que Ludovic lâcha la bride à son ambition, trama une conjuration qui éclata en 1480 : Sicco Simonetta, conseiller de Bonne de Savoie, est éliminé par mort violente et la régente, réduite à merci, choisit officiellement comme tuteur de Gian Galeazzo, son oncle Ludovic ; il devient le maître du duché.

En 1492, Ludovic le More n'a que le titre de duc de Bari qu'il a repris à la mort d'un de ses frères. Gian Galeazzo est le duc en titre. Mais cet homme sans volonté, attiré par la chasse, le vin et les plaisirs, dont Commynes dit qu' « il estait de petit sens », est entièrement dominé par son oncle ; il s'est même dit longtemps, sans grande preuve, que l'oncle avait fait empoisonner lentement son neveu. Ce n'est que le 26 mai 1495, après la mort du duc Gian Galeazzo, à l'âge de vingt-sept ans, que Ludovic Sforza reçut, au cours d'une cérémonie au *Duomo* de Milan, en présence de deux représentants de l'empereur Maximilien, l'investiture du duché.

Philippe de Commynes qui accompagna le roi Charles VIII dans sa campagne d'Italie et fut son ambassadeur à Venise, a connu les riches villes de la péninsule, Florence, Naples, Pise, Rome et la Sérénissime, mais il garda son admiration pour le duché de Milan. « Jamais ne vis plus belle pièce de terre, ne de plus grant valeur », écrit-il ; en regrettant que les impôts y soient si lourds, il ajoute : « C'est là grande tyrannie; aussi le peuple ne demande que mutation de seigneur. » C'est dire en peu de mots la puissance de Milan, l'attrait que la ville exerce et la fragilité du prince qui la gouverne ; c'est suggérer que le duché tomberait facilement aux mains de qui voudrait s'en emparer. De fait, lorsque Ludovic sera balayé par la conjoncture internationale dont il avait été l'un des instigateurs, il ne sera soutenu ni par la population milanaise, ni par l'aristocratie, peu attachées à la dynastie ducale, malgré le grand éclat donné à la ville par le dernier des Sforza, de 1480 à 1499.

Dans un pays où la compétition entre villes est très vive, il y a bien deux siècles, et plus, que Milan est la grande place commerciale d'Italie du Nord : sa population atteint, en 1492, 91 500 habitants, sa monnaie d'or, l'*ambrogino*, symbolise dès le XIIIe siècle l'essor économique de la ville. Les marchands lombards sont présents dans toutes les villes italiennes, ils contrôlent les routes des cols alpins dès qu'elles sont ouvertes, en 1255, par le Simplon et le Saint-Gothard, et entrent en relation avec les places de l'Europe du Nord. Dans la fabrication et la commercialisation des armes, les Milanais ont acquis une réputation européenne, les boutiques de la rue des Armuriers, la plus célèbre de la ville, sont leurs vitrines ; les industriels du textile (draps, toiles, velours, brocards d'or) connaissent la prospérité et ceux qui tissent la soie rivalisent avec Florence. Ajoutons le travail des bijoux, celui des peaux... Marchands et industriels tenaient la place bien avant les princes régnants et leur doivent bien peu. Tout au plus les Visconti et les Sforza se sont-ils efforcés d'accompagner, de favoriser l'économie milanaise : Filippo Maria Visconti interdit l'introduction à Milan des tissus étrangers, y compris, bien entendu, ceux de Florence, et son successeur, Francesco Sforza, suivit la même politique. Les ducs écrasèrent-ils d'impôts leurs sujets, comme le remarque Commynes ? Francesco Sforza entreprit, il est vrai, une importante réforme fiscale : il supprima des immunités, veilla à une meilleure répartition des impôts pour assurer au duché des rentrées régulières qui permirent le paiement des gens de guerre et la politique de grands travaux. Comment de telles mesures auraient-elles pu être populaires ? Elles furent mal supportées.

En matière d'aménagement rural, l'action des Sforza fut beaucoup plus déterminante et de notoriété publique. Il est vrai que Ludovic le More enrôla comme ingénieur chargé de travaux sur les fleuves et les canaux l'homme aux talents multiples, Léonard de Vinci. Celui-ci fit de hardies propositions de galeries souterraines, ses dessins en témoignent, sans que nous sachions quelles furent, exactement, ses contributions. Les Sforza poursuivirent les grands travaux de domestication des eaux dans la plaine alluviale de basse Lombardie, entre Adda, Tessin et Pô que Bénédictins et Franciscains avaient déjà entrepris au XII^e^ siècle. Les travaux du *naviglio grande,* fleuve artificiel long de près de cinquante kilomètres, étaient achevés en 1257 : les eaux du Tessin arrivent à Milan et servent à la navigation et à l'irrigation. En 1456, Francesco fit creuser sur plus de trente kilomètres le canal de la Martesana qui apportait à Milan les eaux de l'Adda. Ludovic relia les deux canaux en résolvant par six écluses le problème posé par la différence de niveaux. En 1481 il confia à l'ingénieur Antonio Brivio un dernier perfectionnement : doubler le cours de l'Adda sur sa partie non navigable par un canal latéral. Ces aménagements étaient aussi favorables à la ville qui expédiait par voie d'eau vers le Pô et Ferrare ses pièces d'artillerie et recevait du blé, du bois et du fer, que pour la campagne : bien drainée et bien irriguée, elle devint extrêmement fertile ; mûriers sur les terrasses légèrement élevées, au-dessous de riches herbages — fourrages artificiels et prairies irriguées ont permis les progrès décisifs de l'élevage —, et dans les zones basses, les rizières où les riches Milanais commencent à investir. Le riz, venu d'Espagne, fut introduit en Lombardie dans le dernier tiers du XVe siècle.

Il est vrai que les Sforza et Ludovic le More exercèrent une influence plus grande sur la vie intellectuelle et artistique de la cité. N'exagérons pas toutefois le rôle personnel de Ludovic, n'attribuons pas à son seul mécénat et à l'éclat de sa cour l'essor artistique du duché.

Longtemps, durant le Quattrocento, on a construit, sculpté, peint à Milan dans le respect des traditions lombardes. Lorsqu'elles se font sentir, les influences de l'extérieur viennent du Nord, d'Allemagne et des Flandres. La construction de la cathédrale est significative à cet égard : en 1492, le chantier dure depuis un siècle. Il a été lancé par des architectes français et allemands, d'autres se sont succédé et l'édifice n'a rien du style nouveau lorsqu'en 1481 la mort de l'architecte Guiniforte Solari interrompt encore les travaux. Il faut alors couvrir d'un dôme la croisée du transept et le projet romano-gothique, laissé par Solari, soulève quelques reserves ; les suggestions d'un architecte strasbourgeois, appelé à grands frais, ne furent pas davantage retenues et on décida de consulter les grands architectes italiens qui se trouvaient à Milan : Bramante, Francesco di Giorgio, et Léonard de Vinci ; cinq projets furent soumis à leur examen et Bramante retoucha dans le sens de la modernité celui qui fut accepté, en supprimant les arcs-boutants qui soutenaient le dôme. Mais celui-ci se trouva enchâssé, dissimulé dans l'édifice gothique de façon à ne pas en briser l'harmonie.

Les constants échanges commerciaux entre Milan et les Flandres suffisent-ils à expliquer la longue prépondérance de l'influence de la peinture flamande dans la cité lombarde ? Les Milanais manifestèrent longtemps un goût naturel pour l'art flamand : un peintre, appelé Pierre de Bruges, est attesté à la cour des Sforza et Zanetto Bugatto, peintre de cour, est invité à travailler dans l'atelier de Rogier Van der Weyden. Cependant, après 1450, au temps de Francesco Sforza, les Florentins font leur entrée à la cour de Milan. Pigelo Portinari, directeur de la banque Médicis de Milan, fut un actif propagandiste de l'art nouveau : la chapelle qu'il fit élever, attribuée peut-être à tort à Michelozzo, est d'une influence florentine certaine.

Dans les deux dernières décennies du siècle, l'art éclata à Milan et dans le duché, à Pavie, Vigevano, Lodi, Cremone, Plaisance... Ludovic Sforza réussit, il est vrai, un coup de maître en attirant auprès de lui deux parmi les plus grands artistes de l'époque, Léonard de Vinci et Bramante. Léonard de Vinci proposa lui-même ses services à Ludovic Sforza, la lettre qu'il lui adressa en 1482 est célèbre : il y expose tous ses talents, se présente comme un ingénieur civil et militaire qui sait construire des machines de guerre, des bombardes nouvelles, des chars couverts, sûrs et inattaquables mais aussi des ponts et amener l'eau d'un point à un autre, il est architecte, sait exécuter des sculptures en marbre, en bronze et en terre cuite, et enfin, il sait peindre : « Même en peinture, mon œuvre peut égaler celle de n'importe qui », écrit-il. Il propose à Ludovic Sforza d'entreprendre l'exécution d'un cheval de bronze, en hommage à la mémoire de son illustre père. C'est pour qu'il sculpte ce cheval que Ludovic engagea Léonard de Vinci.

Il avait alors trente ans. Né près de Florence, il se forma dans la cité toscane auprès de Verrochio, lui-même peintre, sculpteur et fondeur. Cet homme curieux de tout a acquis, au contact des savants qu'il a rencontrés à Florence, un savoir extrêmement large qu'il a lui-même approfondi. Mais sa forte personnalité s'adapta mal à l'esprit du cercle des lettrés et des humanistes de l'entourage médicéen ; Laurent favorisa certainement le départ de Léonard vers la cour de Milan. Il est difficile de cerner les réalisations de Vinci à Milan. Du cheval, il ne fit que le modèle en terre, une œuvre colossale de huit mètres de haut qu'il ne coula jamais dans le bronze. Dans une lettre adressée en 1489 à Laurent de Médicis, le More disait : « Ce maître Léonard est un génie, mais, comme tous les génies, il est instable. Les dessins du monument équestre sont sublimes, mais la réalisation en est pauvre », et il demandait au Magnifique de lui envoyer un autre sculpteur capable de mener à son terme le projet du cheval. Léonard participa aux discussions d'architectes, sur le dôme de Milan et sur celui de Pavie, exerça des activités d'ingénieur, difficiles à préciser, fut l'ordonnateur des fêtes du palais ducal. Ses activités de peintre semblent avoir été secondaires ; il n'était peintre que d'occasion et ses œuvres milanaises sont peu nombreuses : *la Vierge aux rochers,* commande d'une confrérie, en 1483 ; *la Dame à l'hermine,* en 1490, peut-être un portrait de Cecilia Gallerani, l'amante de Ludovic, dont l'attribution reste cependant incertaine et enfin, *la Dernière Cène,* qu'il réalisa à la demande de Ludovic de 1495 à 1497 pour le couvent des Dominicains. Œuvre admirable, qui provoqua l'enthousiasme immédiat des contemporains. Mais on sait que Léonard utilisa un support qui ne résista pas au temps et à l'humidité du mur et qu'elle se dégrada très vite.

Donato Bramante, originaire de la région d'Urbin, arriva à Milan aux environs de 1480, peu avant Léonard de Vinci. Il y resta comme lui jusqu'en 1499, lorsque s'éteignirent les fastes de la cour, à la chute du duc Ludovic. Sa première œuvre, la construction de l'église Santa Maria presso San Satirio, lui fut commandée en 1483 par une confrérie : l'espace était restreint et cette contrainte poussa l'artiste à suggérer un prolongement au-delà du transept, à représenter un chœur en trompe-l'œil grâce à sa maîtrise des lois de la perspective. Ainsi sa venue à Milan valut-elle à la ville sa première église de style Renaissance

À partir des années 1490, nombre de chantiers d'envergure furent lancés à Milan, tant civils que religieux, dont il assura très souvent la direction. Nous avons déjà évoqué ses réalisations à Vigevano, ce bourg sur les rives du Tessin, auquel Ludovic resta toujours si attaché : Bramante restaura l'ancien château des Sforza où étaient nés Ludovic et son père Francesco, édifia en 1492 une nouvelle place à arcades, à l'ombre du château, construisit une solide maison forte, résidence de chasse de la famille ducale auprès de la Sforzesca, une ferme modèle où étaient expérimentées les cultures nouvelles qui s'étendaient ensuite à la basse Lombardie. Entre Milan et Vigevano, à Abbiategrasso, Bramante éleva également l'église Santa Maria Nuova dont l'arc de la façade repose sur deux ordres de colonnes, expression très pure de l'architecture Renaissance.

À Pavie, Ludovic souhaita, en 1488, terminer la façade de la chartreuse. Le monastère avait été fondé en 1396 par Gian Galeazzo Visconti qui souhaitait faire de l'église le mausolée de sa famille. Les Sforza en 1450 confièrent aux Solari, Giovanni et son fils Guiniforte, le soin de reprendre la construction de l'église qu'ils élevèrent selon la conception traditionnelle de style lombard, et celle du monastère : le petit cloître, entre 1462 et 1472 et, en 1478, le grand cloître décoré de motifs en terre cuite, sur lequel s'ouvrent vingt-quatre maisonnettes de moines.

Restait la façade de l'église : les travaux commencèrent en 1491. C'est une immense mise en scène de marbres polychromes dans laquelle prennent place statues de saints, scènes historiées et médaillons à l'antique. Ce qui frappe, c'est l'horizontalité de l'ordonnancement, deux étages dans lesquels les registres se succèdent, tantôt étroits, plinthe avec médaillons à l'antique au niveau du sol, puis piédestal décoré de scènes du Nouveau Testament, tantôt développés : fenêtres géminées, réelles ou fermées par des marqueteries de marbre, surmontées d'encadrements et de frontons très décorés, et enfin, une série d'arcatures aveugles en plein cintre. Cette disposition à quatre temps se répète au second étage, moins décoré, où l'ouverture de la porte du rez-de-chaussée est rappelée par une grande rosace surmontée d'un fronton. Le rythme vertical est donné par des pilastres creusés de niches qu'habitent des statues et qui divisent l'espace en cinq travées au premier étage et trois au second. La façade ainsi allégée devait être couronnée d'un fronton qui n'a jamais été construit. La complexité de l'agencement de tous ces éléments, les jeux de couleur des marbres, la profusion des sculptures et de la décoration rendent l'ensemble saisissant. Tous les motifs de l'art de la Renaissance sont présents. Mais cette façade, plaquée sur l'édifice et sans rapport avec sa structure, n'est qu'une exposition de motifs disposés dans un but décoratif. Elle est l'œuvre d'Amadeo secondé par Antonio Mantegazza et de bien d'autres maîtres du marbre. Nous sommes ici très loin de l'esprit de Bramante, et de la pureté de ses réalisations.

À l'intérieur de l'église, Gian Cristoforo en 1492 sculpta le tombeau de Gian Galeazzo Visconti, fondateur du monastère, en s'inspirant des formes et des thèmes de la Renaissance : des colonnes très décorées soutiennent des arcs en plein cintre ornés de guirlandes et de médaillons; elles supportent un étage sculpté consacré à la Vierge et délimitent l'espace du sarcophage du duc sur lequel repose le gisant : deux divinités ailées veillent sur lui, la Renommée et la Victoire.

Ludovic confia en 1492 à Bramante le soin de remanier

l'église de Santa Maria della Grazie, construite par Solari dans les années qui précédaient ; il avait choisi de reposer dans cette église et voulait qu'elle « égale en beauté les plus insignes temples de la chrétienté » : Bramante ajouta à la nef une abside ou *tribuna,* un grand carré recouvert d'une coupole à seize pans sur laquelle s'ouvre un chœur rectangulaire : une des plus belles créations de la Renaissance. À la mort de son épouse, Béatrice d'Este, en 1497, Ludovic Sforza fit édifier le tombeau ducal et les deux gisants par Cristoforo Lombardi. Mais, en 1564, les deux gisants furent transférés à la chartreuse de Pavie qui devint ainsi le panthéon des Visconti et des Sforza.

« En quelques années, avec Ludovic, écrit Trotti, ambassadeur du duc de Ferrare, Milan a connu un essor sans précédent. C'est maintenant, avec Venise, l'État le plus riche d'Italie. » Certes, reconnait-il, le More a tendance à confondre facilement les richesses du duché et celles des Sforza... Puissance économique, Milan devient, dans les vingt dernières années du siècle, un centre de culture, d'art et de luxe. Les ambassadeurs constatent ce bond en avant et le portent, non sans raison, au crédit du Prince : ainsi prend forme l'image de Ludovic Sforza, prince éclairé, protecteur des arts et des artistes. La personnalité de Ludovic laisse cependant l'ambassadeur Trotti perplexe : « Un être singulier que ce More, mélange de raffinement et de superstition, d'équilibre et de violence. À n'en pas douter, un personnage doté de grandes qualités, un véritable prince. »

Le prince veille au faste de sa cour : il convient d'éblouir et de surpasser les princes voisins. Déjà, lorsqu'en 1471 le duc Galeazzo Maria et son épouse Bonne de Savoie rendirent visite à Laurent de Médicis, Florence fut envahie par le cortège ducal : 2000 chevaux, suivis de 2000 mulets pour les bagages, tous caparaçonnés aux couleurs des Sforza, dix voitures pour le service de la duchesse, en tête fifres et tambourins, puis les nains et les bouffons, cinquante couples de chiens et enfin les fauconniers, faucon au poing... Florence fut inondée de luxe et de fracas !

La musique offre un bel exemple de cette émulation constamment entretenue entre les cours italiennes. Le duc Galeazzo Maria avait organisé la *schola cantorum* de la chapelle San Donato dont le répertoire était à la fois profane et sacré ; à Milan se rencontraient les trois courants musicaux européens, l'italien, le franco-bourguignon et l'espagnol. Le chef, Gaspard Werbeke, était flamand ainsi que la majorité des vingt-deux chanteurs. Ludovic Sforza ne recula devant aucun moyen pour assurer la renommée de sa chapelle : il chargea Gaspard Werbeke de recruter à prix d'or les meilleurs talents dans les cours voisines, celle des Este, des Gonzague, des Médicis et de la cour pontificale. Il arriva ainsi à soustraire à Laurent de Médicis plusieurs de ses meilleurs musiciens : le Flamand Guillaume de Steynsel et Francesco Mileco passèrent à la cour du More... ce qui provoqua un incident diplomatique.

Les miniaturistes milanais étaient connus dans toutes les cours d'Europe. Déjà sous les Visconti l'art de la miniature, souvent anonyme, avait connu une extraordinaire floraison : Ludovic veilla au maintien de cette tradition artistique. Parmi les miniaturistes de sa cour, il eut une préférence pour Giovanni Pietro Bigaro qui réalisa pour les Sforza quelques chefs-d'œuvre : le *Livre d'or* de Bonne de Savoie, et en 1495, pour le jeune prince Maximilien, fils de Ludovic et de Béatrice d'Este, *le Livre de Jésus,* où sont exposées les bases de l'éducation intellectuelle d'un jeune seigneur. Il travailla en collaboration avec le frère Ambrogio de Predis, élève de Léonard qui réalisa le portrait du jeune prince Maximilien et de son père. Ce miniaturiste situa les scènes de la vie des princes dans des décors milanais, celui des rues et des palais aujourd'hui disparus.

Comment Ludovic Sforza aurait-il pu négliger de manifester son intérêt pour l'humanisme ? Il fit réformer les études universitaires, créer des chaires d'astronomie, de géométrie, de logique, d'arithmétique et de langue grecque qu'il confia aux meilleurs maîtres, tandis que Bartolomeo Calco, secrétaire du duché, ouvrait plus modestement des écoles publiques.

Par son mariage avec la jeune Béatrice, fille du duc Hercule de Ferrare, Ludovic Sforza s'allia à la brillante famille des Este. Isabelle, d'un an plus âgée que sa sœur Béatrice, épouse du *condottiere* Francesco Gonzague, marquis de Mantoue, faisait de très fréquents séjours à la cour de Milan. Les deux jeunes femmes avaient reçu une culture digne de la cour des Este, à laquelle Isabelle ajouta celle de la cour des Gonzague; son goût naturel pour l'art fit le reste : son mécénat, les collections d'antiques qu'elle se plut à rassembler, le *studiolo* qu'elle fit construire au château de Mantoue dans les années 1490-1492, le portrait que fit d'elle, plus tard, le Titien, portèrent haut sa renommée de princesse de la Renaissance. Isabelle était une redoutable épistolière : elle contait à son époux la cour de Milan et ses richesses que Ludovic prenait plaisir à étaler devant ses yeux, les soirées au château et les discussions littéraires au cours desquelles chacun s'enflammait ; on discutait des prééminences : qui était le plus grand capitaine, Alexandre ou César ? le plus grand poète, Homère ou Virgile ? Dante ou Pétrarque ? Boiardo, à Ferrare, avait publié le *Roland amoureux ;* Isabelle tenait pour Renaud et Gian Galeazzo pour Roland, le poète de cour Bellincioni suivait dans ses sonnets les phases de la controverse qui se poursuivait par correspondance après le départ d'Isabelle. Tout le monde, à la cour, même Ludovic, écrivait à Isabelle, l'infatigable animatrice des soirées littéraires du château des Sforza.

À Milan comme à Florence, les fêtes, les tournois, les chasses et les cortèges étaient constants. Fêtes au château, comme celle qui se déroulait chaque année à Noël chez les Sforza : dans la grande cheminée du château la famille ducale posait cérémonieusement sur un feu allumé une grosse bûche spécialement réservée, suivaient un banquet, des jeux et des danses auxquels les Milanais étaient conviés. Fêtes publiques, à l'occasion, par exemple, des mariages princiers. Ils furent nombreux, en ces années 1480, qui eurent leur signification politique et donnèrent lieu à grand déploiement de fastes. Léonard de Vinci en était le grand ordonnateur.

Le 1$^{er}$ janvier 1489, Gian Galeazzo Sforza, duc de Milan, épouse Isabelle d'Aragon, petite-fille du roi de Naples Ferrante. Les fêtes eurent un grand éclat ; le poète de cour Bellincioni en avait prévu la partie littéraire tandis que Léonard avait construit des architectures mécaniquement mises en mouvement. Il avait figuré le Paradis comme un demi-cercle gigantesque et dix-sept planètes tournaient autour, représentées par des hommes qui chantaient les louanges d'Isabelle. Un an plus tard, le 25 janvier 1491, Ludovic le More recevait sa future épouse Béatrice d'Este à Pavie où se déroula la cérémonie nuptiale avant l'entrée triomphale à Milan. Béatrice était arrivée accompagnée de sa mère et de sa sœur, par voie d'eau. Elles avaient remonté le Pô et les canaux presque gelés. Il y eut, entre les cours de Milan et de Ferrare, un échange d'épousées : un mois plus tard, Anne Sforza, sœur de Gian Galeazzo, quittait la cité lombarde pour épouser, à Ferrare, Alphonse d'Este, fils du duc Hercule I^er^.

Comme à Florence, la fête, à Milan, se termina brutalement. En 1499.

Les ambassadeurs à la cour de Milan avaient loué les qualités politiques de Ludovic Sforza : Giacomo Gherardi, nonce apostolique, qui assistait à la cérémonie d'investiture le 26 mai 1495, admira son habileté à se hisser officiellement à la tête du duché alors que le duc Gian Galeazzo avait laissé un héritier. Ils ont rendu hommage au diplomate ; par l'alliance avec Florence et Rome contre Venise, Ludovic le More a su préserver la paix dans le duché et l'équilibre entre les États, cet « équilibre d'égoïsmes aux aguets ». Le rôle d'arbitre est ici attribué au maître de Milan, comme il l'est à Florence à Laurent de Médicis. Mais ces louanges lui ont été décernées avant sa fatale erreur de jugement, son appel au roi de France Charles VIII, en 1492. Nous l'avons vu : la mort de Laurent le Magnifique a provoqué la rupture de l'équilibre italien, preuve qu'il en était bien la pièce maîtresse. Ludovic le More, inquiet de l'hostilité du roi Ferrante à son égard, a incité le roi de France à venir exercer ses droits sur le royaume de Naples... L'ambassadeur milanais Faré se rappelait la recommandation qu'un moine aveugle de l'*Incoronato* adressait à Ludovic, au temps où le roi Charles allait venir en Italie : « Seigneur, ne lui montre pas le chemin, tu t'en repentiras. » La seconde invasion française, celle de Louis XII, balaya le duc de Milan : le roi Louis XII par son aïeule Visconti prétendait avoir des droits sur le duché lombard. La chute de Ludovic Sforza, qui mourut emprisonné au château de Loches, en 1508, sonna la fin du duché et celle de l'indépendance du Milanais. Enjeu des luttes entre la France et les Habsbourg, le riche duché deviendra, pour deux siècles, terre espagnole.

## 5) Les Flandres : d'une autre manière de créer la beauté

Ce foyer éclatant de vie que fut la Flandre pendant trois siècles sombra insidieusement dans le déclin durant la seconde moitié du XVe siècle. La carte commerciale de l'Europe moderne se dessine et le Rhin, nouvelle voie de circulation, la Saône et le Rhône font croître sur leurs rives des centres actifs, Cologne, Francfort, Bâle, Genève, Chalons, Lyon pourvue d'une foire après 1470 grâce au soutien de Louis XI, où les banquiers italiens se sont installés en 1464. Mais ce nouvel axe isole la Flandre dont la croissance est stoppée. La population de Gand, Ypres, Bruges, Courtrai, Bruxelles — ces villes qui ont fondé leur puissance sur l'industrie drapière et le commerce — ne progresse plus et, dans certains cas, décline. La ville de Gand, par exemple, n'a pas su modifier l'organisation traditionnelle de son système corporatif, celui des métiers, alléger les réglementations; elle en appelle au protectionnisme pour préserver ses privilèges quand l'heure est à l'esprit de concurrence. La jeune industrie drapière anglaise, symbolisée par les « Marchands Adventuriers », commence sa dynamique carrière, gagne une grande partie du marché européen, envahit l'Allemagne, aux dépens des draps flamands.

Bruges a connu sa grande époque de 1300 à 1484. Ce sont les étrangers, attirés par de prometteurs profits commerciaux, qui ont porté la ville à son apogée. Ils y ont formé des colonies, des « nations » qui relevaient de consulats, la Hanse, l'Allemagne, Venise, la Catalogne, l'Angleterre, Lucques, Gênes, l'Écosse, Florence, la Castille, le Portugal, Milan et la Biscaye... Les Français, sujets du duc de Valois-Bourgogne, n'étaient pas considérés comme des étrangers. La Bourse est mentionnée dès 1449, les négociants de toutes nations appelés « marchands de la Bourse » s'y pressent, passent des contrats de vente, négocient des lettres de change et des polices d'assurance maritime : les courtiers s'affairent, les notaires dressent les actes. Bruges, un des principaux comptoirs de la Hanse qui domine le commerce du Nord, est au centre des relations commerciales et financières entre les nations d'Europe du Nord et celles du Sud, Italie et Espagne. En 1468, dans une seule marée selon les chroniqueurs, cent cinquante vaisseaux étrangers accostèrent aux quais du port de Bruges. Mais l'avenir de la ville est frappé d'une condamnation sans appel : les courants marins ont déplacé les cordons littoraux et le Zwin s'envase. La ville a engagé de gros travaux pour se libérer de l'asphyxie ; on a tenté des drainages, le creusement d'un nouveau chenal, la construction d'un avant-port. En vain. Peu à peu les marchands étrangers ont déserté les quais de la Reye et les hôtels qu'ils avaient fait construire, les sièges des consulats ont fermé. De plus, la ville s'est mal relevée de son insurrection contre le régent Maximilien d'Autriche, en 1484. Et Bruges, irrémédiablement, s'endort sur son passé.

Anvers s'anime, prend le relais de Bruges. Sa situation sur l'Escaut navigable où passent de plus gros navires, sa réglementation plus libérale sont autant d'atouts. En 1460, une Bourse s'ouvre, où l'on traite sur échantillons ; en 1480 arrive la laine espagnole de la Mesta ; et Bruges, qui tente encore d'emporter le marché de la laine anglaise, jouant le commerce contre l'industrie locale, se fait souffler l'affaire : Anvers devient l'étape des draps anglais. Le transfert des activités de Bruges à Anvers coïncide avec l'éveil de la Hollande : Dordrecht, Rotterdam croissent, et bientôt Amsterdam, encore « bourg aux harengs » où viennent s'installer en 1492 un certain nombre de juifs chassés d'Espagne. Dans l'arrière-pays, à Delft, Berg op Zoom, Leyde, Maastricht, foires et ateliers s'animent et recueillent l'héritage du pays flamand et liégeois.

À cet âge d'or flamand de plus en plus compromis après les années 1480, correspond la grande époque du duché de Bourgogne, cet éphémère et disparate État, entre France et Allemagne, créé par la volonté des ducs Philippe le Hardi, Jean sans Peur, Philippe le Bon et enfin Charles le Téméraire : un siècle d'histoire. Au bloc bourguignon centré sur Dijon, proche des grands axes marchands de l'Europe, s'ajoute la Flandre, riche de villes, de ports, bruissante d'ateliers. Le duché se défit en 1477, avec l'échec des entreprises de Charles le Téméraire, fougueux et imprudent, face à Louis XI, subtil et calculateur, face à l'empereur Frédéric III, à la Lorraine, à la Savoie dressées contre lui, se termina avec sa mort misérable le 5 janvier 1477. Sa fille Marie se heurta tout de suite à l'égoïsme retrouvé des villes flamandes et son mariage avec Maximilien, le futur empereur, orienta vers d'autres destins l'avenir du pays flamand.

Le duc Philippe le Bon, prince modéré et courtois, s'entoura de conseillers honnêtes, tel Philippe Rolin, maître de la diplomatie et des finances, et son long règne, de 1419 à 1467, porta à son apogée l'éclat du duché de Bourgogne. Il sut attirer des chroniqueurs, Georges Chastelain, Olivier de la Marche, pour décrire le faste de la Cour et la magnificence des fêtes dont elle était le théâtre. Comme un prince italien, il eut le souci de sa gloire, se faisant volontiers appeler « Grand duc d'Occident », et tint à montrer qu'il passait pour le prince le plus riche d'Europe. Il fonda l'ordre de la Toison d'or, symbole de sa gloire et de sa richesse, en 1430, à l'occasion de son mariage avec l'infante Isabelle du Portugal, incitant les chevaliers auxquels il conférerait cette distinction à tenter des aventures extraordinaires comme celles des Argonautes qu'ils avaient à prendre pour modèles de vaillance. L'ordre était placé sous la protection de la Vierge et de saint André, mais les inspirateurs, Jason, Héraclès et les Dioscures, étaient issus de la mythologie antique. Philippe le Bon donna à cet ordre d'inspiration plus païenne que chrétienne un éclat incomparable et limita à trente et un le nombre de ceux auxquels il l'accorderait. Il fut également un mécène, qui favorisa les arts et protégea les artistes : on a relevé dans les comptes du trésor ducal, essentiellement sous son règne, les noms de cent soixante-seize peintres ! Il réunit une bibliothèque riche en manuscrits précieux et eut l'orgueil de l'excellence des musiciens de sa chapelle.

Il y eut donc coïncidence entre l'éclat du duché de Bourgogne, la prospérité des villes flamandes qui conservèrent leurs institutions communales et leurs privilèges et le mouvement artistique des « Primitifs » flamands, d'Hubert et Jan Van Eyck à Hans Memling qui mourut à Bruges en 1494. La cour résidait à Gand, Bruxelles, Bruges plus souvent qu'à Dijon. Philippe le Bon mourut dans sa ville de Bruges, le 15 juillet 1467, et c'est là que fut élevé plus tard le tombeau de Charles le Téméraire. A Bruges voisinaient les notables bourguignons, comme le chancelier Nicolas Rolin, les bourgeois flamands enrichis dans le commerce, les représentants des firmes hanséatiques et italiennes, tels les

Arnolfini de Lucques, les Tani et les Portinari de Florence. Tous faisaient étalage de luxe, de richesses, de désir de paraître, et de cette émulation naissait le mécénat. Les peintres travaillaient pour le prince, pour les villes, pour les marchands, pour les ghildes et les confréries.

Parmi les peintres de la cour ducale, Jan Van Eyck fut le peintre officiel, investi de la confiance toute particulière de Philippe le Bon ; il porta le titre honorifique de valet de chambre et fut même un conseiller du duc qui appréciait non seulement le peintre, mais aussi l'homme et son habileté à traiter les affaires. Jan Van Eyck fit partie de la mission officielle qui, en 1428, alla au Portugal négocier le troisième mariage du duc avec la fille du roi Jean, l'infante Isabelle. Philippe le Bon le chargea de réaliser le portrait de sa future épouse dont il souhaitait connaître les traits, en double exemplaire : l'un devait être acheminé par mer, l'autre par terre, pour plus de sécurité. Tous les deux sont aujourd'hui perdus. Il le choisit aussi comme décorateur de ses résidences princières et lorsque Filarete, en 1460, cite Van Eyck parmi les bons artistes du Nord, c'est à son œuvre d'ornementation des palais princiers qu'il se réfère ; mais il ne reste rien de l'œuvre profane de Jan Van Eyck au service du duc de Bourgogne. Les peintres flamands passaient pour maîtres dans l'art du portrait et les marchands italiens de Bruges sollicitèrent Jan Van Eyck : il réalisa le portrait des *Époux Arnolfini* et de *Giovanni Arnolfini*.

Quel prince, quelle cour, quelle ville n'eût souhaité posséder une toile de Rogier Van der Weyden ? Il gravita dans les milieux de cour et peignit les portraits des ducs. Il fut surtout le peintre officiel de la ville de Bruxelles à partir du moment où il vint s'y établir jusqu'à sa mort en 1464 : il y acquit une grande fortune. L'Italie l'attirait ; à l'occasion du jubilé proclamé par le pape Nicolas V, en 1450, il se rendit à Rome, fit étape à Florence où il exécuta deux œuvres pour les Médicis, une *Vierge au tombeau,* encore aux Offices, et une *Vierge entourée de saints,* parmi lesquels saint Cosme et saint Damien, les deux saints patrons des Médicis, d'une composition italianisante, inhabituelle en Flandre. Il s'arrêta à la cour de Ferrare, occasion de peindre, peut-être, l'admirable portrait d'un *Prince d'Este,* Lionello si le portrait a été exécuté à Ferrare, Francesco, fils de Lionello s'il l'a été à Bruxelles où ce jeune prince résida. Ce qui reste certain, c'est que le peintre reçut pour cette toile un paiement par l'intermédiaire d'un agent de change à Bruges le 31 décembre 1450.

Hugo Van der Goes travailla également à la demande des marchands italiens fixés en Flandre : pour Thomas Portinari, installé à Bruges, il réalisa l'une de ses œuvres maîtresses, le *Retable Portinari,* grand triptyque de *l'Adoration des bergers,* aujourd'hui présenté aux Offices ; le donateur et toute sa famille sont figurés sur l'un des volets. Thomas Portinari, mécène de Van der Goes, s'adressa aussi à Hans Memling qui le représenta au moins trois fois dans son œuvre : il fit son portrait (Metropolitan Museum), a donné ses traits au personnage nu qui figure le juste sur le bon côté de la balance de l'archange saint Michel dans le *Jugement dernier* de Danzig, et l'a représenté comme donateur dans la très complexe composition de *la Passion* (Turin, Galerie Sabauda). Soutenus par le même mécène, les deux peintres recevaient également des commandes de la ville de Bruges : ils ont été tous deux engagés lors des fêtes de 1468 pour participer aux entreprises de décoration de la ville.

Dans la ligne des traditions médiévales, à l'opposé des compositions architecturales idéalisées régies par les lois géométriques de la perspective des œuvres italiennes, la peinture flamande est presque toujours composée sur des apparences réelles : dans les arcatures idéalisées qui encadrent les majestueuses scènes religieuses, au premier plan, se profilent les paysages des Flandres, les couleurs des saisons, les campagnes, routes bordées d'arbres, entre les prés, rivières sinueuses et pièces d'eau, les villes, échoppes et rues où circulent passants, cavaliers et chariots. Dans la partie droite du *Portique Portinari* d'Hugo Van der Goes, derrière les donateurs et leurs saints patrons, le soleil éclaire d'une lumière blanche les branches hautes d'arbres dénudés sur lesquelles quelques corbeaux noirs se sont posés. Dans le fond de *la Madone aux chartreux* de Jan Van Eyck apparaît une ville dans ses murs qu'entoure un fleuve aux eaux calmes sur lequel glissent des barques et des cygnes près des rives, circule une charrette bâchée le long de la berge. L'illustration la plus parfaite de ces lointains restitués avec une précision extrême nous est donnée par Jan Van Eyck, le plus savant des peintres flamands, dans *la Madone au chancelier Rolin,* datée de 1435, dite aussi *Vierge d'Autun,* du nom de la ville d'où vient le tableau, aujourd'hui au Louvre : la ville de Liège a été parfaitement identifiée dans les trois arcatures, la Meuse aux eaux calmes, ses quais, le vieux pont qui laisse libre le passage des bateaux sur la rive gauche, derrière le donateur le quartier dit d'Outre-Meuse avec son église et sa tour, et derrière l'enfant que tient sa mère, la cité ; au loin les hauteurs des Ardennes. Sur un balcon de l'imaginaire palais qui accueille la Vierge et le chancelier, un petit coin de jardin merveilleux planté d'iris, de lys et de roses où picorent des oiseaux symbolise le paradis. Trois plans successifs, dans ce tableau : la Madone à l'enfant, vêtue d'un somptueux manteau rouge dont les plis s'étalent sur le sol carrelé au premier plan, le palais dont les chapiteaux illustrent des scènes de l'Ancien Testament, l'évocation du paradis terrestre au second plan, participent du sacré ; au troisième plan, la ville de Liège est d'ici-bas, ainsi que le chancelier, représenté de façon très réaliste, agenouillé près de la Vierge.

Dans d'autres œuvres, cette harmonie subtile entre le réel et le sacré n'est plus respectée, le charme est rompu : la peinture flamande tombe alors dans la scène de genre. Ainsi, dans le *Triptyque de l'Annonciation*, de Robert Campin, la Madone, accoudée à un banc de bois, est représentée dans un intérieur flamand rendu avec une extrême minutie, et tout mystère est absent dans la toile de Peters Christus, peinte pour la corporation des orfèvres d'Anvers en 1449, *Saint Éloi dans son officine.* Michel-Ange s'emporta contre le réalisme de cette peinture flamande « qui n'est que chiffons, masures, verdures de champs, ombres d'arbres, et ponts et rivières qu'ils nomment paysage avec maintes figures par-ci, par-là... sans raison, ni art, ni symétrie ni proportions ». Opposition de deux manières, l'italienne et la flamande, incompréhension de celui que Vasari présente comme la figure symbole de la Renaissance italienne à ses sommets.

L'opinion de Michel-Ange est cependant loin d'être partagée par ses concitoyens : les peintres flamands, — très sollicités par les riches Italiens fixés à Bruges, à Anvers, sont aussi invités par les cours italiennes ; Josse Van Wassenhove (Juste de Gand) a été préféré au Florentin Paolo Uccello par la confrérie de la Sainte-Croix d'Urbin en 1467 et le duc Frédéric de Montefeltre a retenu le Flamand auprès de lui, tout comme les Médicis passèrent commande à Rogier Van der Weyden lors de son passage à Florence. Frédéric de Montefeltre, le roi de Naples Alphonse d'Aragon, les Médicis et d'autres princes italiens possédaient des toiles de Van Eyck et des peintres flamands.

Les Italiens étaient attirés par la perfection technique de la peinture des Flandres. Cette perfection était due, selon Vasari, à l'invention de la peinture à l'huile qu'il attribue à Van Eyck, le premier et le plus illustre des peintres flamands. L'explication par un secret technique du talent des Flamands est significative de l'émerveillement ressenti par les Italiens. Un siècle plus tard, Vasari, peintre lui-même, et historien de l'art, cherche à comprendre comment les Italiens ont percé ce secret et se sont initiés à la manière des Flandres. Le messager de l'art flamand est, selon lui, Antonello de Messine... Le peintre sicilien n'a pu connaître Van Eyck, comme l'affirme Vasari, et même son voyage en Flandres reste très hypothétique : Antonello fut très certainement initié à la peinture à l'huile par son maître napolitain Colentino qui l'avait apprise du roi de Naples, peintre lui-même : le roi René d'Anjou aurait ainsi mis à profit cinq années de captivité dans l'État bourguignon. Et Antonello, lors d'un voyage à Venise en 1475, aurait répandu dans cette ville cette technique nouvelle. Elle était en fait déjà pratiquée dans divers centres italiens : Piero della Francesca lorsqu'il réalisa à Arezzo l'étendard commandé par les confrères de l'Annunziata, Cosme Tura à Ferrare ont utilisé ce procédé dont parle déjà Alberti dans son traité d'architecture en 1452.

Mais il est exact que les Flamands utilisaient de façon courante des techniques à l'époque très nouvelles : ils passaient sur la surface à peindre, du bois en général, une couche composée d'un liant qui rendait la préparation non absorbante et explique la netteté des détails picturaux ; sur ce glacis, les couleurs mêlées à un liant à l'huile siccative se superposaient. Les couleurs, en raison de cette technique, laissaient inégalement se réfléchir la lumière, d'où la luminosité magique de la peinture flamande pour rendre compte du monde sensible, des atmosphères, du soleil blanc sur des branches givrées par l'hiver, des reflets chauds sur les boiseries, les tentures, les cuivres et sur le rouge profond du manteau de la Vierge. Les Flamands excellent à rendre la fascinante vérité des objets, les pierreries de la couronne de la Vierge, les minutieuses ciselures d'un lustre de cuivre, les doubles jeux des miroirs qui révèlent ce qui n'est pas visible.

Sur la toile signée Jan Van Eyck, datée de 1434, qui représente les époux Arnolfini, des Lucquois installés à Bruges, le miroir convexe, élément central du tableau au-dessus des mains jointes des époux, renvoie au spectateur deux personnages présents sur le seuil de la porte, qui font face aux époux : leur présence, que l'on sent nécessaire en tant que témoins, enveloppe de mystère le sens du geste des époux ; ils se tiennent par la main : lui, enveloppé dans un vaste manteau, un ample chapeau noir sur la tête, lève la main droite ; elle, coiffée d'un voile bordé de dentelles, relève sur son ventre d'un geste de la main gauche le pan de son ample robe verte dont les plis s'amassent sur le sol. La pièce est représentée avec minutie, les courtines rouges du lit, les boiseries, le lustre dont une seule bougie est allumée (quelle signification attribuer à ce symbole ?), des oranges sur un coffre. Nous retrouvons les trois plans du tableau de *la Vierge au chancelier Rolin :* le premier, les époux eux-mêmes, le second, la pièce dans laquelle ils se tiennent, et l'avant-plan, plus vaste que la scène représentée en raison de la convexité du miroir : le mystère a remplacé le sacré dans ce tableau dont le sens exact nous échappe.

La vogue de l'art du portrait, dans toute l'Europe, accentua encore le prestige des Flamands. L'art de Hans Memling apparaît comme l'aboutissement du mouvement qui porta la cité de Bruges et l'art flamand à l'apogée de leur rayonnement. Il s'éteignit dans la ville déjà plongée dans la léthargie, en 1494. Portraitiste à la mode, il détachait les visages sur un fond de paysage, ou sur un fond sombre, comme celui de Maria Moreel, dite *la Sibylle Sambetta,* dont les mains baguées sont posées sur le bord du cadre, signe avant-coureur des trompe-l'œil à venir dans un tableau d'une facture si flamande ! Il se plaisait, lui aussi, à associer le réel au sacré, sur une même composition, le naturalisme des visages des donateurs peints sans complaisance, à l'ovale parfait et idéalisé de celui de la Vierge.

### 6) Des formes aux textes : un rayonnement européen

Sensibles à la perfection formelle des réalisations flamandes, les Italiens se sont montrés preneurs des techniques dont les peintres détenaient le secret ; les Espagnols, séduits eux aussi par le génie des peintres flamands, ont reçu pleinement dans sa simplicité leur message qu'animait une foi chrétienne robuste et directe

A l'occasion de la mission dont l'avait chargé le duc Philippe le Bon à Lisbonne où une délégation bourguignonne se rendit en 1428 pour demander la main de l'infante Isabelle, Jan Van Eyck fit en Espagne un long périple : il rencontra à Valladolid le roi Jean II de Castille, visita Grenade et Valence ; après son passage le roi d'Aragon, souverain des provinces de Valence et de Barcelone, décida d'envoyer à Bruges un jeune peintre valencien, Luis Dalmau qui se forma dans l'atelier de Van Eyck alors que celui-ci travaillait au retable de *l'Agneau mystique.* À son retour, il se fixa à Barcelone et la *Vierge des conseillers* que lui commanda la municipalité en 1443 est d'inspiration tout à fait flamande et peinte à l'huile, comme Dalmau l'avait appris à Bruges. Le roi de Castille acheta et offrit au monastère del Parral, près de Ségovie, une œuvre de Van Eyck, *la Fontaine de Grâces,* où elle se trouvait dès 1454 ; tous les peintres flamands, Rogier Van der Weyden, Hugo Van der Goes, Dierik Bouts, Gérard David furent très vite connus et appréciés en Espagne où leurs œuvres se répandirent, originaux ou copies : à la foire de Medina del Campo, un véritable marché de peinture flamande se tenait régulièrement.

Les Rois Catholiques engagèrent à leur service des artistes « nordiques » : en 1489, lorsqu'une ambassade des rois d'Angleterre débarque à Laredo pour négocier un traité d'alliance assorti d'un projet de mariage entre le prince héritier et la plus jeune des infantes, un certain « maestro Antonio », dit peintre anglais, l'accompagne : l'ambassade fut reçue à Medina del Campo et le peintre séjourna au moins un an à la cour royale, si l'on en croit les comptes de trésorerie. Il réalisa certainement des portraits royaux, celui de l'infante, destiné à la cour d'Angleterre, mais leur trace s'est perdue, ainsi que celle de l'artiste... Jean de Flandres, devenu l'un des peintres officiels des Rois Catholiques, connut en Espagne une carrière beaucoup plus notable ; il avait certainement travaillé à la cour de Maximilien et de Marie de Bourgogne. À celle d'Isabelle la Catholique il rencontra le peintre Michel Sitow qui y travaillait depuis 1492 : il était originaire d'Estonie mais avait été formé à Bruges à partir de 1484. Le peintre Jorge Ingles recevait des commandes des grands personnages du royaume : il était au service du marquis de Santillana, humaniste de la cour du roi Jean II et père du futur cardinal de Mendoza, pour lequel il réalisa en 1445 le retable de San Jeronimo : les donateurs sont représentés dans leur palais sur les deux panneaux principaux.

Un simple examen des œuvres rassemblées par les successeurs des Rois Catholiques à la *capilla real* de Grenade où leurs dépouilles furent déposées en grande pompe par leur petit-fils Charles Quint, en 1521, confirme l'attirance exercée en Espagne par l'art flamand : plusieurs œuvres de Hans Memling et de Dierick Bouts, une *Pieta* de Rogier Van der Weyden, aux côtés, il est vrai, d'une *Vierge à l'enfant* de Botticelli, dont l'attribution reste incertaine, et d'un *Christ mort* du Pérugin. Le missel des Rois Catholiques fut orné de miniatures de style flamand. Encore des œuvres flamandes, en particulier de Rogier Van der Weyden dans la *capilla real* de la cathédrale de Léon, de Van der Goes, de Jan Gossaert dit Mabuse, au Colegio Real du Corpus Christi de Valence. Inutile de prétendre ici à un examen exhaustif.

Cependant, cette invasion de l'art flamand n'a pas tari l'inspiration des peintres ibériques : qu'il s'agisse du Cantabre Fernando Gallego — ses œuvres empreintes de réalisme dans la manière flamande, sur fond de paysages espagnols, sont exécutées dans un style très personnel en raison des déformations apportées à ses personnages par souci d'expressionnisme — ou de Bartolome Bermejo, le plus grand primitif espagnol : ce Cordouan formé à l'école valencienne a effectué un voyage en Flandre et peut-être un en Italie, a assimilé toutes les leçons, mais son œuvre, en particulier la plus notable, *la Pieta du chanoine Despla*, achevée à Barcelone le 23 avril 1490, ne doit rien à aucun modèle. Le visage, ici, n'est pas idéalisé, mais empreint de pathétisme et le groupe de la mère et du Christ se détache sur un profond paysage double, paysage de campagne sous ciel d'orage d'un côté, architecture urbaine illuminée de l'autre. Le retour de Pedro Berruguete après son long séjour à Urbin, ce brillant centre d'art renaissant, est très révélateur : a-t-il introduit le nouvel art de peindre dans l'austère Castille ? Il a réalisé une œuvre abondante et forte jusqu'à sa mort, en 1504, à Burgos, Palencia, Ségovie, Avila et surtout dans son village natal de Paredes de Nava, près de Palencia où il a peint les figures des Évangélistes, des scènes de la vie de sainte Hélène et le grand retable consacré à la vie de la Vierge. Il est resté profondément espagnol ; il y a vraiment opposition fondamentale entre le tempérament espagnol et les aspirations italiennes à exprimer la beauté idéale qui trouve en elle sa propre justification. Les recherches italiennes n'étaient pas les siennes. Repris par le milieu, il mit son talent au service d'une mystique chrétienne qui se fortifia jusqu'à sa mort.

En matière de sculpture et d'architecture, l'influence flamande est plus sensible encore. Au XV^e^ siècle, l'Espagne reste fidèle au gothique, jusqu'à ce qu'elle invente le style *plateresque.* La *Lonja* de la soie de Valence, édifiée de 1481 à 1498, est du pur gothique flamboyant, ainsi que la *Lonja* de Palma de Majorque, ou le palais de la Généralité de Valence (1481-1510). Partout, sur tous les chantiers, sont à l'œuvre des artistes flamands, hollandais, allemands et français.

A la tour de la cathédrale de Tolède, maître Hannequin de Bruxelles, au milieu du siècle, sculpte les pinacles du clocher, à la même date Jean de Cologne festonne et cisèle « comme un chaton de bague », selon l'expression de Théophile Gautier, les hautes flèches de celle de Burgos. De 1454 à 1488, Jean de Cologne et son fils imposent encore le gothique fleuri à la chapelle de la Chartreuse de Miraflores, près de Burgos. Peintres et sculpteurs qui décorent l'intérieur de cette chapelle sont également flamands : Gil de Siloe, né probablement à Anvers d'ascendance juive, présenta en 1486 aux Rois Catholiques le dessin du tombeau de Jean II et d'Isabelle du Portugal, parents de la reine ; en 1492, il sculpte le mausolée en marbre blanc où la profusion des motifs atteste l'influence *mudejar,* et les gisants des souverains ; il entreprend peu après le magnifique retable de la vie du Christ, son œuvre majeure, dorée, dit-on, avec le premier or qui parvint d'Amérique. A la cathédrale de Léon, maître Jusquin, un Flamand, et Lorenzo Mercadante, un Breton, ont sculpté les stalles du chœur; à Séville, le Flamand Dancart exécute le retable majeur à partir de 1482 dans le style fleuri hispano-flamand, une œuvre qui servira de modèle au retable de Tolède en 1492. Rodrigo Aleman entreprend en 1495 les stalles de bois sculpté de la cathédrale de Tolède, cinquante-quatre bas-reliefs représentant les épisodes de la conquête du royaume de Grenade par les Rois Catholiques. A l'église San Martin de Ségovie s'active Juan Guas, architecte d'origine bretonne, formé à Tolède par maître Hannequin de Bruxelles qui l'a initié aux finesses de l'art flamboyant des Flandres.

L'Espagne a accueilli l'art nordique et l'a interprété selon son propre génie. En combinant l'art *mudejar,* ses arabesques décoratives, aux finesses ornementales du gothique flamboyant, les artistes créèrent un style authentiquement espagnol, le style *isabelin,* ou *plateresque.* Les artistes d'origine nordique se sont souvent enracinés en Espagne et ont participé au mouvement, tel Gil de Siloe qui épousa une Espagnole, acheta des maisons à Burgos ou Enrique Egas, neveu de maître Hannequin.

Dans les deux dernières décennies du siècle, à l'époque des Rois Catholiques, s'élevèrent à Valladolid les plus belles illustrations de style isabélin, période brève, entre gothique et renaissance, si bien que nous pouvons saisir, dans ces édifices, les premières apparitions de l'art italien. Ces coûteuses constructions ont été financées par deux riches prélats : Fray Alonso de Burgos, évêque de Palencia, héritier d'une riche famille de *conversos,* finança le magnifique ensemble formé par l'église de San Pablo et le collège de San Gregorio, élevés dans les années 1485-1491. La façade de l'église de San Pablo est une étonnante imagerie de style isabélin. Les deux premiers plans verticaux séparés par une imposte sont de grands retables de pierre dont l'espace est livré à une décoration exubérante : la Vierge et les saints trônent parmi les anges. Sur cet ensemble s'élève le fronton occupé par l'écu aux armes des Rois Catholiques entre deux lions. Si délicate est la statuaire, si riche et subtil le dessin de la pierre que l'on évoque le travail des orfèvres et que s'impose le terme *plateresque.* Le collège San Gregorio « le plus beau collège dominicain qui soit au monde », selon l'appréciation de plusieurs étrangers, se réclame du même style : là encore Gil de Siloe organisa l'espace de la façade comme il l'aurait fait d'un retable. L'arbre de Jessé constitue le motif central, surmonté encore des lions et des armes royales. Les branches de l'arbre, les statues d'hommes sauvages sur les jambes de l'archivolte qui encadre la porte, les pinacles, comme les enfants et les guirlandes qui décorent les tympans des arcs géminés du cloître sont de véritables dentelles de pierre, et l'on évoque le travail complaisant d'artistes morisques prenant la pierre pour le stuc.

Mais ces enfants, ces guirlandes sont déjà illustration de la Renaissance italienne et, en ces mêmes années, Lorenzo Vazquez, maître d'œuvre du cardinal de Mendoza, construit à Valladolid un palais directement inspiré de l'Italie, le collège de Santa Cruz. Le collège avait été lancé en 1487 par le cardinal de Mendoza selon un plan gothique. Mais en 1488, ou en 1489, le frère du cardinal, don Iñigo Lopez de Mendoza, comte de Tendilla, revient de Rome où il était ambassadeur des Rois Catholiques : il suggère un changement de conception et recommande les règles classiques respectées en Italie. Lorenzo Vazquez prend alors la direction des travaux, achevés en 1491. Valladolid est donc la première ville d'Espagne à épouser l'architecture de la Renaissance : sobriété, symétrie, domination quasi exclusive des lignes droites, horizontales ou verticales, caractérisent cette œuvre.

Est-ce à dire qu'avant les années 1490, l'art italien n'eut aucune influence en Espagne ? Quelques artistes italiens étaient bien présents au XIV^e^ siècle : à la cathédrale de Tolède un disciple de Giotto, Arnoldo da Cremona, peignit la voûte à fresque, à celle de Salamanque, en 1466, le Florentin Dello di Nicolo décorait chapelle et abside. Mais en Castille, en Andalousie, ils furent submergés par la vague des artistes nordiques. La façade méditerranéenne résista mieux. L'influence italienne, réelle sur les Primitifs catalans et valenciens — le maître supposé de Fra Angelico, Gerardo Starnina, avait travaillé à Valence —, s'est maintenue au XV^e^ siècle : dans la cathédrale valencienne, le Florentin Poggibonsi sculpta dans l'albâtre un retable et un peintre toscan réalisa la fresque de l'*Adoration des Rois*. Le cardinal Borgia, revenant dans sa ville de Valence en 1472, se fait accompagner de deux artistes italiens, le Lombard Paolo de

San Leocadio et le Napolitain Francesco Pagano qui exécuta pour la cathédrale une *Gloire d'anges*, terminée en 1481. Paolo se fixa en Espagne, épousa une Valencienne en 1493 et passa plus tard au service de la duchesse de Gandia, mais cette émigration d'artistes italiens reste limitée : l'éclat et la vitalité de l'école des *Primitifs* valenciens, au XVe siècle, a fait barrage à toute influence venue du dehors, italienne ou flamande.

La France, en cette fin du XVe siècle, n'a pas accueilli le message italien. Quelques régions italianisées, la cour du roi René d'Anjou évincé de Naples et la Provence, plus anciennement Avignon en raison de la présence des papes, ont reçu des artistes italiens. À Avignon, ce furent d'abord des orfèvres, plus marchands, représentants commerciaux qu'artisans eux-mêmes, puis, au XIVe, des peintres qui travaillent dans des ateliers français à des rôles subalternes. De 1461 à 1466, puis de 1475 à 1502, Fernand Braudel signale la présence à la cour du roi René du sculpteur Francesco Laurana, un Dalmate qui s'est formé à Naples et en Sicile : il a exécuté à Marseille le retable de Saint-Didier, à Tarascon le tombeau de Giovanni Cossa, le tombeau de Charles IV d'Anjou, destiné à la cathédrale du Mans, mais n'a pas fait école. Avant l'expédition de Charles VIII, le rayonnement italien ne porte que sur des détails. « Ce sont des éléments légers de l'art nouveau qui s'exportent, par pièces détachées en somme, et qui s'insinuent, vaille que vaille, dans le style flamboyant dont la carrière sera longue encore. L'art européen n'a pas changé de peau du jour au lendemain, sur un coup de baguette de l'Italie. Ce n'est qu'après 1520-1530, un peu plus tôt un peu plus tard selon les lieux, que l'art renaissant se montre hors d'Italie avec son visage authentique, comme un ensemble cohérent et connaît des réussites globales[1]. »

Vers l'Europe centrale, vers la Hongrie en particulier, le rayonnement italien fut beaucoup plus précoce et constant, à la fois intellectuel, technique et artistique. Dès le XIVe des liens directs s'établirent avec les villes italiennes, Venise, Milan, Florence, Sienne et Rome : prélats, *condottieri*, marchands et banquiers installés en Hongrie attirent artistes et artisans, tel le Florentin Filippo Scolari, commandant de la

1. Fernand Braudel, *le Modèle italien*, Arthaud, 1989, p. 79.

zone frontière sud dans les années 1420 : il fit construire par des compatriotes une ligne de forteresses contre les envahisseurs turcs, tandis que son frère Andrea, évêque de Varad, s'entourait d'artistes florentins. La cour royale participait au mouvement : le roi Sigismond choisit comme chancelier l'Italien Pier Paolo Vergerio, éminent représentant de l'humanisme qui vécut à Buda de 1417 jusqu'à sa mort en 1444. Il forma des humanistes qui devinrent fonctionnaires royaux, le plus célèbre étant Janoz Vitoz, précepteur puis chancelier du roi Mathias Corvin. Lors d'un séjour en Italie, dans le but de préparer son élection à la couronne impériale, le roi Sigismond rencontra en 1432-1433 l'ingénieur Taccola ; le célèbre Siennois avait déjà écrit deux ouvrages sur les constructions hydrauliques : il fut invité à venir à Buda pour construire l'aqueduc du château royal et s'y rendit au moins à deux reprises. Le château était construit sur une colline qui ne disposait pas de puits naturel et il fallait élever l'eau du Danube de cent mètres : d'autres ingénieurs siennois poursuivirent les travaux de Taccola ; Paolo Santini di Duccio construisit dans la citadelle royale un autre aqueduc, appelé plus tard aqueduc du roi Ladislas, dont les eaux étaient mues par un système de bielles-manivelles, le premier qui nous soit connu.

Les relations entre la Hongrie et l'Italie furent plus étroites encore après l'élection à la couronne de Hongrie, en 1458, de Mathias Corvin, souverain éminent dans le concert des princes chrétiens du XVe siècle. Très italianisé, le roi Mathias épousa en premières noces la fille du dernier empereur Paléologue qui vivait à Rome, puis Béatrix, une princesse napolitaine. Sous son règne, Buda devint un centre de la Renaissance. Artistes et humanistes entouraient le souverain qui fit rassembler une des plus riches bibliothèques de la Renaissance, la bibliothèque *Corvina,* fonda l'université de Buda et favorisa l'ouverture de la première imprimerie du pays en 1473. Et si la Hongrie n'a pas laissé de témoins monumentaux, c'est que la conquête turque, au XVIe siècle, a tout submergé. Les fouilles du palais de Mathias Corvin à Visegrad, près de Buda, ont livré des éléments décoratifs d'art renaissant, datés des années 1480, une balustrade et une fontaine de marbre rouge.

Cette influence italienne se limita à la cour, aux hauts dignitaires. Barons laïcs et noblesse ne sympathisaient pas avec les idées nouvelles liées aux tendances absolutistes du royaume, et les religieux, franciscains et dominicains, redoutaient l'immoralité de la Renaissance. L'évêque néoplatonicien de Pecs, Janus Pannonius, regrettait le manque de réceptivité de la société hongroise. Mais l'évêque poète écrivait en latin, langue de l'élite... et il fut vite oublié.

Les architectes italiens sont allés jusque dans la lointaine Russie, ce monde encore étranger à l'Europe. Lorsque Ivan III (1462-1505), grand rassembleur de la terre russe, voulut abandonner ses édifices de bois et faire construire un *Kreml,* un palais fortifié digne de la capitale de son nouvel État, il fit appel à ceux dont il connaissait la réputation de bâtisseurs, à des Italiens : il dépêcha à Venise l'un de ses boyards avec mission d'engager un architecte ; le messager ramena le Bolonais Ridolfo Fioravanti, surnommé Aristote de Bologne en raison de l'universalité de ses connaissances : il était architecte, ingénieur, fondeur, maître expert dans l'art des fortifications, de l'hydraulique et de la pyrotechnie, avait construit le palais communal de Bologne et consolidé le campanile de Venise. Lui succédèrent en 1484 les Milanais Marco Ruffo et Pietro Antonio Solario qui reçut le titre d'architecte général de Moscovie. En 1493 arriva le Milanais Alivisio, puis, en 1499, tout un groupe d'architectes et d'artisans.

Les trois étages de murailles du Kremlin, massives et crénelées, en briques rouges, entourées de fossés ainsi que la plupart des tours sont l'œuvre du Milanais Solario et rappellent d'ailleurs le château des Sforza de la capitale lombarde. À l'intérieur des murailles du Kremlin, deux églises ont été édifiées : par Fioravanti, de 1475 à 1479, la cathédrale de la Dormition de la Vierge, ou de l'Assomption, couronnée par cinq coupoles dorées, le plus somptueux des bâtiments du Kremlin ; là étaient couronnés les tsars. Et de 1484 à 1489, la collégiale de l'Annonciation, par des architectes de Pskov pour servir de chapelle privée aux princes de Moscou : là étaient baptisés et se mariaient les tsars. Mais c'est seulement au début du XVI^e^ siècle que les premiers chapiteaux d'ordre classique firent leur apparition à Moscou, à la collégiale de l'Archange construite entre 1505 et 1509 par l'architecte Alivisio. Mario Ruffo et Pietro Antonio Solario élevèrent, de 1487 à 1491, un édifice civil, le « palais à facettes », dont il ne reste que la façade : l'appareil est formé de bossages taillés en pointes de diamant... rappel évident du style italien sur les rives de la Moscova, du palais Médicis construit par Michelozzo à Florence pour Cosme l'Ancien, du palais du riche banquier florentin Luca Pitti, du palais Bevilacqua entrepris à Bologne en 1474, évidemment du « palais des diamants » qui se construisait à Ferrare exactement au même moment. Ces bossages, si précocement travaillés à Moscou, ont été le signe de reconnaissance de l'art italien, plus précisément de l'art florentin, dans l'Europe entière, à Guadalajara, à Ségovie, à Lisbonne...

Humanisme et Renaissance, les deux visages sous lesquels s'opéra la grande transformation des temps nouveaux... La Renaissance, triomphante en Italie, y compris à Milan, bastion du Nord où résista l'art gothique européen, est balbutiante en Espagne, presque ignorée en France. Mais elle s'affirme dans certains pays d'Europe centrale, en Hongrie, culturellement satellite de l'Italie, et jusqu'en Russie où pénétra l'art lombard, plus que l'art toscan, à l'exception de ce curieux « palais à facettes », témoignage de la suprématie du modèle florentin.

Mais l'Europe tout entière est prête à accueillir l'humanisme fortement italianisé du XV$^{e}$ siècle. L'humanisme, ce bien culturel commun à toute l'Europe lettrée, a pris appui sur les immenses perspectives ouvertes par l'imprimerie, s'est introduit dans les universités, les chancelleries, les cours princières. En 1492, Érasme a terminé sa formation chez les frères de la Vie commune de Deventer, l'un des foyers de l'humanisme aux Pays-Bas : on y apprend à harmoniser l'enseignement des lettres gréco-latines et celui d'un christianisme libéré des lourdeurs médiévales ; Érasme a étudié tous les auteurs anciens et connaît les *Élégances latines* de l'humaniste italien Lorenzo Valla ; bien plus profondément que Marsile Ficin, le philosophe helléniste de Florence, il s'apprête à devenir le porte-parole de la République des Lettres, en Europe entière.

À Paris les humanistes italiens dispensent leur enseignement à l'université de la Sorbonne : le Romain Gregorio Tiferna de 1456 à 1458, vingt ans plus tard Filippo Beroaldo, puis le Grec italianisé Jean Lascaris qui eut Guillaume Budé pour disciple. Guillaume Fichet, professeur de rhétorique, installa à la Sorbonne la première imprimerie de France en 1470, un an après l'ouverture de celle de Johan de Spire à Venise, centre incontesté de cette technique nouvelle.

En Espagne, à la fin du xv^e^ siècle, la pensée humaniste a largement pénétré les milieux universitaires, quelques grandes familles de lettrés aristocrates et même la cour des souverains. En cette fin de siècle, avant la création de celle d'Alcala de Henares par le cardinal Jimenez de Cisneros, les universités « majeures » sont, en Castille, celles de Salamanque et Valladolid, dans le royaume d'Aragon celles de Valence et Lerida. Mais Salamanque est l'université la plus prestigieuse : sept mille étudiants environ suivent des enseignements de rhétorique, théologie, droit, géographie, histoire naturelle, mathématiques et cosmographie. Le peintre Fernando Gallego termine en 1492 une vaste fresque sur la voûte de la bibliothèque : elle représente le soleil et les planètes, témoignage de l'intérêt porté à l'astronomie par cette université qui examinera, à la demande des Rois Catholiques, le bien-fondé scientifique du projet de Christophe Colomb.

Parmi les professeurs, le plus célèbre, Antonio de Nebrija, qui se disait modestement grammairien, philologue, dirions-nous aujourd'hui. Il était également professeur de rhétorique et latiniste réputé; l'étude des textes anciens l'amenait à enseigner la géographie et la cosmographie; son savoir était universel. Comme les humanistes italiens, il écrivit une *Historia de las Antigüedades de España* et demanda une licence à la reine Isabelle pour rechercher sous le sol espagnol des pièces antiques inconnues; la grammaire latine, *Introductiones latinae,* qu'il publia en 1481 connut de son vivant une cinquantaine de rééditions. Démarches classiques pour un humaniste qui, comme tant d'autres, séjourna en Italie de 1460 à 1470. Aux sources de l'humanisme, dans les *Élégances latines* de Lorenzo Valla, qu'il a lues, comme Érasme, il a puisé l'idée que « la langue a toujours accompagné la puissance, et c'est si vrai que les deux ont pris naissance, se sont développées ensemble et leur décadence s'est faite en même temps ». Lorenzo Valla glorifiait le latin, la langue qui a unifié et civilisé l'Empire romain : par analogie Nebrija assigne le même rôle au castillan, ainsi qu'il l'explique dans la dédicace à la reine de sa *Grammaire castillane.* Il publia cette *Grammatica Castel-*

*lana* en 1492, la première grammaire en langue vulgaire écrite en Europe. Même les Florentins, qui avaient réhabilité la langue vulgaire, celle de Dante, n'avaient pas publié de grammaire toscane. Il dédia son ouvrage à la reine qui marqua sa surprise et demanda quelle pourrait en être l'utilité. Ce livre, précise Joseph Pérez, ne connut, contrairement à la grammaire latine du même auteur, aucune réédition avant le XVIII$^{e}$ siècle : la question de la reine ne manquait pas de pertinence. Cependant, la publication de cette grammaire de la langue castillane, appelée à devenir la langue de l'Empire espagnol, en cette année 1492 où Christophe Colomb donne à l'Espagne son empire des Indes, est lourde de symbole. Certes l'auteur ne pouvait pressentir un tel avenir lorsqu'il préparait son ouvrage : pour lui, en 1492, les royaumes d'Espagne qui venaient de conquérir celui de Grenade devaient affirmer leur puissance et proclamer leur identité, en particulier leur identité linguistique, puisque la langue accompagne la puissance.

Pedro Gonzalez de Mendoza appartenait à l'une des grandes familles du royaume de Castille. Par tradition familiale les Mendoza étaient attirés par les lettres et les affaires politiques. Le marquis de Santillana, père de Pedro de Mendoza, très engagé dans les luttes politiques et dynastiques qui agitèrent le règne d'Henri IV, n'en fut pas moins un grand poète. Humaniste déjà, il faisait venir d'Italie des manuscrits latins que son fils, le futur cardinal, lui traduisait car il ne connaissait pas cette langue. Pedro Gonzalez de Mendoza fit carrière dans les ordres après avoir suivi les cours de l'université de Salamanque. En 1473, il est archevêque de Séville, en 1482, archevêque de Tolède et primat d'Espagne : c'est sa croix qui est hissée sur les tours de l'Alhambra en 1492, et il vécut auprès des souverains ces jours mémorables de la reddition de Grenade. Son rôle de conciliateur dans les guerres qui avaient dressé une partie de l'aristocratie contre les souverains avait fait de lui le conseiller privilégié des Rois Catholiques. Ce cardinal puissant et riche, influencé par les mœurs romaines du temps, au point de mener une vie mondaine assez libre, sans cacher ses trois enfants naturels qu'il présenta même à la reine, consacra une partie de sa fortune à des actions de mécénat : il finança des constructions grandioses, le collège de Santa Cruz de Valladolid, déjà de style italien, et l'hôpital du même nom à Tolède qui présente l'une des plus remarquables façades plateresques sur laquelle apparaît sous un dais, au tympan, le cardinal fondateur agenouillé au pied de la croix. Pour le tombeau de l'archevêque-cardinal, en 1495, le comte de Tendilla son frère, ancien ambassadeur des souverains auprès du pape Innocent VIII, choisit une œuvre d'inspiration italienne : « Je ne veux rien voir de français, d'allemand ou de mauresque, rien que du romain. »

Les humanistes étaient très introduits dans l'entourage royal. En 1490, la reine Isabelle demanda à l'humaniste lombard Pietro Martir d'Anghiera, venu en Espagne en 1487 avec le comte de Tendilla dont il était l'ami, de se charger de l'éducation du prince Jean et des jeunes nobles de la cour. Pietro Martir d'Anghiera avait été formé à Rome dans l'académie de Pomponius Letus. La guerre de Grenade mobilisait alors toutes les énergies et le jeune Italien préféra les armes aux lettres : il était lui aussi à Grenade aux côtés des souverains en 1492. Il accepta ensuite la proposition de la reine et entra au service des souverains qui lui confièrent en outre d'importantes missions diplomatiques. D'Espagne, Pietro Martir entretint une longue correspondance avec d'autres humanistes italiens, plus de sept cents lettres qui constituent une véritable chronique de l'époque.

Autre maître humaniste placé par la reine auprès du jeune prince, Alonso Ortiz, son chapelain, qui devint chanoine de la cathédrale de Tolède. Aux environs des années 1490, il rédigea un *Dialogue* sur l'éducation du prince Jean, suivant le modèle du *Tractatus de liberorum educatione* que Aeneus Silvio Piccolomini, le futur pape Pie II, avait rédigé en 1450 à l'intention de Ladislas, roi de Hongrie et de Bohême. Ces ouvrages traitant de l'éducation, souvent destinés à des princes, étaient fort répandus dans les milieux humanistes et la forme du dialogue fictif permettait d'introduire en se recommandant d'eux, des auteurs illustres, Plutarque, Platon, Xénophon, Cicéron, Sénèque : le *Dialogue* d'Alonso Ortiz, dont l'université de Salamanque conserve un manuscrit, est tout à fait conforme aux lois du genre. Dans un autre manuscrit, rédigé, semble-t-il, en 1482 et intitulé *Liber dialogorum,* Alonso Ortiz se propose, suivant l'exemple des dialogues de Socrate et de Platon, de traiter de la sagesse, de la félicité et des vertus morales : interviennent la Renommée, San Jeronimo, Socrate, « notre » Platon, Cicéron et l'archevêque de Tolède Alonso Carrillo qui intervient pour exposer la véritable doctrine. Comme les illustres « platoniciens » de Careggi, Alonso Ortiz cherche l'harmonie entre la pensée classique païenne et la foi chrétienne.

D'autres humanistes ont parcouru un itinéraire similaire, tel Pedro Diaz de Toledo, quelques décennies plus tôt, auquel Jean II de Castille demanda la traduction des préceptes philosophiques d'Aristote et des proverbes moraux de Sénèque. Cet humaniste écrivit à la mort du marquis de Santillana un très savant éloge, témoignage de son immense érudition. Il faisait partie de l'entourage du cardinal Mendoza qu'il suivit dans son glorieux itinéraire, de Séville à Tolède. Et à la même époque, les œuvres de Diego Valera, *Doctrinal de los Principes* (Doctrines des princes), et *Espejo de la Verdadera Nobleza* (Miroir de la vraie noblesse), connurent une réelle renommée.

Dans les marges orientales de l'Europe, le royaume de Pologne, sous Casimir IV Jagellon (1447-1492), s'ouvrit, comme celui de Mathias Corvin en Hongrie, aux influences européennes et surtout italiennes. La stabilité politique et l'impulsion économique assurées par Casimir IV provoquèrent une hausse du niveau de vie des classes aisées, noblesse et bourgeoisie. Le luxe dont s'entouraient, à cette époque, les nobles polonais surprenait les voyageurs étrangers de passage à Cracovie et dans d'autres villes. À son grand règne, Casimir voulut donner une dimension culturelle. En 1364 Casimir Ier avait fondé l'université de Cracovie : Casimir IV veilla à son développement ; les étudiants affluèrent de toutes les régions du pays, jusqu'à sept mille au milieu du XVe siècle et le roi encouragea lui-même les études des étudiants polonais à Paris et en Italie, à Bologne en particulier ; on ne peut comprendre la formation d'un homme comme Copernic, étudiant à l'université de Cracovie en 1492, sans l'œuvre de Casimir IV. La première imprimerie ouvre à Cracovie en 1473 et l'élite ecclésiastique se rallia à l'humanisme : le chanoine Jan Dlugosz, mort en 1480, publia une œuvre érudite et patriotique, les douze volumes d'une *Historia Polonica.* En Pologne comme dans bien d'autres pays d'Europe, l'humanisme a précédé la renaissance artistique : l'âge d'or polonais de la Renaissance est à venir ; il s'épanouira de 1506 à 1548 sous le règne de Sigismond Ier, allié par mariage à la famille Sforza.

# 4

# 1492 : LE VOYAGE INITIATIQUE : CHRISTOPHE COLOMB, LES FRÈRES PINZON ET LES AUTRES

Tels furent les événements et les personnages qui s'imposèrent à l'attention des contemporains, les angoisses et les bonheurs dont se nourrirent leurs veilles et leurs rêves, les œuvres d'art dont ils s'émurent, les interrogations et les nécessités qui mobilisèrent ou stimulèrent leurs énergies. Nous ne prétendons évidemment pas que les paysans de la Russie profonde, des savanes africaines ou du delta du Gange se soient intéressés à l'élection du pape Alexandre VI, à la réunion de la Bretagne à la France, à la mort de Piero della Francesca ou à celle de Laurent le Magnifique. Mais ce dont nous sommes certains c'est que, à l'instar de l'immense majorité des Européens, ils demeurèrent parfaitement étrangers à l'utopie colombine : la préoccupation de l'Amérique à venir, du voyage aux Indes par le ponant ne les effleura pas un instant. Comment auraient-ils pu imaginer alors que le prix du blé russe ou la liberté de cultivateurs soudanais seraient mis en question un demi-siècle plus tard par les résultats d'une entreprise dont ils ignoraient tout !

## 1) Les découvreurs, Christophe Colomb

Car, pour une poignée d'hommes — moins d'une centaine —, l'année 1492 fut tout autre chose : une aventure sans précédent qui allait bouleverser leur vie personnelle, un bond dans l'inconnu, afin de dévoiler, à l'issue d'autres voyages qui prolongeraient les folles audaces de 1492, le visage vrai de la planète. Par eux, l'océan, naguère frontière de ténèbres, deviendrait une route d'habitude, de mieux en mieux balisée, de plus en plus précise, déjà mesurable à l'aune des jours. En vérité, il ne faut pas avoir peur des mots, ces hommes allaient renouveler le monde, inventer un autre avenir, pour le meilleur parfois, pour le pire souvent. Mais ils en commencèrent l'exploration la tête pleine d'images venues du fond des âges, où la connaissance de la Bible s'accommodait de très païennes légendes. Comme les Amérindiens demeurés dans l'ignorance parfaite du Vieux Monde qui, sans le savoir, les attendaient en peuplant leur solitude collective de prophéties catastrophiques, ces initiateurs avaient une longue histoire et croyaient à l'éternité.

Authentiques initiateurs car les premiers rôles de ce premier voyage jouèrent d'autres parties. Si Martin Alonso Pinzon, personnage clé de l'expédition de 1492, mourut dès le retour et disparut de la scène, on retrouve, lors des traversées transatlantiques des deux décennies à venir, son frère Vicente Yañez Pinzon qui jusqu'en 1509 ne cessera de bourlinguer entre les deux continents et de reconnaître les rivages américains, des bouches de l'Amazone à Cuba ; le grand marin et cartographe de Santoña, Juan de la Cosa, auteur de la célèbre carte nautique de 1500 ; les deux pilotes de Moguer, Peralonso et Juan Niño, un autre pilote, Juan de Jerez, qui allait devenir un abonné aux voyages transocéaniques ; des marins, comme Diego Martin Pinzon « *el Viejo* », Garcia Fernandez et Garcia Alonso... Et, bien entendu, Colomb, surtout Colomb.

Personnage mystérieux en dépit ou à cause de l'énorme littérature qui lui a été consacrée. Il est vrai que beaucoup d'auteurs n'ont eu d'autre souci que d'annexer Christophe Colomb en lui fabriquant une généalogie inattendue : années de travail, kilos de papier au service d'hypothèses toujours improbables, l'extrémègne et l'aragonaise, la catalane et la majorquine, la galicienne et la portugaise, la corse et même l'anglaise ou la scandinave. Quant à la thèse de la judéité de Colomb, défendue par Salvador de Madariaga, selon laquelle les Colomb étaient des Juifs catalans qui se seraient exilés à Gênes, elle ne repose sur aucun argument sérieux, surtout pas l'argument linguistique. Et il est encore moins sérieux de prétendre avec Simon Wiesenthal, d'ordinaire mieux inspiré, que Colomb cherchait aux « Indes » une patrie pour y établir les Juifs ibériques menacés d'expulsion. Il faut avoir très mal lu les textes du Découvreur pour émettre semblable théorie. Colomb, certes, s'est nourri de la Bible et a eu des amis *conversos*, dont Luis de Santangel, mais alors même que les Rois Catholiques signent le décret d'expulsion (mars 1492) il ne témoigne d'aucune sollicitude particulière envers les expulsés, et après son succès pas davantage. Faut-il ajouter que les « Indes » furent, au moins en droit, interdites aux *conversos*.

N'en parlons plus ! Les Génois ont fait le ménage : *Citta di Genova. Cristoforo Colombo, documenti e prove della sua appartenenza a Genova*, 1931. Christophe Colomb était génois.

Mais, au XV<sup>e</sup> siècle, les Génois étaient partout. Pressée par les montagnes, dépourvue d'arrière-pays, Gênes n'a d'autre ressource pour demeurer riche que de lancer ses hommes et ses capitaux sur les routes du monde. Il est vrai qu'en 1475 les Génois ont été dépossédés par les Turcs de leur colonie de Caffa, sur la mer Noire. Mais ils sont placés à Pera, la ville chrétienne d'Istanbul, ils ont conservé Chio, dans l'archipel égéen. Surtout, ils ont choisi l'expansion à l'ouest et conquis de fortes positions en Sicile, en Calabre, au Maroc, à Séville, Lisbonne, Bruges, Londres, autrement dit l'Atlantique. La soie, le sucre, le blé, l'or, toutes les spéculations sont bonnes pour les Génois. La présence de Christophe Colomb à Lisbonne et Séville, sur les routes de l'Océan, n'est en aucune façon le fait du hasard.

De la sorte, Colomb a fait la synthèse de l'expérience méditerranéenne et des initiatives atlantiques. Tous ses biographes ont, à juste titre, insisté sur l'étape décisive que furent dans sa vie les neuf années portugaises. Mais, lorsqu'il arriva à Lisbonne en 1476, à l'âge de vingt-cinq ans, le fils du tisserand Domenico Colombo n'était plus un apprenti.

De condition modeste, certes, ses parents n'étaient pas pauvres : la dot de sa mère comportait plusieurs maisons. Les garçons, Christophe et ses frères, reçurent donc une bonne éducation : lecture, écriture, des notions de mathématiques et de cartographie, d'autant que Gênes était, à l'égal de Majorque, un atelier prestigieux de fabrication des cartes marines et des portulans. Quoique limitées, ces études suffirent à stimuler la curiosité du gamin et à lui inspirer le goût des livres où il devait plus tard trouver la justification de ses projets. Certes, Colomb admit lui-même qu'il n'était pas un savant, le chroniqueur Bernaldez disait qu'il « savait peu de lettres » mais il n'avait rien d'un rustre.

Toutefois, dès l'âge de quatorze ans, Christophe avait pris la mer. Cette précocité ne saurait surprendre et nous avons rencontré, au cours de nos recherches, bien des marins de toutes nationalités dont les navigations, comme mousses, commencèrent à huit ou neuf ans. Pour le compte de maisons génoises, Christophe a parcouru la Méditerranée sans que l'on connaisse le détail de ses voyages (à l'exception d'un passage à Chio, dans la mer Égée). À vingt-cinq ans, il était déjà sans aucun doute un marin de grande classe, capable de naviger « à l'estime » avec un rare bonheur.

Il reste vrai cependant que le séjour de Lisbonne a transformé Colomb. Son mariage avec une jeune noble portugaise, Felipa Moñiz Perestrello, n'est pas en cause car cette union, heureuse semble-t-il, fut brève, quatre années seulement (1479-1483), au cours desquelles il séjourna le plus souvent à Madère, au cœur de l'Atlantique, et qui reste une des périodes les plus secrètes de sa vie.

Lisbonne était alors la capitale de l'innovation maritime, avec plusieurs décennies d'avance sur Gênes, Venise, Séville ou Bristol, qu'il s'agisse de la conception des navires, de la connaissance des routes atlantiques, des courants et des vents, des entreprises de découverte ou des nouveaux trafics fournisseurs d'or et d'esclaves. Marins et savants de toute l'Europe s'étaient donné rendez-vous à Lisbonne ou, à défaut, correspondaient avec Lisbonne, tel l'humaniste florentin Paolo del Pozzo Toscanelli.

À partir de Lisbonne, Colomb avait acquis une expérience de l'Atlantique tout à fait surprenante, aux limites du monde connu : au nord, l'Islande, lors du voyage très probable sinon certain de 1477, au sud, la Guinée où Colomb alla plusieurs fois, jusqu'à la « côte de l'Or ». Certains se sont étonnés que le Génois n'ait pas acquis, à l'occasion de ces voyages, les techniques de la navigation astronomique et l'ont taxé d'attardé. Mais nous savons aujourd'hui, grâce à plusieurs colloques d'histoire maritime où se sont rencontrés les meilleurs spécialistes, que la navigation astronomique n'a pas été pratiquée de manière régulière avant le milieu du XVIe siècle et n'en était, entre 1480 et 1500, qu'à ses premiers balbutiements.

Plus encore : c'est à Lisbonne que Colomb a conçu le

projet révolutionnaire d'aller aux Indes par l'ouest. Marianne Mahn-Lot, une des meilleures « colombistes » de notre temps, constatant que le cosmographe allemand Martin Behaim, après avoir construit un globe terrestre à Nuremberg, terminé en 1492, vint à Lisbonne en 1493 avec un projet identique à celui de Colomb (il ignorait alors l'exploit du navigateur génois), en déduit que « l'idée était dans l'air en cette fin du xv^e^ siècle ». N'est-ce pas conclusion trop hâtive ? Behaim avait commis la même erreur que Colomb, réduisant considérablement les dimensions de la sphère terrestre au point que, sur son globe, Cipango (le Japon) se trouve approximativement à la place qu'occupe *réellement* le Mexique. Si l'idée avait été « dans l'air », Colomb aurait-il éprouvé tant de peine à convaincre l'une des principales cours d'Europe ? Aurait-il essuyé tant de refus à Palos lorsqu'il entreprit le recrutement des équipages ? En tout état de cause son avance demeure puisqu'il fit une première proposition à Jean II de Portugal dès 1484.

Quelles furent les sources intellectuelles du projet ? À Lisbonne, le Génois a acheté des œuvres anciennes mais qui venaient seulement d'être imprimées : l'*Historia Rerum*, du pape humaniste Pie II Piccolomini (édition de 1477), la *Géographie* de Ptolémée (édition princeps de 1478), l'*Imago Mundi* du cardinal Pierre d'Ailly (1480). Il lit ces œuvres avec passion et les notes manuscrites dont il accompagne ses lectures en témoignent, sur les exemplaires conservés à la Bibliothèque Colombine de Séville. Mais il projette sur ces textes la vision du monde la plus conforme au rêve qui est devenu toute sa vie. Il critique Ptolémée à propos de la position attribuée à l'Islande, après son voyage dans ces parages, et l'erreur de Ptolémée pouvait signifier que le grand géographe de l'Antiquité avait pu se tromper une autre fois en imaginant la Terre trop grande alors qu'Aristote la voyait plus petite.

À l'inverse, Colomb accueille avec enthousiasme l'avis de Toscanelli adressé au chanoine Martins de Lisbonne. Que le Génois ait échangé ou non une correspondance avec le savant toscan (il y a controverse), il a connu la lettre à Martins et en a tiré argument pour réduire considérablement la distance entre l'Europe et l'extrémité orientale de l'Asie, ce que la *Géographie* de Ptolémée autorisait à sa manière en « tirant » l'Asie vers l'est de telle sorte qu'elle se rapprochait de l'Europe. Colomb effectua lui-même des calculs dont le résultat était de raccourcir encore cette distance puisqu'il choisit le mille romain (1 477 mètres) au lieu du mille arabe (1 973 mètres) comme unité de mesure du degré de longitude : choix parfaitement illogique puisqu'il utilisait les données d'un géographe arabe, Alfagran. De la sorte, Colomb réduisait la circonférence terrestre, à hauteur de l'équateur, à quelque 30 000 kilomètres (au lieu des 40 070 de la réalité) ; d'autre part, à l'en croire, Cipango n'était plus qu'à 2 400 milles nautiques des Canaries, quatre fois moins que la distance véritable !

Ces calculs donnaient au projet de Colomb l'apparence de la rationalité puisque les savants ne mettaient plus en doute la sphéricité de la Terre. Mais ils étaient assortis d'un redoutable effet boomerang ! Leurs erreurs, la fragilité scientifique des arguments transformaient Colomb en illusionniste. Rien d'étonnant à ce que les commissions de savants qui, au Portugal ou en Castille, examinèrent successivement le projet l'aient rejeté en dénonçant les erreurs d'évaluation. Les savants avaient raison et Colomb tort, à ceci près qu'à l'emplacement où il situait Cipango et Cathay existait un continent inconnu.

Dès lors s'expliquent les rebuffades essuyées par le Génois auprès des cours de Portugal, Castille ou Angleterre entre 1485 et 1492. Quoique l'un des historiens des découvertes vikings, F. J. Pohl, ait pu affirmer qu'à partir du x$^{e}$ siècle l'existence de terres à l'ouest de l'Atlantique a été connue en Europe sans jamais avoir été oubliée, il faut bien convenir que cette mémoire était confuse, au point de se confondre avec la légende : Antlia, l'île Brasil, Saint-Brandan, les Sept Cités, une géographie onirique très éloignée de la connaissance scientifique, ou même empirique, dont les cartes n'offraient que des représentations fantastiques. Cela dit, l'acceptation finale par la cour de Castille, sanctionnée par les fameuses capitulations de Santa Fé, qui accordaient au navigateur génois d'extraordinaires et très insolites honneurs et pouvoirs en cas de succès, pourrait s'expliquer, sous toutes réserves, par la révélation aux Rois Catholiques du « secret » de Colomb, ce qui rendrait compte de la phrase mystérieuse contenue dans le texte des capitulations, selon laquelle ces grâces (*mercedes*) étaient accordées à Colomb « en alguna satisfaccion de *lo que ha descubierto* en las mares oceanas » (c'est-à-dire : « en reconnaissance de ce qu'*il a découvert* dans les mers océanes »). Que signifie cette éventuelle « prédécouverte » ? Il faudra y revenir.

Plus tard, lorsque le succès eut légitimé l'entreprise, Colomb affirma la supériorité de l'expérience vécue sur le savoir livresque. Dans la lettre aux Rois du 6 février 1502, il écrivit : « Les navigateurs et autres gens de mer ont toujours une meilleure connaissance des régions précises du monde où, continuellement, ils exercent leur commerce ; c'est pour cela que chacun d'eux sait davantage par ce qu'il voit chaque jour... » Toutefois, il définissait son itinéraire personnel par la conjonction du savoir empirique, de la connaissance scientifique et de l'inspiration religieuse. Le brouillon de la lettre aux Rois, insérée dans le *Livre des Prophéties* de 1501, est à cet égard très significatif :

« Tout jeune, j'ai commencé à naviguer sur la mer et j'ai continué à le faire jusqu'aujourd'hui. Cet art incline celui qui s'y livre au désir de connaître les secrets du monde... Toutes les routes sur lesquelles on a navigué jusqu'aujourd'hui, je les ai parcourues. J'ai eu relations et entretiens avec des gens de science, ecclésiastiques et laïcs, latins et grecs, juifs et maures, et avec beaucoup d'autres, de sectes différentes. Je trouvai Notre Seigneur favorable à mon désir et je reçus de lui pour cela esprit d'intelligence ; il me rendit apte à la profession de marin, me donna ce qui suffisait en astrologie, comme en géométrie et arithmétique. Au cours de ces temps, j'ai vu et étudié toutes sortes de livres : cosmographie, histoires, chroniques, philosophie et autres arts auxquels Notre Seigneur m'ouvrit l'esprit, en me rendant évidente (palpable) la possibilité de naviguer d'ici aux Indes et il me donna la volonté d'exécuter ce projet ; habité par ce feu, je suis venu auprès de Vos Altesses. Tous ceux qui connurent mon projet le repoussèrent en raillant, ils se moquaient. Toutes les sciences que j'ai énumérées ne me furent d'aucun profit, ni leur autorité. Il n'y eut de foi et de constance qu'en Vos Altesses. Qui peut douter que cette lumière soit venue de l'Esprit-Saint, comme de moi... »

La lettre se prolonge, allègue l'Écriture Sainte, les signes du ciel, jusqu'à l'objectif désigné, la reconquête de Jérusalem. Peu importe que le Génois exagère (il n'a jamais réalisé la circumnavigation de l'Afrique, monopole des marins portugais), qu'il se trompe en croyant encore en 1501 qu'il est allé réellement aux Indes. Tout le Colomb de 1492 est déjà dans cette lettre : le marin d'élite, homme d'action et d'expérience ; l'autodidacte qui s'est abîmé dans les livres ; le prophète investi d'un message et d'une mission, visité par l'Esprit-Saint, qui, grâce au ciel, a eu raison contre les savants et les doctes.

Mais en dépit de ses mérites et de son extraordinaire persévérance, Christophe Colomb n'aurait pu réussir s'il n'avait pas disposé de la collaboration active de quelques autres marins et d'abord des frères Pinzon, Martin Alonso et Vicente Yañez. Le rôle des deux frères, surtout celui de Martin Alonso, a été tout à fait essentiel, avant le départ et pendant le voyage. On peut affirmer sans hésitation que Christophe Colomb ne serait pas parvenu à recruter ses équipages sans l'intervention de Martin Alonso et qu'il n'aurait pu venir à bout de la révolte des marins les 6 et 10 octobre 1492, si les deux frères, capitaines respectifs de la *Pinta* et de la *Niña*, n'étaient venus au secours du Génois.

## 2) Les frères Pinzon en 1492. Les équipages

Qui étaient donc les frères Pinzon ? Ils faisaient partie de la famille la plus connue de Palos, le port du bassin des rios Tinto et Odiel, dont beaucoup d'habitants étaient des marins. Martin Alonso, l'aîné, nous est présenté par plusieurs témoins des *pleitos colombinos* (procès colombiens) en ces termes : « L'homme le plus important et le plus déterminé sur les mers de ce pays, homme riche, de bonne parentèle et parmi les notables de Palos » (Alonso Gallego) ; « homme très savant et grand pilote » (Fernan Pérez Camacho) ; « homme très savant dans l'art de naviguer sur toutes les mers, et dans tout le royaume il n'en était pas de plus hardi dans les affaires de la guerre, ni plus déterminé, ni qui eut autant de réputation » (Francisco Medel). Faisons la part de l'exagération, car ces témoins veulent exalter le rôle des Pinzon dans l'aventure de la découverte !

Il reste que Martin Alonso était un marin de grande expérience, audacieux et courageux ; il possédait un navire (une caravelle, semble-t-il) et en louait d'autres si nécessaire. Martin Alonso avait navigué en Méditerranée (il était d'ailleurs à Rome lors de l'arrivée de Colomb à Palos) et dans l'Atlantique, jusque dans les parages de Guinée. Son frère Vicente Yañez, sensiblement plus jeune, le troisième des frères, né en 1461 ou 1462, avait commencé très tôt à naviguer (un document de mars 1477 l'atteste) et, dans les années 1479-1484, Vicente Yañez Pinzon apparaît à plusieurs reprises au commandement d'une caravelle ou d'une nef (*nao*). Il devait devenir, sans conteste, l'un des plus grands marins de son temps : ses nombreux voyages d'exploration aux Amériques lui valurent d'ailleurs d'être nommé pilote royal de la *Casa de Contratacion* de Séville en 1510, charge et fonction de grande importance et de prestige certain qu'il devait exercer jusqu'à sa mort survenue en 1514.

L'un des témoins a évoqué les qualités de Martin Alonso « homme de guerre ». Ne nous leurrons pas. Les frères Pinzon ont commis au cours des années 1476-1485 plusieurs actes de piraterie : aux dépens de navires bretons (au large de la Galice), anglais (dans l'archipel des Açores), portugais, et même à l'encontre de sujets du roi d'Aragon, de Catalans ou de Baléares, en 1477 et 1479. Ils s'emparaient avec une dilection particulière de céréales panifiables (blé, seigle) et de poisson, car leur région d'origine, la Niebla, souffrait de disette chronique. Les frères Pinzon, marins expérimentés, étaient donc aussi des hommes rudes, prêts à toutes les audaces, mais ils avaient acquis une certaine instruction. Il est évident qu'ils jouissaient d'un grand crédit auprès des populations de la région.

Colomb avait déjà une dette à l'égard de Palos, ou plus exactement du monastère de la Rabida, puisque c'était le prieur, Antonio de Marchena, l'un des plus fidèles protecteurs du Génois, qui avait obtenu la relance des négociations avec les Rois Catholiques après l'échec de l'automne 1491, alors que Colomb s'apprêtait à s'embarquer pour la France afin de présenter son projet à la cour de Charles VIII. Lorsqu'il revient à Palos, après l'accord avec la Couronne et la signature des capitulations de Santa Fé en avril 1492, vraisemblablement au mois de mai, dans l'intention de recruter les équipages parmi les marins de la Niebla, Colomb se heurte à une fin de non-recevoir. Il dispose de navires puisqu'il a pu, grâce aux souverains, faire mettre l'embargo sur deux caravelles : la volonté royale a été proclamée dans l'église San Jorge de Palos, le 23 mai 1492, comme sanction d'une des actions de piraterie commises par les Paleños. Mais les souverains n'obligeaient personne à embarquer et l'amnistie qu'ils proposaient à des condamnés de droit commun fut seulement mise à profit par cinq hommes, dont l'assassin du crieur public de Palos.

À Palos, Colomb était presque un inconnu et, de surcroît, un étranger. Les marins refusaient ses propositions : « *No hallaba gente que fuese con el a seguir el dicho viaje* » (« Il ne trouvait pas de gens disposés à entreprendre avec lui ce voyage »). Colomb était totalement paralysé. C'est alors, au mois de juin, qu'Antonio de Marchena (encore lui) met Colomb en relations avec Martin Alonso Pinzon, de retour de Rome, et convainc le Paleño d'accepter les offres du Génois. Certes, il est probable, pour ne pas dire certain, que Martin Alonso imposa son prix, soit une partie notable des profits que procurerait le voyage et des avantages accordés par la Couronne à Colomb.

Seule la nouvelle de l'accord intervenu entre Colomb et Martin Alonso débloqua la situation. Qui plus est, presque simultanément, les gens de la Niebla apprirent la désignation de l'aîné des Pinzon comme capitaine de la *Pinta* et du cadet Vicente à la tête de la *Niña,* ainsi que le choix des deux caravelles, bâtiments dont ils connaissaient les qualités. Il ne s'agissait plus désormais d'une aventure conduite par un personnage étrange, un grand diable roux aux yeux bleus, à la langue insolite, dont, consciemment ou non, ils se méfiaient, mais d'une entreprise proposée par les meilleurs marins du pays. Tout naturellement, les Pinzon avaient des parents, des alliés, des serviteurs, dont plusieurs s'enrôlèrent dans le voyage : le troisième frère, Francisco Pinzon, maître sur la caravelle de son frère Martin ; Garcia Hernandez, de Huelva, associé de Martin ; le marin Anton Calabrès, un de ses domestiques d'origine italienne. Les Pinzon insistent auprès des hésitants, obtiennent l'accord de gens importants, tels Cristobal Quintero, propriétaire de la *Pinta,* qui s'engage comme marin sur son propre bateau ; Cristobal Garcia Sarmiento, qui sera le pilote ; les frères Niño, de Moguer, dont Juan, propriétaire de la *Niña,* qui en sera maître ; Bartolomé Roldan ; le Basque (ou *Montañès ?*) Juan de la Cosa, installé en Andalousie, au Puerto de Santa Maria, propriétaire de la nef *la Gallega* rebaptisée *Santa Maria,* dont Colomb fit son vaisseau amiral et dont Juan de la Cosa fut « maître », etc.

Alicia Gould Quincy, qui a passé la plus grande partie de sa vie à établir la liste définitive des équipages et a identifié 87 personnes sur un total de 90 à 100, n'est pas parvenue à affecter chacun de ces hommes à un navire déterminé ; on trouvera en tableau annexe la liste des participants au premier voyage et les affectations certaines ou probables. Alicia Gould estime que les effectifs approximatifs étaient de 40 *(Santa Maria),* 30 *(Pinta),* 20 *(Niña)* et elle propose une correspondance logique entre le nombre des hommes laissés dans l'île « Espagnole », au fort de la Navidad, et la capacité de la *Santa Maria,* dont le naufrage avait rendu impossible un retour complet des équipages. Or, on sait que Colomb laissa aux Indes 37 à 40 hommes (les sources comportent de légères divergences) qui devaient tous périr lors des mois qui suivirent.

Les marins recrutés étaient surtout des Andalous de la Niebla (Palos, Moguer, Huelva) ou de Séville et alentours. Une douzaine de Basques et Montañeses, originaires de Lequeitio, Deva, Santoña ou simplement qualifiés de *vizcainos,* furent également du voyage, avec quelques étrangers, portugais ou italiens. Il est sûr, en tout cas, que le recrutement fut difficile, en dépit de la pression des Pinzon. Beaucoup se récusèrent : ce n'était pas la peur mais l'absence de foi dans l'entreprise.

Car les marins de la Niebla, région voisine du Portugal, étaient parfaitement au courant des tentatives de découvertes menées vers l'ouest par les Portugais et de leur échec. Les refus de ces marins étaient argumentés comme en témoignèrent plusieurs des dépositions enregistrées lors des *pleitos colombinos :* ces hommes ont tenu le même langage, qu'ils aient ou non participé au voyage, tels Juan Quintero et Bartolomé Colin. Le premier, contremaître sur la *Pinta,* déclara : « On disait publiquement que cette entreprise de découverte était vaine parce qu'à partir du Portugal on était allé de ce côté, sans trouver la terre... » Le deuxième, qui s'était désisté, affirma : « Il était notoire et l'on disait qu'il n'y avait pas de terre de ce côté-là car on y était allé de nombreuses fois depuis le Portugal... » De sorte que, selon Juan Manzano, l'idée de l'absence de terres dans les régions occidentales de la mer Océane était fortement enracinée parmi les marins du pays du Tinto et de l'Odiel. Ceux-ci ne savaient peut-être pas que les marins de Bristol avaient eux aussi organisé des expéditions de découverte dont l'objectif était l'île Brazil, notamment en 1480 avec John Lloyd et en 1491 avec Thomas Craft qui disposa, semble-t-il, de deux vaisseaux, le *George* et la *Trinity*. Un marchand de Bristol, John Day, dans une lettre adressée à l'Amiral (Colomb, probablement) en 1497 et retrouvée aux archives de Simancas en 1956, assurait d'ailleurs que l'île « Brazil » avait bien été découverte. Un historien anglais, David B. Quinn, a pu, à l'aide d'autres documents, construire une théorie plausible selon laquelle l'île « Brazil » (en fait Terre-Neuve) aurait en effet été atteinte entre 1481 et 1491 par des navires de Bristol : le secret aurait été gardé pour réserver aux gens de Bristol ces superbes parages de pêche.

Compte tenu de ce qu'une éventuelle découverte anglaise de Terre-Neuve n'avait pas été révélée, on voit que la thèse de Pohl trouve son négatif. Les tentatives portugaises et anglaises peuvent signifier que demeurait l'espérance d'une découverte à l'ouest. Mais les échecs répétés des meilleurs marins du XV^e^ siècle (les Portugais) avaient relégué cette croyance au musée de l'improbable. Colomb ne prétendait pas, au moins publiquement, découvrir de « nouvelles terres » mais recourait aux géographes et aux calculs pour proposer une *route alternative* afin d'atteindre plus rapidement le *monde connu*. Qu'il ait eu ou non un secret, qu'il ait eu ou non connaissance, par exemple au long de ses années de Madère, d'une prédécouverte, il ne reprend nullement au compte de son argumentation *publique* les souvenirs en miettes de voyages antérieurs.

Quoi qu'il en soit, Martin Alonso Pinzon, stimulé par Colomb, sut trouver les mots nécessaires pour enlever les adhésions indispensables, ces 90 à 100 hommes à qui il promit les « maisons aux tuiles d'or » de Cipango, la richesse et un heureux destin. Et parmi eux, il est bien vrai, voici quelques-uns des pionniers de la Découverte : non seulement Vicente Yañez Pinzon et Juan de la Cosa, mais aussi Juan Quintero de Algorta, compagnon de Colomb en ses quatre voyages ; Juan et Peralonso Niño, participants au deuxième voyage, coorganisateurs d'une expédition à la côte des Perles ; Juan de Moguer, bénéficiaire du pardon, qui repart lors du deuxième voyage; Juan Rodriguez Bermejo (Rodrigo de Triana), compagnon de Vicente Yañez en 1499-1500 ; le mousse Diego Leal que l'on retrouvera *encomendero* aux Indes en 1514; Juan de Jerez, grand bourlingueur devant l'Éternel, reparti en 1493, qui accompagna Vicente Yañez en 1499-1500, Ovando en 1502, Juan Sanchez en 1503, effectua encore plusieurs expéditions après la mort de Colomb et devint « pilote des Indes ». Grâce à Alicia Gould, il serait loisible de continuer cet inventaire puisqu'elle a exploré avec une persévérance admirable l'histoire des « héros » du premier voyage.

Colomb et Martin Alonso furent aidés de façon paradoxale par un vétéran d'une expédition portugaise, celle de Diogo de Teive, organisée par Henri le Navigateur en 1452. Il s'agissait d'un pilote fort connu, Pero Vazquez de la Frontera, qui s'était retiré à Palos. Le vieil homme encouragea les découvreurs, leur donna des conseils pour éviter les pièges de la mer des Sargasses et affirma que l'Infant Henri aurait trouvé la terre s'il avait écouté ses suggestions.

Il fallut aussi à Colomb et aux Pinzon les aides financières indispensables. Luis de Santangel avança 1 140 000 maravédis, la part de la Couronne; celle de Colomb, 500 000 maravédis, fut prêtée, semble-t-il, par le Florentin Berardi et quelques banquiers génois comme Jacopo di Negro et Luigi Doria ; quant à l'amende des gens de Palos, 360 000 maravédis, elle correspondait à la fourniture des deux caravelles. Au total 2 millions, petit budget.

Colomb joua la sécurité en matière d'approvisionnements : en moyenne 1 300 kilos par homme, de l'eau douce pour six mois, des denrées alimentaires pour quinze, dont farines, biscuits, lard, poisson salé ; bien entendu, un armement abondant, des bombardes aux mousquets, aux arbalètes et aux armes blanches, de bonnes provisions de poudre. Et toutes les pacotilles destinées aux échanges éventuels avec des indigènes de rencontre. Surprenant : pas un prêtre, pas un religieux, parmi les membres de cette expédition, alors que les officiers royaux (le notaire, le *veedor* ou inspecteur, les *alguazils* ou lieutenants de police) sont bien là, de même que l'interprète Luis de Torrès qui ne sera d'aucun secours car il ne connaît que l'hébreu, le chaldéen et l'arabe ! Le notaire, Rodrigo de Escobedo, qui ne reviendra pas, est prêt à prendre possession de terres sans maître au nom de la Couronne. Évidemment, point de femmes, absence essentielle pour qui veut comprendre la suite des événements.

### 3) Le voyage initiatique : l'Atlantique, l'inconnu

Réticences et peurs étaient naturelles. Que l'on y songe bien ! Les hommes de 1492 ne connaissaient de l'Atlantique qu'un périmètre bien défini entre les côtes occidentales d'Europe et d'Afrique et quelques archipels : les Canaries occupées, au moins en partie, par les Castillans dès le début du XV^e siècle, Madère où, dans les années 1418-1420, s'installent les Portugais, qui colonisent ensuite les Açores entre 1427 et 1432, puis les îles du Cap-Vert à partir de 1456. Au-delà, seuls les espaces liquides que les navires portugais traversent au retour d'Afrique, lors de cette *volta* de Guinée qui les contraint à s'éloigner considérablement des rivages africains pour mettre à profit l'alizé du sud-est et gagner ainsi, non sans difficultés, les latitudes des Açores. Dès lors, les vents d'ouest les ramenaient vers l'Europe.

Il est plausible, évidemment, qu'à l'occasion d'une tempête, quelque navire portugais ou andalou ait été entraîné très loin vers l'ouest alors qu'il revenait de Guinée ou des Canaries. Il aurait pu aborder dans ce cas une île des Antilles ou aux rivages de l'actuel Venezuela ; des survivants de l'aventure, en dérivant vers le nord, auraient rejoint les latitudes moyennes et, poussés par les vents d'ouest, seraient parvenus à Madère ou aux Açores. Certes, l'amiral américain Samuel Eliot Morison, grand spécialiste de Colomb, a juré ses grands dieux qu'il était impossible à un voilier « poussé par le vent » de traverser l'Atlantique nord d'est en ouest. Sans doute, mais il dit Atlantique nord et non Atlantique central, ne se place pas dans les circonstances de la *volta,* ne tient pas compte de ce que réalisent aujourd'hui les navigateurs des « routes du rhum ». C'est bien la possibilité ainsi évoquée qui nourrit l'Histoire (ou la légende ?) du « pilote inconnu », dont le père Las Casas écrit qu'elle était « opinion commune » dans l'île Espagnole vers 1500 et qu'elle avait été « la cause la plus efficace » de la « détermination de l'Amiral à entreprendre le voyage car il avait une information très sûre des terres qu'il découvrit ensuite ».

Las Casas ne semble pas croire à cette histoire, que rapportent également deux des premiers historiens des « Indes », Gonzalo Fernández de Oviedo et Francisco Lopez de Gomara. Il est vrai que beaucoup d'historiens, parmi les meilleurs : Marcel Bataillon, Paolo Taviani, outre Samuel E. Morison, ont rejeté cette hypothèse, considérée même comme absurde par Taviani, et Edmundo O'Gorman, tout en soulignant qu'elle a joué un grand rôle dans le processus de l'idée d'Amérique, n'y croit pas davantage.

Cependant, la thèse d'une « prédécouverte », réalisée par un « pilote inconnu », voire par Colomb lui-même pendant les années obscures de sa vie, a trouvé depuis vingt ans des défenseurs qui ne manquent pas d'arguments, quoi qu'en pense Paolo Taviani, surtout dans la version « pilote inconnu ». On ne peut écarter d'un revers de main la thèse de Juan Manzano à laquelle semble souscrire Guillermo Cespedes del Castillo. Comment en effet ne pas s'interroger à la lecture du texte complet de la capitulation de Santa Fe ? On sait que le document se trouve dans les papiers de la Chancellerie d'Aragon, ce qui est logique puisqu'il avait été signé au nom des Rois Catholiques par le secrétaire de cette Chancellerie, Juan de Coloma. Ce document a été publié en *fac similé* par le *Ministerio de Educación y Ciencia,* en 1970 seulement, de sorte que beaucoup de colombistes ne l'avaient pas examiné directement et n'avaient pu se rendre compte de l'altération que Martin Fernández de Navarrete avait fait subir, candidement, au préambule. Celui-ci est d'une importance fondamentale et nous le reproduisons ici, dans sa version originelle évidemment :

« *Las cosas suplicadas e que Vuestras Altezas dan e otorgan a Don Cristobal Colon, en alguna satisfacción de* lo que ha descubierto *en las Mares Oceanas y* del viaje que agora, *con la ayuda de Dios, ha de fazer por ellas en servicio de Vuestras Altezas, son las que se siguen.* »

En bref, ce texte juxtapose un passé et un présent. Le passé « *lo que ha descubierto* » suggère que Colomb a *déjà* réalisé une découverte tandis que le présent « *agora* » (= maintenant) se réfère au voyage qu'il va entreprendre. Les historiens relèvent le *ha descubierto* mais négligent par trop le *agora,* ce que nous considérons comme une erreur de lecture. S'il s'agissait effectivement d'une prédécouverte, il deviendrait facile d'expliquer :

— le rôle du père Marchena, dont on peut supposer que Colomb lui avait révélé son secret en confession, qui a relancé les négociations avec les Rois Catholiques après un échec d'apparence définitive et qui a convaincu les frères Pinzon de participer à l'entreprise ;

— les titres et faveurs réellement extraordinaires concédés à Colomb par les Rois Catholiques, notamment le titre d'Amiral, car la grande famille des Enriquez se transmettait depuis des générations le titre d'Amiral de Castille ;

— la persévérance incroyable de Colomb depuis 1484-1485, ses démarches répétées auprès des souverains du Portugal d'abord, de Castille ensuite, son intention de se rendre auprès de la cour de France, l'envoi de son frère Bartolomé en Angleterre ;

— l'affirmation plusieurs fois réitérée de Colomb sur les 750 lieues à parcourir depuis l'île de Hierro (aux Canaries), à la hauteur du 28e parallèle, pour trouver les îles de l'Asie extrême-orientale ;

— la volte-face des frères Pinzon, le 10 octobre, que Colomb aurait pu obtenir en montrant aux deux frères le texte de la capitulation ;

— enfin, un certain nombre de traces possibles d'Européens « antérieurs », dont des jeunes hommes et des jeunes femmes « presque blancs ».

Ces arguments ont plus de poids que les treize indices mentionnés par Fernand Colomb et repris par Paolo Taviani, même s'il ne faut pas négliger les bois sculptés et les cadavres d'hommes de race inconnue retrouvés sur les grèves d'îles de Madère ou des Açores.

Certes, toutes les énigmes ne sont pas résolues pour autant. Pourquoi Vicente Yañez Pinzon n'aurait-il pas parlé ensuite ? Pourquoi n'y aurait-il eu aucun survivant de cette « prédécouverte » ? Ou faudrait-il croire que ces survivants sont tous morts de la syphilis, comme le suggère Juan Manzano ? Il est vrai que l'on peut répondre que ce sont les confidences des marins, dont peut-être Vicente Yañez, qui sont à la source de la tradition du « pilote inconnu », reprise par une grande partie des premiers historiens des Indes. Nous ne savons pas. De là à prétendre, comme le fait Paolo Taviani, que le seul secret de Colomb est son caractère, il y a une marge que nous hésitons à franchir. La thèse de la prédécouverte est très loin d'être démontrée. Mais elle reste plausible car l'habitude du secret, dont navigateurs et marchands faisaient alors une religion, maintenue avec rigueur par la Couronne portugaise, notamment sous Jean II, rendrait vraisemblable le comportement de Colomb avant et après le voyage de 1492. Il aurait fallu, en effet, d'abord conserver un secret qui le servait, puis ne rien révéler qui put diminuer le prestige d'un découvreur prophétique. Et le Génois n'a jamais nié qu'il lui plaisait d'entretenir le mystère.

Que le « secret » ait été réalité ou fable, pour tous les membres de l'expédition de 1492, l'Océan, à l'ouest des Canaries, demeurait synonyme d'inconnu, générateur d'angoisse. Il n'y avait plus alors pour signaler la route ni cartes fiables, ni portulans, ni rumbs. On ne savait pas sur mer calculer avec exactitude la hauteur du soleil et les seuls calculs sérieux se faisaient à terre. Que faire s'il n'y a plus d'îles ? Il est vrai que le Juif espagnol Abraham Zacuto, né à Salamanque en 1452, avait rédigé en hébreu, avec le soutien de l'évêque Vivero, le *Hibbusha-Gadol,* traduit en castillan en 1481 sous le titre *El gran tratado.* Cet ouvrage de grande valeur publiait des tables astronomiques qui donnaient la position du soleil sur l'écliptique à midi de chaque jour de l'année en degrés, minutes et secondes, dans chaque signe du zodiaque, à partir d'observations effectuées pendant les années 1473-1476. On sait que Colomb connaissait les tables de Zacuto et on a retrouvé une édition castillane annotée de sa main. Mais comme la première édition imprimée date de 1496 (Leiria, Portugal), sous le titre d'*Almanach perpetuum,* Colomb ne semble pas avoir disposé de ces tables pour ses deux premiers voyages. De plus, les tables étaient surtout précieuses pour la navigation au long des côtes d'Afrique parce que les observations, accompagnées du calcul de la hauteur du soleil en de nombreux points du littoral, avec quadrants et astrolabes simplifiés, avaient été nombreuses et avaient permis de déterminer la latitude de plusieurs repères de cette côte. En haute mer il n'en allait plus de même.

Quant à l'astrolabe nautique on sait que Colomb a cherché à l'utiliser mais sans succès aucun, car il connaissait trop mal la carte du ciel sous les basses latitudes de l'hémisphère nord.

Seuls recours, le ciel nocturne et les étoiles, les quadrants et les horloges de sable qui donnaient l'heure locale véritable, évidemment la boussole. Les marins espagnols et portugais savaient calculer leur position la nuit grâce à la circonférence que décrivent autour de l'Étoile polaire des étoiles de sa « garde », surtout Cochab, l'étoile Beta de la Petite Ourse. Ils savaient, par exemple, que Cochab était exactement au nord de la Polaire à minuit le 15 avril, exactement au sud à minuit le 15 octobre, qu'il lui fallait trois heures pour décrire un quart. Colomb avait emporté l'instrument agrémenté d'un bonhomme droit, aux deux bras étendus horizontalement, qui facilitait la lecture des positions des étoiles. Mais sous les tropiques, très souvent les brumes effacent les étoiles.

En bref, pour évaluer la position des navires, Colomb, ses capitaines et ses pilotes doivent compter avant tout sur la boussole, désormais bien au point, et sur le calcul de la vitesse « à l'estime ». Sans doute, Colomb et les Pinzon étaient des maîtres en la matière mais la marge d'erreur demeurait importante : sachons que les distances parcourues chaque jour ont oscillé entre 32 et 174 milles nautiques, un écart de un à cinq ou davantage. On comprend dès lors que le calcul des distances effectivement parcourues ait pu être double : au 1$^{er}$ octobre, après vingt-quatre jours de navigation, le calcul officiel donne 584 lieues alors que Colomb en note, secrètement, 707 : « Je décidai de marquer moins que la distance réelle afin que, si le voyage était long, mes gens ne fussent pas épouvantés. » Autrement dit, Colomb croit avoir parcouru 707 lieues mais en avoue officiellement 584. Or, la distance réellement parcourue n'était que de 575 !

Pour une telle aventure les découvreurs disposaient, il est vrai, de navires parfaitement adaptés : les deux caravelles (la *Pinta* et la *Niña*) et la *nao* (ou nef), la *Santa Maria.* Il est banal d'affirmer que la caravelle a été *le* navire des Grandes Découvertes. Contrairement à une opinion répandue, la galère, vaisseau très rapide, eût été parfaitement capable de traverser l'Atlantique mais sa capacité de charge eût été nulle parce que l'utilisation préférentielle de la rame suppose un équipage très nombreux et, donc, des provisions de bouche considérables. La caravelle de la découverte, vaisseau de 70 à 100 tonneaux environ, est un petit navire : 22 mètres de long pour la *Pinta* ou la *Niña,* de haut bord, équipé de deux mâts ou même trois, avec ou sans hune (la *Pinta* en avait une, la *Niña* n'en avait pas). Elle se contente d'un équipage de 25 à 30 hommes, voire moins, garde une capacité de charge notable. Compromis entre le vaisseau « long » et le vaisseau « rond » avec un rapport longueur-largeur de trois à un, elle est rapide. Les caravelles portugaises étaient en général équipées de voiles latines, c'est-à-dire triangulaires, qui donnaient une plus grande aisance de manœuvres dans les mers étroites ou pour aller contre le vent. Mais l'une des initiatives hardies de Colomb fut de mettre à profit l'escale des Canaries pour transformer la voilure de la *Niña* qui fut dotée de voiles carrées comme l'avait été la *Pinta* dès le départ. Il s'agissait en effet de tirer le meilleur parti possible de l'alizé du nord-est de façon à raccourcir au maximum le temps du voyage : le Génois savait parfaitement que cette longue dérive vers l'inconnu serait de plus en plus mal supportée par les équipages.

Quant à la *nao,* la *Santa Maria,* plus longue (29 mètres) et plus lourde (au moins 140 tonnes), elle n'était nullement un navire archaïque : la *nao,* au contraire, produit d'un nouveau compromis entre la caravelle et les vaisseaux ronds de l'Europe du Nord, équipée de trois mâts, d'une double voilure, rectangulaire et triangulaire, capable d'emporter une charge double de celle des caravelles, était un navire performant. Mais elle était moins maniable, un peu plus lente, que les caravelles, moins apte aux aléas de la Découverte. Colomb, dont elle fut le navire amiral, l'aimait moins que la *Pinta* ou la *Niña.* Lors du voyage d'aller c'est toujours la *Pinta* qui va en tête et ce ne fut pas tout à fait un hasard si la *Santa Maria* fut le seul des trois navires à naufrager, le 25 décembre, mais à la suite d'une négligence et sans pertes en vies humaines.

Les trois navires quittèrent Palos dès le 3 août. Mais il ne s'agissait alors que d'un prologue, d'un voyage en pays connu, jusqu'aux îles Fortunées, appellation habituelle des Canaries où la flottille arriva le 12 août. Longue escale pour réparer les avaries de la *Pinta,* modifier les voilures, réunir des provisions de fruits frais, de poisson, de vin. Les navires vont jeter l'ancre dans la baie de l'île de Gomera. Le 6 septembre, les équipages entendent une messe solennelle. Tout est prêt. On n'attend que le bon vent. L'alizé du nord-est est au rendez-vous du 8 septembre, de bon matin. Dès lors commence l'exploration de l'inconnu.

Cette exploration prend aussitôt la forme d'une initiation au voyage transatlantique dont le modèle, aux nuances près, va perdurer pendant plus de deux siècles. Ce n'est pas un hasard, croyons-nous, si Colomb et ses navires se placent sur le 28e degré de latitude nord : la cible recherchée se situe approximativement sur le même parallèle. Dès lors, il s'agit de naviguer en se servant de l'alizé mais en tirant des bordées pour, grâce à la boussole, maintenir une direction de plein ouest. Jusqu'au 20 septembre, le vent demeure à peu près constant et permet des vitesses satisfaisantes. Le journal de bord de Colomb indique pour le 12 septembre une distance parcourue de 33 lieues, la même pour le 13 septembre, soit 135 milles nautiques environ. Les 20 et 21 septembre, l'alizé faiblit beaucoup et le gain se limita à 7 ou 8 lieues le 20, à 13 le 21. Le vent se rétablit les jours suivants et, le 25, les capitaines évaluèrent à 450 lieues la distance couverte depuis Gomera.

Colomb, au départ, en a annoncé 750. On est donc loin du compte et il est logique que les « îles de l'entrée des Indes » n'aient pas été atteintes. Pourtant, une peur insidieuse s'empare des hommes, la permanence du vent du nord-est fomente le soupçon d'un impossible retour, d'une errance désespérée au royaume de nulle part, jusqu'à une mort atroce. À partir du 22 septembre déjà, les équipages murmurent, surtout les Basques, commencent à réclamer le retour. À la date du 23 septembre, sur le journal de bord, apparaît cette notation : « Les hommes murmuraient disant... qu'il ne venterait jamais pour revenir en Espagne. » Mais il semble que ces murmures se limitent alors à l'équipage de la *Santa Maria*. De ce navire à la *Pinta* la communication s'établit au moyen d'une longue corde : Martin Alonso demande à Colomb de lui envoyer sa carte qu'il consulte pendant deux jours avant de la lui renvoyer. Selon le journal de bord, l'Amiral avait peint sur sa carte des îles qu'il situait dans ces parages et dont Martin Alonso voulait déterminer la position éventuelle par rapport à celle de la flotte.

Au 1er octobre, la distance officiellement parcourue n'atteignait pas 600 lieues. Mais, pour Colomb, elle s'élevait à 707 lieues. Or, dans les *Instructions* qu'il avait remises à ses deux capitaines, Martin Alonso et Vicente Yañez, le Génois ne s'était pas contenté d'évaluer à 750 lieues la distance qui le séparait de la terre à découvrir : il avait donné l'ordre de ne plus naviguer de nuit dès lors que l'on aurait franchi 700 lieues et d'exercer une grande vigilance, comme si un obstacle dangereux se trouvait sur la route. Ce détail est, selon Juan Manzano, une preuve supplémentaire de l'existence du « secret » de Colomb : le parage périlleux devait être l'archipel corallien des Onze Mille Vierges puisque, selon ce secret, la terre recherchée par Colomb était l'île baptisée plus tard « La Española » (Saint-Domingue) et non Cipango, dont « l'île Espagnole » serait en somme l'avant-poste. Le Génois s'inquiète alors de ne pas trouver trace des îlots attendus et ne se rassure qu'en constatant l'importante marge entre le compte officiel et son propre relevé des distances. Mais, le 3 octobre, son inquiétude se réveille et il croit alors avoir dépassé les îles redoutées.

Pourtant, à cette date, le pilote de la *Niña* estime que la distance parcourue est de 650 lieues, celui de la *Pinta* de 634 : il n'y avait donc pas motif à mutinerie puisqu'il restait encore une marge de 100 lieues (plus de 400 milles marins). Mais la vitesse s'accélère alors : les trois navires couvrent 40 lieues le 3 octobre, 46 le 4, 45 le 5, le compte du pilote de la *Pinta* atteint 745 lieues au soir du 6 octobre. Chiffre critique et Martin Alonso conseille d'infléchir la route vers le sud-ouest comme cela avait déjà été fait les 25 et 26 septembre. Colomb refuse et un premier incident grave se produit à bord de la *Santa Maria :* les Basques se rebellent contre Christophe Colomb et menacent de le jeter à la mer s'il ne donne pas l'ordre du retour vers l'Espagne « car il ne trouvait pas de terre ». Colomb parvient à prévenir les Pinzon en tirant un coup de bombarde et les capitaines de Palos menacent les Basques de les attaquer avec leurs équipages pour les réduire à merci. Cette attitude résolue permet d'apaiser la révolte.

Dans la soirée du 7 octobre Colomb donne l'ordre de faire route vers le sud-ouest. Pourquoi ? Parce que les équipages ont aperçu des vols nombreux d'oiseaux migrateurs, dont plusieurs pélicans, en direction du sud-ouest, signe probable de terres voisines, d'autant que, parmi ces oiseaux, il en était beaucoup de petite taille, incapables, pensait-on, de couvrir de longues distances. Comme Martin Alonso avait recommandé la veille ce changement de direction, des témoins des procès colombiens n'hésiteront pas, quelques années plus tard, à lui attribuer, un peu abusivement, le mérite de la découverte. Mais il devenait urgent pour Colomb de trouver une terre, quelle qu'elle fût. Il se rendait bien compte et son fils Hernando l'a noté, dans la biographie qu'il lui a consacrée *(Vida del Almirante)*, qu'il était en passe de perdre l'autorité et le crédit de son voyage en allant à tâtons d'une direction à l'autre à la recherche des îles « qu'avec tant de certitude et d'assurance il avait annoncées à ses marins ».

De fait, les espoirs nés des passages d'oiseaux, diurnes ou nocturnes, se flétrissent rapidement : le mécontentement explose et devient dangereux. Colomb le reconnaît dans le journal de bord, à la date du mercredi 10 octobre : « Les gens n'en pouvaient plus : ils se plaignaient de la longueur du voyage. » En fait, la mutinerie a dû commencer dès la soirée du 9. Dans ses *Decades del Nuevo Mundo*, Anghiera écrit qu'au bout de trente jours, après avoir perdu la terre de vue (l'île d'Hierro s'est effacée le 9 septembre sur la ligne d'horizon), les hommes furieux exigeaient de revenir et suppliaient l'Amiral de ne pas aller au-delà.

La situation était devenue très grave. Les comptes des pilotes de la *Pinta* et de la *Niña* atteignaient respectivement 844 et 860 lieues : la distance annoncée au départ par Colomb a été dépassée de 100 lieues ! Cette fois, les deux capitaines se rangent aux côtés des équipages et, avec eux, les maîtres, Juan Niño, Juan de la Cosa, Francisco Martin Pinzon. Ils adjurent l'Amiral de donner l'ordre du retour. Colomb essaie de les persuader qu'ils ont largement le temps de revenir en Espagne mais les hommes ne veulent rien entendre, menacent de le tuer. C'est alors que Colomb, selon les témoignages des procès ultérieurs, arrache un dernier délai : trois jours au terme desquels il promet, en cas d'échec, d'entreprendre le voyage de retour.

Mais comment Colomb a-t-il obtenu cet ultime recours ? Il est très probable que la discussion entre le Génois et les deux frères a été dure, violente même. Martin Alonso et Vicente Yañez avaient soutenu sans faiblir l'Amiral. Or, ils avaient maintenant l'impression d'avoir été bernés. Aucune des prévisions de Colomb ne s'était réalisée alors qu'ils avaient couvert 100 lieues de plus et davantage. Ils avaient compromis leur prestige auprès de tous les marins de la Niebla, de Palos à Huelva. Ils ne pensaient plus qu'à sauver ce qui pouvait l'être, les navires et la vie des marins en imposant le retour à un Amiral à l'égard de qui, puisqu'il les avait trompés, ils ne se reconnaissaient plus aucune obligation.

Selon Juan Manzano, Colomb a joué sa dernière carte : il aurait montré à Martin Alonso le texte original des capitulations de Santa Fe, signé par les Rois Catholiques, où, de manière explicite, apparaissait la référence déjà évoquée d'une « prédécouverte », réalisée sinon par le Génois lui-même du moins par un pilote inconnu. De la sorte, Colomb avait la certitude absolue de l'existence de terres dans ces parages de l'Océan. Ainsi aurait-il pu convaincre Martin Alonso d'abord, son frère ensuite et les officiers de la flotte enfin de lui accorder une ultime chance, ce délai de trois jours que les officiers firent accepter aux hommes. Le pilote de la *Santa Maria,* Peralonso Niño, aurait tenu un rôle important pour convaincre les marins de ce bateau. Évidemment, si Martin Alonso avait vécu, il aurait parlé et nous aurions des certitudes au lieu de nos doutes. Sa mort prématurée au retour du grand voyage nous a privés d'informations de premier ordre.

La colère et l'angoisse des équipages étaient chose naturelle, quels qu'aient pu être le courage et l'énergie de ces marins. Trente-trois jours sans voir une terre, pas une de ces îles de légende qui couraient les rumeurs, occupaient les veillées de terre : ni l'île Brazil, ni l'île Antlia, ni Saint-Brandan, et aucune autre. De plus, que savaient-ils des objectifs du voyage ? Rien ou presque. Ils savaient seulement qu'ils n'allaient pas en Guinée, destination interdite par le traité d'Alcaçobas passé avec le Portugal. À cet égard, on peut croire les témoins des procès colombiens. En 1535, Juan Dominguez déclara que Colomb et Pinzon répétaient qu'ils partaient à la découverte de terres « mais ils ne disaient pas quelle terre ils allaient découvrir ». Ces incertitudes devaient créer un malaise dès lors que le voyage se prolongeait et les tricheries de Colomb à propos des distances, rendues vaines par ses erreurs de calcul, prouvent qu'il en avait pleine conscience.

Il faut aussi tenir compte des espérances plusieurs fois frustrées de découverte : celles de Martin Alonso dès le 18 septembre étaient à l'évidence trop précoces mais le mirage du 25 septembre, lorsque le capitaine de la *Pinta* crut fermement apercevoir la terre, créa une déception beaucoup plus profonde. Les équipages s'étaient agenouillés sur le pont des navires et Martin Alonso avait entonné le *Gloria in excelsis Deo.* Tous avaient cru voir la terre et les navires avaient mis le cap au sud-ouest. Mais, au soir du 26, il avait fallu se rendre à la raison : ce n'était pas la terre mais le ciel. Ce furent encore les oiseaux migrateurs et les branches sur la mer les 6 et 7 octobre, les assurances successives et toujours vaines de l'Amiral. Épreuve de plus en plus insupportable pour des hommes qui, quelle que fût leur expérience, n'étaient jamais restés plus de dix jours hors de vue d'un rivage et qui, le 10 octobre, croyaient à peu près tous que ce serait merveille de réussir le retour.

Pourtant, lors de la très rapide avancée des 10 et 11 octobre, les prémices de la terre voisine deviennent irrécusables : les oiseaux, des branches d'arbres encore verdoyantes, un bois sculpté, une planchette. L'espoir renaît. Et, dans la nuit du 11 au 12, le miracle se réalise enfin : puisque la *Pinta* allait en tête ce fut en toute logique à un matelot de la *Pinta,* Juan Rodriguez Bermejo (Rodrigo de Triana) que revinrent l'honneur et le bonheur de lancer le cri tant attendu « *Tierra!* ». Et le grand marin génois n'a rien ajouté à sa gloire en s'attribuant la rente annuelle de 10 000 maravédis promise à celui qui verrait le premier la terre, sous le prétexte qu'il avait cru voir une lumière à dix heures du soir. Petitesse d'un grand homme !

On connaît mieux la suite : le débarquement parmi les Indiens nus de l'Amiral et de ses capitaines, étendards déployés, la prise de possession au nom d'Isabelle et de Ferdinand, en présence du notaire Rodrigo de Escobedo, les larmes d'émotion des Espagnols qui sollicitent le pardon de l'Amiral pour leur inconstance, leur manque de foi et leur peur. Le débarquement à Guanahani, petite île des Lucayes, est le premier instant, à forte charge symbolique, de la rencontre entre deux mondes qui s'ignoraient absolument jusqu'en ce jour du 12 octobre 1492.

Mais ensuite ? Beaucoup d'ouvrages passent trop vite sur les épisodes ultérieurs du premier voyage. Or, pendant quelque trois mois (jusqu'au 10 janvier 1493, date du départ pour l'Espagne) l'expédition se livre à une recherche obstinée de Cipango, « très abondante en or, perles et pierres précieuses ». Colomb et ses hommes découvrent d'abord trois îles, nommées successivement Santa Maria de la

Concepción, Fernandina et Isabela. Elles ne recèlent ni or ni épices. Qu'importe ! Selon Marco Polo, l'archipel de Cipango comptait 7 457 îles : le temps n'était plus au découragement. De plus, à Isabela, les indigènes font entendre aux Espagnols qu'ils sont proches d'une terre très vaste où affluent navires et marchands, qu'ils appellent Cloba (c'est-à-dire Cuba). Le Génois croit alors avoir trouvé Cipango lorsque, au matin du 28 octobre, il aborde la côte nord de la grande île mais il déduit ensuite de palabres confuses avec les natifs qu'il a touché la « Terre Ferme », donc le Cathay (la Chine) du Grand Khan à qui il va pouvoir présenter les lettres des Rois Catholiques.

Plusieurs raids de reconnaissance dans l'intérieur des terres ne produisent que désillusions : ni or, ni épices, pas le moindre indice à propos du Grand Khan. Par contre, les informateurs obtiennent des indications convergentes relatives à l'abondance de l'or dans une autre terre, Bohio, qui sera la « Española », c'est-à-dire Saint-Domingue, située plus au sud. Le voyage vers le sud s'impose. Mais il va se faire en ordre dispersé : le 21 novembre, Martin Alonso et la *Pinta* prennent les devants sans en référer à Colomb. Cette initiative de l'aîné des Pinzon sera le point de départ d'une brouille définitive avec le Génois. Il semble que Martin Alonso ait mal supporté l'autorité tyrannique exercée par Colomb depuis le jour de la Découverte et notamment l'interdiction absolue faite à ses hommes, capitaines compris, de pratiquer le *rescate,* c'est-à-dire l'échange avec les indigènes.

Quoi qu'il en soit, du 21 novembre au 6 janvier 1493, Colomb et Martin Alonso vont vivre séparément les temps forts du voyage. Au terme de quelques jours, après une escale dans l'île de Baneque, la *Pinta* aborda, au début de décembre, la côte nord de l' « Española », à l'embouchure d'un petit fleuve. Le lieu fut baptisé « rio e puerto de Martin Alonso ». Dans ce petit port, pour la première fois, les Espagnols purent obtenir une quantité notable d'or en échange de divers objets. Le capitaine, accompagné d'une douzaine d'hommes, conduisit un court raid d'exploration à l'intérieur de la grande île, dont témoignèrent plus tard l'un des marins de la *Pinta,* Francisco Garcia Vallejos, et un fils de Martin Alonso, Arias Perez. Ce raid n'a duré, semble-t-il, que trois jours mais il permit d'obtenir à nouveau un peu d'or.

Pendant ce temps la *Santa Maria* et la *Niña* longeaient la côte septentrionale de Cuba dont elles atteignirent l'extrémité nord-orientale le 5 décembre : Colomb baptisa ce cap « Alpha et Oméga » parce qu'il croyait qu'il s'agissait du point le plus oriental du continent asiatique. De là, il ne lui fallut pas plus d'un jour pour aborder au rivage nord-ouest de l' « Española », ainsi appelée par le Génois parce que les paysages lui paraissaient comparables à ceux du royaume de Castille. Cette terre, pense-t-il alors, n'est pas Cipango, elle est trop proche de la « Terre Ferme », nous dirions aujourd'hui du continent, puisqu'il identifie à tort Cuba et le continent. Mais, le 18 décembre, un vieil indigène évoque des îles voisines débordantes d'or. L'une de ces îles, songe Colomb, ne peut être que Cipango.

Cependant, le 23 décembre, le Génois parvient à la conviction que l' « Española » elle-même recèle dans les montagnes de l'intérieur de grandes quantités d'or. D'ailleurs, dans le port de la baie de Santo Tomas, où il avait accosté le 20 décembre, il en voyait, il en touchait, il en recevait par le *rescate,* et les natifs lui expliquaient, à force gestes, comment ils le recueillaient. Enfin, il entendit parler de Cibao ! C'était évidemment Cipango. Mais, toujours persuadé que Cipango est plus loin à l'est, il persiste à croire que Cibao est une île distincte de l' « Española », alors qu'il s'agit de la partie montagneuse de l'île. Ce n'est qu'en 1494, lors du deuxième voyage, que Colomb se rendra à l'évidence lorsque, au terme de cinq jours de marche, il parviendra avec ses hommes au Cibao. Las Casas a souligné justement que Colomb n'avait pas compris les indications des indigènes : quand ceux-ci nommaient les différentes régions de leur île, il croyait qu'il s'agissait d'îles distinctes : Guarionex, Maiorin, Magonic, Fuma, Cibao... Il avait en tout cas obtenu du cacique Guacanagari, avec qui les relations étaient bonnes, une certaine quantité d'or.

Mais, le 25 décembre, la *Santa Maria,* laissée bien légèrement à la garde d'un mousse, s'échouait. Le renflouement se révélait impossible. Événement de grandes conséquences puisque Colomb allait prendre la décision de laisser 37 (ou 38 ou 39 ?) hommes dans l'île jusqu'à son retour, tous volontaires, dans un petit fortin rapidement construit, car il apparaissait impossible de réunir les deux équipages sur la seule *Niña* et il voulait aussi ramener quelques Indiens en

Espagne. À cette date, il jugeait la *Pinta* perdue ou déjà engagée dans le voyage de retour. Il urgeait maintenant d'entreprendre ce retour et Colomb était si pressé qu'il négligea même, malgré le conseil de Vicente Yañez, de revenir à terre pour prendre livraison de la statue d'or que devait lui envoyer Guacanagari.

Avant-dernier épisode du voyage : plus à l'est, sur la côte nord de l' « Espagnole », les navigateurs découvrent une haute montagne, baptisée *Monte Christi* par Colomb, qu'au prix d'un acrobatique amalgame linguistique, il identifie avec Cipango. On y reviendra. Colomb, en tout cas, n'a plus de temps à perdre car, écrit-il dans le journal de bord, « il avait trouvé ce qu'il cherchait ».

Dernier épisode : les retrouvailles avec la *Pinta,* à quelques encâblures de *Monte Christi* et l'entrevue, froide, tendue, entre l'Amiral et le capitaine de la caravelle. Martin Alonso présente ses excuses, assorties d'assez mauvaises raisons dont Colomb n'est pas dupe : il feint de les accepter pour ne pas compromettre la phase finale de l'expédition mais il dissimule mal sa rancœur, de sorte que Martin Alonso va préparer le discours de ses marins pendant le voyage de retour : on en trouvera trace dans les déclarations très surprenantes, voire incohérentes, de certains témoins des *pleitos colombinos* et du procureur Villalobos qui épousera contre Colomb les thèses des frères Pinzon. Mais, de manière parfaitement injuste, le Génois associera dans sa rancune Martin Alonso et Vicente Yañez alors que ce dernier a témoigné à son égard d'une loyauté sans faille et a eu un comportement exemplaire lors du naufrage de la *Santa Maria.*

Le voyage de retour est une démonstration brillante des qualités de marins de Colomb et des frères Pinzon. Ils tirent des bordées vers le nord, en naviguant à la bouline, pour atteindre les latitudes moyennes où les vents dominants sont d'ouest et trouvent ainsi d'emblée l'itinéraire Amérique-Europe que suivront les voiliers pendant trois siècles. La *Pinta* est souvent attardée parce que son mât de misaine est en mauvais état et Colomb note méchamment sur le journal de bord que Martin Alonso aurait eu tout le temps de remplacer le mât s'il n'avait seulement songé « à gonfler le navire d'or ». À hauteur des Açores, une violente tempête secoue les caravelles à partir du 12 février et les sépare définitivement. Affolés, perdus, l'Amiral et ses marins font vœu, s'ils se sauvent, d'aller en procession, en chemise et pieds nus, rendre grâces à Notre-Dame, en l'un de ses sanctuaires, et, de fait, ils feront plus tard le pèlerinage de Guadalupe. Chaque équipage croit l'autre naufragé. Mais les qualités des caravelles firent merveille : tandis que, le 18 février, la *Niña* pouvait aborder à Santa Maria, dans l'archipel des Açores, et y demeurait jusqu'au 24, la *Pinta* poursuivait sa route jusqu'à Bayona de Galice où elle accosta dans les derniers jours de février. Dès l'arrivée, Martin Alonso et ses hommes racontent les événements du voyage à leur manière, en exaltant les mérites du capitaine de la *Pinta* aux dépens de ceux de Colomb, première amorce des *pleitos colombinos,* comme l'a très bien vu Alicia Gould. Bien entendu, Martin Alonso envoya de Bayona une lettre aux Rois Catholiques pour les informer de l'heureux résultat du voyage, dans laquelle il identifiait Cuba (la *Juana*) à la Chine du Grand Khan. Colomb, qui avait partagé cette idée, y avait renoncé depuis le 6 janvier, date de sa découverte supposée de Cipango, qui l'obligeait à repousser la Chine plus à l'ouest pour conserver les écarts signalés par Toscanelli.

De son côté Colomb, contraint à l'escale de Lisbonne et à une entrevue avec Jean II, avait pris quelques jours de retard. Toutefois, c'est le même jour, quoique séparément, le 15 mars, que *Pinta* et *Niña* entraient dans le port de Palos.

### 4) Le voyage initiatique : de l'imaginaire à la réalité, des livres aux choses

Revenons au 24 décembre 1492. Colomb entend parler pour la première fois de Cibao, qu'il croit aussitôt être Cipango. Il n'en comprend pas ce jour-là la localisation, à l'intérieur de l'île « Espagnole ». Mais, le vendredi 4 janvier 1493, au *Monte Christi,* il a compris : « Il conclut que Cipango était dans cette île, qu'il y a beaucoup d'or et d'épiceries, de mastic et de rhubarbe. » Pourquoi ? C'est le nom du cacique de Cibao, Caonaboa, qui a joué le rôle de révélateur car ce nom est formé de deux mots *taïnos : caona,* l'or, et *boa,* la maison. Caonaboa est donc le « seigneur de la maison de l'or ». Nous y sommes, revoici Marco Polo et ses maisons aux tuiles d'or. Colomb a trouvé Cipango. À Lisbonne, il déclare à Jean II qu'il vient de Cipango.

Ce seul exemple montre bien que le premier voyage n'a permis en aucune façon de substituer aux légendes et aux mythes la réalité géographique. Bien au contraire, ce premier voyage renforce les mythes dont vivaient et rêvaient les hommes du Moyen Âge. Le 6 janvier 1493, dans le journal de bord, Colomb note qu'il a eu connaissance d'une île, *Matinino* (l'actuelle Martinique) ou *île des femmes,* peuplée uniquement par des femmes et, au retour, dans sa lettre à Luis de Santangel, il précise que ces femmes ne se vouent à aucune des activités propres à leur sexe mais qu'elles ont des arcs et des flèches. De la sorte, il accrédite le mythe des Amazones. Pierre Martir d'Anghiera recueille l'information dans sa première *Décade,* en dépit de certaines précautions, et ce n'est que dans la troisième qu'il se rétractera, en rendant Colomb responsable de son erreur.

Le même Colomb, dans une lettre au pape Alexandre VI, de février 1502, donc postérieure à son troisième voyage, écrit : « Cette île est Tarsis, est Cethia, est Ophir et Ophaz et Cipango, et nous l'avons appelée " Espagnole ". » Extraordinaire amalgame ! Colomb a trouvé Ophir et Tarsis, les fabuleux royaumes du *Livre des Rois* de la Bible, à Saint-Domingue, confondus avec Cipango et, nous assure Las Casas, il a cru jusqu'à la mort avoir retrouvé ces pays mythiques dont l'or avait permis la construction du temple de Jérusalem. Plus tard, Ophir sera situé au Pérou et cette croyance se prolongera jusqu'au XVII^e^ siècle.

Au cours de leur voyage d'aller et de retour, Colomb et les Espagnols n'avaient rencontré aucune terre inconnue, abstraction faite, bien entendu, des petites îles, de Cuba et de Saint-Domingue dont ils croyaient encore qu'elles faisaient partie de l'Asie. Mais rien qui puisse confirmer l'île Brazil, Antlia, les Sept Cités ou Saint-Brandan. Cependant, ces terres légendaires vont longtemps occuper les terres et les mappemondes. Jean-Pierre Sanchez, auteur d'une thèse passionnante sur *Mythes et légendes de la conquête de l'Amérique,* fait les suggestives remarques suivantes :

— l'île Brazil (ou Brasil, Brazir, Bracir, etc.) apparaît 89 fois sur des cartes dessinées de 1325 à 1667. Elle est située le plus souvent au sud-ouest de l'Irlande, mais on la trouve aussi à l'ouest du Portugal et, trois fois, près de la côte nord de l'Amérique du Sud. En 1497, John Day écrivit à Christophe Colomb que les marins de Bristol avaient accosté à l'île Brasil (sans doute Terre-Neuve). Ce qui n'empêcha nullement les migrations ultérieures de l'île à travers l'espace atlantique. Étonnante longévité de la légende;

— l'île de Saint-Brandan a voyagé bien davantage encore puisque, de 1367 à 1667, elle a été signalée 58 fois en des lieux fort différents : 3 fois près des Canaries, 21 fois au milieu de l'Atlantique nord, 26 fois dans l'océan Indien !

— l'île Antlia occupait une bonne place dans l'imaginaire des navigateurs de la fin du xv^e^ siècle. Elle figure 12 fois dans l'Atlantique entre 1424 et 1492. Elle est très souvent confondue avec l'île des Sept Cités, repérée 16 fois dans l'Atlantique sur des cartes exécutées de 1474 à 1600 et elle figurait sur le globe de Martin Behaim de 1492. Le Français Eugène de La Fosse, qui avait navigué avec les Portugais sur la côte occidentale de l'Afrique au début des années 1480, l'avait en quelque sorte « lancée » et le mythe conservera longtemps une grande force. C'est sans doute Pierre Martir d'Anghiera qui a utilisé le mot Antlia pour l'appliquer aux îles des Caraïbes car Colomb n'a jamais employé ce terme en ce sens.

Colomb lui-même, dont l'imagination exacerbée n'était jamais en repos, a tutoyé toute sa vie les légendes et les prodiges qui hantaient les hommes de l'Ancien Monde. On a déjà vu que dès son premier voyage il avait été sensible au mythe des Amazones. Il s'attendait peut-être à trouver des monstres puisque, dans la lettre à Santangel, écrite en pleine mer, le 15 février 1493 (du moins est-ce la version officielle), il prend soin de préciser que *jusqu'ici* il n'en avait pas trouvé ! Las Casas émet l'hypothèse selon laquelle Colomb aurait espéré trouver l'île de l'Atlantide. Mais le navigateur génois était surtout obsédé par la Bible et par le souci d'en découvrir les illustrations au cours de ses voyages. Alain Milhou a montré qu'il avait été plusieurs fois tenté de s'identifier à des personnages essentiels de l'Ancien Testament, au moins de se comparer à eux. Ainsi à David : « Notre Seigneur m'a fait la plus grande grâce que depuis David il ait faite à quelqu'un » (lettre à la banque génoise de Saint-Georges en 1502). Ou encore : « Je suis le serviteur de ce même Seigneur qui plaça David dans cet état » (celui de roi de Jérusalem, alors qu'il était pasteur de brebis). Mais aussi à Moïse : dans le journal de bord à la date du 23 septembre 1492, après avoir fait allusion aux murmures des marins parce que la mer était lisse : « dans ces parages il n'y a pas de mer forte et il ne fera jamais assez de vent pour revenir en Espagne », il constate émerveillé que la mer devient très forte et se souvient de l'épisode de la Bible, lorsque Moïse arracha les Hébreux à la captivité egyptienne. Durant le quatrième voyage, à propos de sa « révélation », il se réfère simultanément à Abraham, Moïse et David.

Mais, outre les allusions constantes à Jérusalem, Colomb se sert de la Bible pour la recherche du paradis terrestre. Il s'agit chez lui d'une préoccupation permanente, éclatante, dès ce premier voyage. Il note sur le journal de bord, le 21 février 1493 : « Les théologiens sacrés et les sages philosophes ont bien dit que le paradis terrestre est situé à la fin de l'Orient, parce que c'est un endroit de climat très doux. Or ces terres qu'il (l'Amiral, c'est-à-dire lui-même) vient de découvrir sont la fin de l'Orient. » La conclusion s'imposait d'elle-même.

Les conceptions que l'on avait à cette époque du paradis terrestre ne pouvaient, il est vrai, qu'encourager Colomb dans cette croyance. À la fin du Moyen Âge l'opinion courante situait le paradis à l'Orient, en une région bien arrosée, à la flore généreuse et au climat doux puisque Adam et Ève y vivaient nus ; on croyait aussi que quatre fleuves en procédaient. Certes, à propos de la localisation, les opinions étaient fort diverses, mais l'autorité d'Isidore de Séville confirmait l'Orient comme siège du paradis, l'agrément du climat, l'existence de quatre fleuves et, bien entendu, de l'arbre de vie. Dès le premier voyage, le Génois a donc cru qu'il était parvenu aux portes de l'Éden : un climat doux, une végétation exubérante, des indigènes (les *Taïnos*) d'un naturel paisible, d'une douceur angélique, sans doute parce qu'ils subissaient l'influence d'un voisinage paradisiaque et qui, de surcroît, vivaient nus comme Adam et Ève avant la faute. Un faisceau de preuves, incomplètes cependant.

Mais, au cours du troisième voyage, de nouveaux arguments devaient s'offrir au Génois : le 31 juillet 1498, il approche des bouches de l'Orénoque, fleuve dont la puissance lui inspire de l'effroi : « J'entendis un rugissement terrible qui venait du sud vers le navire. Je regardai alors et je vis la mer qui se dressait du Ponant au Levant, à la façon d'une crête aussi haute que le navire... aujourd'hui encore j'en garde la peur au corps. » Voici donc un grand fleuve au courant très violent parce qu'il descend d'un lieu élevé (emplacement obligé du paradis). Qui plus est, l'aiguille de la boussole s'affole. N'est-ce pas la preuve d'un renflement de la sphère terrestre en ce lieu, dû évidemment à la haute montagne sur laquelle s'est installé le paradis ? Au large est une grande île coiffée de trois montagnes, signe céleste pour annoncer le paradis et Colomb baptise l'île *Trinidad.* Il n'a plus aucun doute et affirme dans sa *Relation du troisième voyage :* « J'ai l'idée ancrée dans l'esprit que là se trouve le paradis terrestre » et il réitère l'affirmation deux pages plus loin, tout en rappelant que « personne ne peut y accéder sauf par l'effet de la volonté divine ». Ce qui dispensait Colomb d'apporter la preuve définitive.

Il ne s'agit pas de mettre en doute la sincérité de l'Amiral : le personnage n'a cessé, au cours de sa vie, de solliciter les textes pour les mettre en accord avec ce qu'il croyait ou voyait et l'Écriture sainte n'a pas fait exception. Mais Colomb était un mélange bizarre de mysticisme et de cupidité, comme l'ont observé plusieurs auteurs. Or, l'idée était alors répandue que le paradis terrestre abondait en épices et, selon Jean de Mandeville, dont Colomb avait lu le *Livre des Merveilles du Monde,* l'un des quatre grands fleuves descendant du paradis roulait pépites d'or et pierres précieuses. Jean-Pierre Sanchez est donc pertinent lorsqu'il souligne que Colomb avait intérêt à suggérer aux Rois Catholiques les substantiels profits dont la proximité du paradis terrestre était la promesse.

On pourrait seulement ajouter que la dégradation du crédit de Colomb à la Cour devait l'inciter à user de tous les arguments pour le rétablir. Cela dit, beaucoup de ses contemporains et de ses successeurs ont également situé le paradis terrestre dans le Nouveau Monde, y compris au XVII^e^ siècle Leon Pinelo qui voyait dans l'Orénoque, l'Amazone, le Magdalena et le Rio de la Plata les quatre fleuves du paradis ! Et l'imagerie de la Bible restera très longtemps opératoire pour l'interprétation de la géographie nouvelle. Frère Toribio de Benavente, dit Motolinia, l'apôtre de la Nouvelle-Espagne, observe : « Lorsque les Espagnols s'embarquent pour venir dans ce pays l'on dit aux uns et d'autres pensent qu'ils s'en vont à l'île d'Ophir d'où le roi

Salomon faisait venir l'or fin... » Îles merveilleuses, plus tard renvoyées au cœur de l'océan Pacifique puisque, en 1567, Alvaro de Mendana nomma ainsi (îles Salomon) l'archipel qui porte toujours ce nom.

### 5) Le voyage initiatique : les « Indiens », les corps et les âmes

Mais le premier voyage est aussi celui de la rencontre entre deux humanités ignorantes l'une de l'autre. Rencontre initiatique et toute initiation est rituelle. L'interprétation des rites, il est vrai, est souvent difficile.

Ainsi est-il presque impossible de savoir comment les *Taïnos* de Guanahani d'abord, ceux des autres îles ensuite, interprétèrent les rites de prise de possession de leurs terres par le notaire Rodrigo de Escobedo. Pourquoi les nouveaux venus ont-ils baisé le sable, ont-ils frappé le sol de leur épée, coupé des branches d'arbres, déployé des étendards rouges et verts qu'ils ont ensuite plantés ? Les *Taïnos* étaient un peuple sans écriture, éliminé au terme d'une génération par le choc microbien et parmi ceux qui sont venus en Espagne aucun n'a transmis de témoignage qui ait pu être fixé par un livre. En dépit des éléments intéressants rassemblés dans la *Relation* de Ramon Pané, le religieux qui vécut parmi les indigènes de l'Espagnole, il n'existe aucune version acceptable d'une vision *taïno* de l'irruption des Espagnols, bien que certains auteurs, tel Francisco Maldonado de Guevára, aient tenté de la reconstruire.

Nous savons seulement, par des témoignages indirects, avant tout ceux de Colomb et de Vespucci, que les *Taïnos* ont considéré que les Espagnols descendaient du ciel. Dans la lettre de Colomb, datée du 14 mars 1493 à Lisbonne, l'Amiral le dit deux fois : « Ils croient (...) que je suis descendu d'une aussi haute demeure (le ciel) avec mes navires et mes marins... », « ils conservent toujours l'idée que je suis descendu des cieux ». De même ont-ils attribué aux Espagnols un intérêt passionné pour les perroquets, comme s'il était leur animal totémique, de sorte qu'ils leur en ont offert de façon continuelle et Vespucci l'observe comme Colomb. Peut-être ont-ils établi une relation entre la barbe, attribut habituel des Espagnols de ce temps, et le coton car ils ont souvent offert des cotonnades en cadeaux.

Il est à peu près certain que la peur manifestée par de très nombreux Indiens à l'arrivée des Espagnols, dont témoignent les premiers textes (*journal de bord,* lettre de Colomb, *Quatre navigations* de Vespucci) procède de leurs rapports avec les autres Indiens du monde antillais, les Indiens caraïbes, guerriers et anthropophages, dont ils redoutaient par-dessus tout les raids sur leurs îles. L'un des premiers mots retenus par les Espagnols a été celui de *Carib* et il est certain que le comportement des *Taïnos* se transformait dès qu'ils avaient compris l'absence de toute relation entre les Espagnols et les Caraïbes. La possession d'armes à feu, d'épées et de couteaux aux lames tranchantes, de miroirs et d'autres objets, suggérait des pouvoirs inouïs, de nature magique.

On ne peut guère en dire plus d'autant que la communication était difficile entre Espagnols et « Indiens ». Certes, Colomb avait emmené avec lui, par contrainte, plusieurs indigènes de la première île pour qu'ils servent d'interprètes et surtout rassurent les populations en leur faisant connaître les bonnes intentions des chrétiens mais le langage des signes et des gestes, moyen de communication essentiel entre Espagnols et Indiens, a provoqué maintes confusions. L'étonnante mémoire des *Taïnos,* qui leur permettait de retenir rapidement les mots espagnols, n'a pas empêché ces confusions. On sait que Colomb les a accumulées : le terme de *Canibas,* employé au lieu de *Caribs,* l'a fait irrésistiblement songer aux sujets du Grand Khan ! Il a cru comprendre que des navires et de nombreux marchands abordaient à la Juana (Cuba) ; quand il a entendu parler de Cibao il a traduit Cipango. Et lorsque les indigènes de l'île « Espagnole » lui ont énuméré les diverses régions dont était constituée l'île, il a d'abord cru qu'il s'agissait d'autant d'îles distinctes. Il a cru qu'une partie de la Juana était peuplée de cyclopes, sur la foi de gestes ou de propos mal compris, etc. Il paraît évident que les Indiens ont dû eux aussi commettre des contresens. Mais ils ont assez vite compris le goût immodéré de Colomb et des Espagnols pour l'or, quoique le Génois ait toujours pris la précaution d'obliger ses hommes à des dons d'apparence substantielle en échange de l'or.

Évidemment, nous en savons bien davantage sur la perception des Européens, d'autant que les écrits de Colomb (*Journal de bord,* lettre à Santangel, mémorial de la Mejorada) coïncident presque parfaitement avec les *Quatre navigations* de Vespucci. Mais il va sans dire que les Indiens offrent deux natures, deux apparences, les *Taïnos* et les *Caraïbes.* On pourrait presque dire : la nature paradisiaque et l'infernale.

Ils ont en commun leur nudité. La perception de la nudité est permanente dans le journal de bord de Colomb : « Ils allaient tout aussi nus qu'ils étaient sortis du ventre de leur mère, les femmes aussi et elles n'en étaient nullement gênées... » Il y revient dans sa lettre aux rois, datée de Lisbonne : « Les habitants des deux sexes, aussi bien dans l' " Espagnole " que dans les autres îles, que j'ai vues et dont j'ai eu connaissance, vont toujours nus comme ils sont nés, à l'exception de quelques femmes qui cachent leur nudité d'une feuille verte ou d'un morceau de coton, ou d'un voile de soie qu'elles fabriquent pour cet usage. » Et plus loin : « Ils n'ont jamais vu de gens habillés. » Une nuance : certaines femmes portent une manière de « string » (!). Il ne semble pas que ce cache-sexe ait été lié à la puberté, plutôt à l'accouchement.

On voit fort bien que la nudité n'est pas coupable ni culpabilisée, et Colomb n'en fait pas le procès, quoiqu'il ait fait habiller une femme « très jeune et très belle » qui était montée à bord de l'une des caravelles. Vespucci confirme à propos des femmes : « Elles sont de corps gracieux, élégant, bien proportionné, de telle sorte qu'on ne peut observer aucune malformation et quoiqu'elles aillent nues leur sexe est disposé de telle sorte entre leurs cuisses qu'il n'apparaît pas au regard ; de plus, la partie antérieure, que nous appelons pubis, est dépourvue de poils par la Nature, aussi ne voit-on rien qui soit déshonnête. D'ailleurs, là-bas, personne ne s'occupe de ces choses et la vue d'un sexe leur cause la même impression qu'à nous celle d'un visage ou d'une bouche. » Et Anghiera renchérit : « Tous ces gens, sans distinction de sexe, allaient nus et contents de leur *état naturel.* » Dans le livre V de *De Orbe Novo* Pierre Martir racontera avec un plaisir évident la réception donnée à l'*adelantado* Bartolomé Colon à la Jaragua : « Les vierges ont les cheveux dénoués sur les épaules et un ruban ou un bandeau autour du front mais elles ne couvrent aucune partie de leur corps. Les nôtres disent que leurs visages, leurs poitrines, leurs seins, leurs mains et les autres parties de leurs corps sont très beaux et de couleur très blanche et ils crurent qu'ils voyaient de splendides driades ou nymphes sorties des sources dont parlent les fables antiques. »

L'absence de vêtements reste une découverte. Manuel le Fortuné, rendant compte aux Rois Catholiques de la découverte du Brésil par Cabral, précise en 1500 : « Les gens sont nus comme dans la première innocence, doux et pacifiques. » Cette fois encore, la nudité est innocente, Ronsard s'en souviendra dans son poème à Odet de Coligny :

« *Amérique, où le peuple incognu*
*Erre innocemment tout farouche et tout nu*
*D'habit tout aussi nu qu'il est nu de malice...* »

On sait que Colomb proposait une explication à cette innocence : la proximité du paradis terrestre. Pourtant, les Caraïbes étaient tout aussi proches du paradis et livrés à Satan. Certes, mais les Caraïbes, s'ils avaient un corps bien proportionné, étaient laids de visage avec des traits grossiers tandis que les *Taïnos* étaient beaux. Colomb ne cesse de vanter la beauté corporelle des *Taïnos* et Vespucci ne dément pas. Colomb, première impression : « Ils étaient bien faits, très beaux de corps et de très bons visages. » Deux mois plus tard : « Ce sont les hommes et les femmes les plus beaux que l'on ait vus jusqu'ici. » Le 21 décembre, à l' « Espagnole », il voit des femmes au « corps magnifique ». Dans sa lettre aux Rois, s'il ne manifeste pas le même enthousiasme, il note cependant qu'ils ont des corps bien formés. De la même façon que le journal de bord observait leur relative blancheur (valeur positive), la lettre à Santangel note qu'ils sont moins noirs que les Éthiopiens.

Vespucci attribuera aux Indiens une qualié supplémentaire, propre à suggérer l'existence d'un Age d'or aux Indes : une grande longévité, « *Vivono molti anni* », et au Brésil, il calcule que le doyen du village a 132 ans, en additionnant les lunaisons exprimées par les indigènes au moyen de tas de cailloux. Ces indications seront reprises par Cervantès de Salazar, Lopez de Gomara, les relations françaises sur la Guyane : « Car c'est mourir jeunes parmi eux que de ne vivre que cent ans... » Rien d'étonnant à ce que le conquistador Juan Ponce de Leon, déjà quinquagénaire, soit parti en Amérique à la recherche de la fontaine de Jouvence.

Ces hommes beaux et bien faits sont bons. Il s'agit toujours, cela va sans dire, des *Taïnos.* On ne trouve dans les écrits contemporains de la découverte aucune allusion à des vices affirmés, à la débauche, à des mœurs « contre nature », sodomie, onanisme, etc. Bien au contraire, ils sont généreux, secourables (ils le démontrent lors du naufrage de la *Santa Maria*), dépourvus de toute cupidité comme du sens de la propriété, Vespucci note *(Première navigation) :* « L'or, les pierres précieuses, les bijoux (...) ils ne les estiment en rien (...) et ne font aucun effort pour en avoir. » De même, Colomb, au retour du premier voyage : « ... lorsqu'ils ont pris confiance et se sont défaits de leur terreur, ils sont simples, de bonne foi et très généreux avec ce qu'ils ont ; personne ne refuse ce qu'il possède à qui le lui demande (...) Ils témoignent à tous une grande affection... »

L'Amiral va plus loin : il suggère une merveilleuse disposition des Indiens à l'évangélisation. Pour commencer, « ils ne connaissent pas l'idolâtrie mais croient fermement que toute force, tout pouvoir et tous biens existent dans les cieux... ». Ils sont, selon l'opinion de Colomb, prêts et disposés à recevoir la foi de Jésus-Christ : « Je tiens pour certain que, si des hommes religieux et dévots connaissaient leur langue, ils se feraient tous aussitôt chrétiens. J'espère que Vos Altesses s'y emploieront avec grande diligence afin de donner à l'Église et de convertir de si grands peuples. » Les Rois Catholiques reçurent le message et l'expédition de 1493 emmena avec elle plusieurs religieux : trois franciscains, un hiéronymite et l'aumônier, le bénédictin catalan Bernard Boyl.

L'Amiral écrira même dans son journal de bord, le jour de Noël 1492 : « J'assure Vos Altesses que je ne pense pas qu'il y ait de meilleures gens dans le monde entier ni de meilleure terre. *Ils aiment leur prochain comme eux-mêmes* et ils ont une façon de parler la plus douce du monde, toujours aimablement et avec le sourire. » En somme, les *Taïnos* professaient le plus grand des commandements de Dieu... sans avoir été évangélisés. À moins que ce passage soit une addition de Las Casas. Car même s'il s'agit d'exalter la Découverte le tableau n'est-il pas trop flatteur ?

Ce n'est pas tout. Ces gens sont parfaitement pacifiques. Colomb l'écrit, le répète en toute occasion, cela devient un leitmotiv. D'ailleurs, ils n'ont pas d'armes, ignorent la guerre et sont même couards. Lisons plutôt Colomb : « Ils ne possèdent pas d'armes (...) Ils n'ont aucune connaissance de la guerre et sont poltrons » (*Journal de bord,* 16 décembre 1492) ; « Ils n'ont pas d'armes, ni ne sont aptes à leur maniement (...) parce qu'ils sont timides et pleins de couardise (...) Ils sont par nature possédés par la crainte et la peur » (lettre à Luis de Santangel, trésorier des Rois Catholiques, 14 mars 1493). Lisons encore Vespucci : « Ils n'ont pas d'armes (...) Ce sont des gens tout à fait innocents qui ne connaissent pas la guerre (...) Tous étaient craintifs et dépourvus d'agressivité... » (lettre de 1500). L'Amiral tire de ces dispositions pacifiques des conclusions un peu imprudentes : lorsque, dans la lettre évoquée ci-dessus, il envisage le sort des 38 (ou 39) hommes qu'il a laissés dans la forteresse de la Navidad. Il précise aussitôt : « S'ils changeaient de sentiment et voulaient porter tort à ceux qui sont restés dans la forteresse cela ne leur serait pas possible car ils manquent d'armes, ils sont nus et très couards, de sorte que les occupants de l'alcazar peuvent tenir tête à toute l'île sans aucun danger... », à condition toutefois, observe Colomb, soudain pris d'un doute, « qu'ils respectent les lois et le règlement que je leur ai donnés ». On sait ce qu'il advint : les 38 hommes furent mis à mort par les pacifiques *Taïnos*... à l'exception de ceux qui s'entre-tuèrent ! Mauvais exemple donné à des hommes qui considéraient volontiers les Espagnols comme immortels !

Voici maintenant le repoussoir : les *Caribes* ou *Canibas,* si redoutés des *Taïnos* et qui pratiquent l'anthropophagie. Colomb, au cours de son premier voyage, en a seulement entendu parler : « Des gens sans peur, différents de ceux des autres îles qui sont couards au-delà de ce que l'on peut imaginer » (13 janvier 1493). Dans sa lettre à Santangel, il évoque l'île *Carib,* « la deuxième quand on va de l' " Espagnole " à l'Inde » (!), habitée par des gens que leurs voisins considèrent « comme les plus féroces et qui s'alimentent de chair humaine. Ils possèdent toutes sortes de canots avec lesquels ils débarquent dans toutes les îles de l'Inde où ils voient et enlèvent tout ce qui se présente. Ils ne se différencient en rien des autres, sinon qu'ils portent les cheveux longs comme les femmes et se servent d'arcs et de flèches en roseau... » Et l'Amiral se risque même à un amalgame imprévu en faisant de ces féroces guerriers les amants, une fois par an, des femmes seules de l'île de Matinino. Au cours de son deuxième voyage, Colomb entra en contact avec les *Caribes* mais nous n'avons pas de témoignage direct de cette relation. Par contre, Vespucci, qui assista à plusieurs scènes de cannibalisme, les décrit comme des « gens intrépides qui font des incursions dans toutes les îles et mangent ceux qu'ils peuvent faire prisonniers ».

Pour sa part, Pierre Martir d'Anghiera, qui a vu à Medina del Campo les *Caribes* ramenés par les douze caravelles d'Antonio de Torres, renvoyées en Espagne dès le 30 janvier 1494 par Colomb, écrit dans la première *Décade* de son *De Orbe Novo :* « (après avoir été amenés au navire de l'Amiral) ils montrèrent autant de férocité et une figure aussi terrible que les lions d'Afrique lorsqu'ils se rendent compte qu'ils sont tombés dans les filets. Il n'y a personne qui ne les ait vus et n'avoue avoir éprouvé une sorte d'horreur dans ses entrailles, tant est atroce et diabolique l'aspect que la Nature et la cruauté ont imprimé sur leur visage. Je le dis à titre personnel et au nom de tous ceux qui, avec moi, sont venus les voir à Medina del Campo. »

À l'évidence, ces peuples vivaient sous l'empire de Satan. Il devait donc être parfaitement légitime de les réduire en esclavage, ne serait-ce que pour leur faire passer le goût de la chair humaine... et les évangéliser. À la fin de la lettre adressée à Santangel, Colomb propose d'ailleurs de fournir à Leurs Altesses « autant d'esclaves qu'ils ordonneront d'en charger les caravelles et ce seront les idolâtres ». Entendons que Colomb ne songe alors qu'à réduire en esclavage les cannibales. Il revient à la charge à l'occasion du deuxième voyage, dans le mémorial confié à Antonio de Torres, d'autant que les autres Indiens se réjouiraient de voir capturés ceux dont ils reçoivent grand dommage.

Cependant, dès le premier voyage, Colomb a posé sur les aimables *Taïnos* un regard inquiétant : le 14 octobre 1492, au départ de Guanahani, il écrivait sur le journal de bord : « Vos Altesses verront les sept que j'ai fait prendre pour les amener, leur apprendre notre langue et les ramener, sauf que Vos Altesses lorsqu'elles l'ordonneront peuvent les emmener tous en Castille ou les garder *captifs* dans cette île même car, avec cinquante hommes, ils seraient tous subjugués et on leur ferait faire ce que l'on voudrait. » Et un peu plus tard, le 16 décembre, s'agissant cette fois des Indiens de l' « Espagnole », il note : « ... ils sont bons pour qu'on les commande et qu'on les fasse travailler et semer et faire tout le reste qui soit nécessaire ».

Ainsi, comme le souligne à juste titre Jean-Paul Duviols, l'esprit paternaliste et « colonisateur » de Colomb se dévoile très tôt. De fait ni Colomb ni Vespucci n'ont eu à l'égard des Indiens une vision « humaniste », et le Florentin moins encore que le Génois. Ils n'ont eu aucun scrupule à réduire les indigènes en esclavage, au moins dans un premier temps les *Caribes* puisqu'ils étaient cannibales. Mais plus tard, il en ira de même avec les *Taïnos* eux-mêmes puisque ceux-ci, exaspérés par les exactions dont ils étaient victimes, se révolteront. La reine Isabelle s'indignera finalement de l'intention et du procédé et signera le 20 juin 1500 une cédule ordonnant à son officier (*contino*) Pedro de Torres de remettre en liberté, aux Indes, les 21 hommes et femmes vendus par Colomb à Séville et 19 d'entre eux furent en effet ramenés aux Indes. Vespucci, dans une lettre de 1500, explique comment lui et les siens ont capturé 232 Indiens dont ils ont vendu 200 à Cadix car, avoue-t-il cyniquement, les 32 autres sont morts pendant le voyage. Les drames des lendemains sont en germe dans la première appréciation des Indiens. Et, de fait, les cédules de 1504 autoriseront la réduction en esclavage des « Indiens de guerre » ou cannibales, porte ouverte à toutes les impostures. Il faudra attendre 1537 pour que le pape Paul III, par la bulle *Sublimis Deus* (2 juin) s'élève avec fermeté contre la réduction en esclavage des Indiens « occidentaux » ou « méridionaux » sous le prétexte qu'ils étaient incapables d'accéder à la foi catholique comme des bêtes brutes et affirme au contraire que ces Indiens étaient de « véritables hommes » (ce qui les rendait d'ailleurs capables d'embrasser la foi catholique).

En somme, Colomb avait rencontré une humanité duelle, conforme à l'ordre du monde, les bons et les mauvais, le bien et le mal, l'aspiration au paradis et les œuvres de Satan. Mais il n'avait pas eu « jusqu'ici » la chance de rencontrer les monstres promis par Jean de Mandeville et tant d'œuvres de la littérature médiévale. Il ne désespérait pas d'en trouver, il rapportait même que dans une contrée de l'île

Juana (Cuba) appelée Anam, les gens naissaient avec une queue.

On peut s'étonner de la discrétion de Colomb — et des autres premiers découvreurs — à propos des femmes indiennes. Il les a vues nues, il les a vues belles, il le reconnaît, mais ne fait pas la moindre allusion au comportement des marins à l'égard des Indiennes, en dépit des cinq semaines d'abstinence forcée de la traversée. En traquant les textes, on découvre cependant que les Indiens cachaient leurs femmes à l'arrivée des Espagnols « pour empêcher que les chrétiens puissent les voir » (*Journal de bord,* 21 décembre 1492). La foule de la plage de Guanahani n'était composée, semble-t-il, que d'hommes, à l'exception d'une gamine impubère. Ce n'est qu'une fois rassurés par les dispositions amicales des Espagnols que les hommes laissaient apparaître les femmes. Il y a bien cette étonnante scène du séjour à Cuba, dans l'habitation principale d'un village. Les hommes viennent d'abord, demeurent quelque temps avec les Espagnols, puis se retirent. Leur succèdent les femmes, elles s'assurent par des attouchements précis que les étrangers sont bien faits comme les autres hommes, puis elles leur baisent les mains et les pieds, leur font entendre qu'il faut rester. À lire Colomb, il ne pouvait en être question. Admettons. Mais nous comprenons à certaines allusions que les femmes indiennes sont parfois montées à bord. Nous n'avons aucune information sur les comportements des marins de la *Pinta* du 21 novembre au 6 janvier sinon qu'ils passèrent à terre, au Puerto et rio de Martin Alonso, plusieurs semaines.

Ce que nous savons en revanche, grâce aux *pleitos colombinos* et aux informations recueillies dans l'île « Espagnole » lors du deuxième voyage, c'est dans quelles conditions ont été tués les hommes du fort de la Navidad. Voici ce que déclarèrent les témoins (les versions de Las Casas et de Fernando Colomb concordent parfaitement) : « Ils dirent qu'après le départ de l'Amiral ils en vinrent aux rixes, aux querelles et aux coups de couteau et *chacun prenait les femmes qu'il voulait* et l'or qu'il pouvait y avoir ; et ils se séparèrent les uns des autres : Pedro Gutierrez et Escobedo (le notaire) tuèrent un certain Jacome (Jacome " le Riche ", un Génois) et ceux-ci, avec neuf autres, s'en allèrent *avec les femmes qu'ils avaient prises* à la terre d'un seigneur du nom de Caonaboa qui était le maître des mines (d'or) et celui-ci les fit tuer tous les onze. » Las Casas, se référant aux renseignements obtenus à l'arrivée du deuxième voyage, rapporte également que, selon les Indiens, des *enlèvements de femmes* se seraient produits aussi sur le territoire de Caonaboa qui aurait alors pris l'initiative des représailles. Il semble donc évident que les rapts de femmes (et sans doute les viols) ont joué un grand rôle dans le destin tragique des hommes de la Navidad.

Ce n'est pas tout. On sait que Martin Alonso est mort quelques jours à peine après son arrivée à Palos. Mais de quoi est-il mort ? Juan Manzano s'est posé la question et, comme toujours, a sollicité toutes les sources. Il est sûr que le *Paleño* était en bonne santé le 21 novembre, jour de sa séparation d'avec Colomb (l'Amiral se réjouit du bon état sanitaire de *tous* ses hommes). Or, l'île « Espagnole » où Martin Alonso a passé plusieurs semaines après le 21 novembre (on sait qu'il a accompli un court raid dans l'intérieur) était, selon de nombreux auteurs, infectée par la syphilis, maladie encore inconnue de l'Ancien Monde. Juan Manzano a émis l'hypothèse, partagée par Alicia Gould et par Emiliano Jos, ainsi que par plusieurs médecins, que Martin Alonso Pinzon avait été la première victime européenne connue de la syphilis.

Il ne s'agit pas d'une certitude absolue et il faudrait connaître ce qu'il advint de ses marins. Mais, décidément, l'échange entre les Européens et les « Américains » commençait mal.

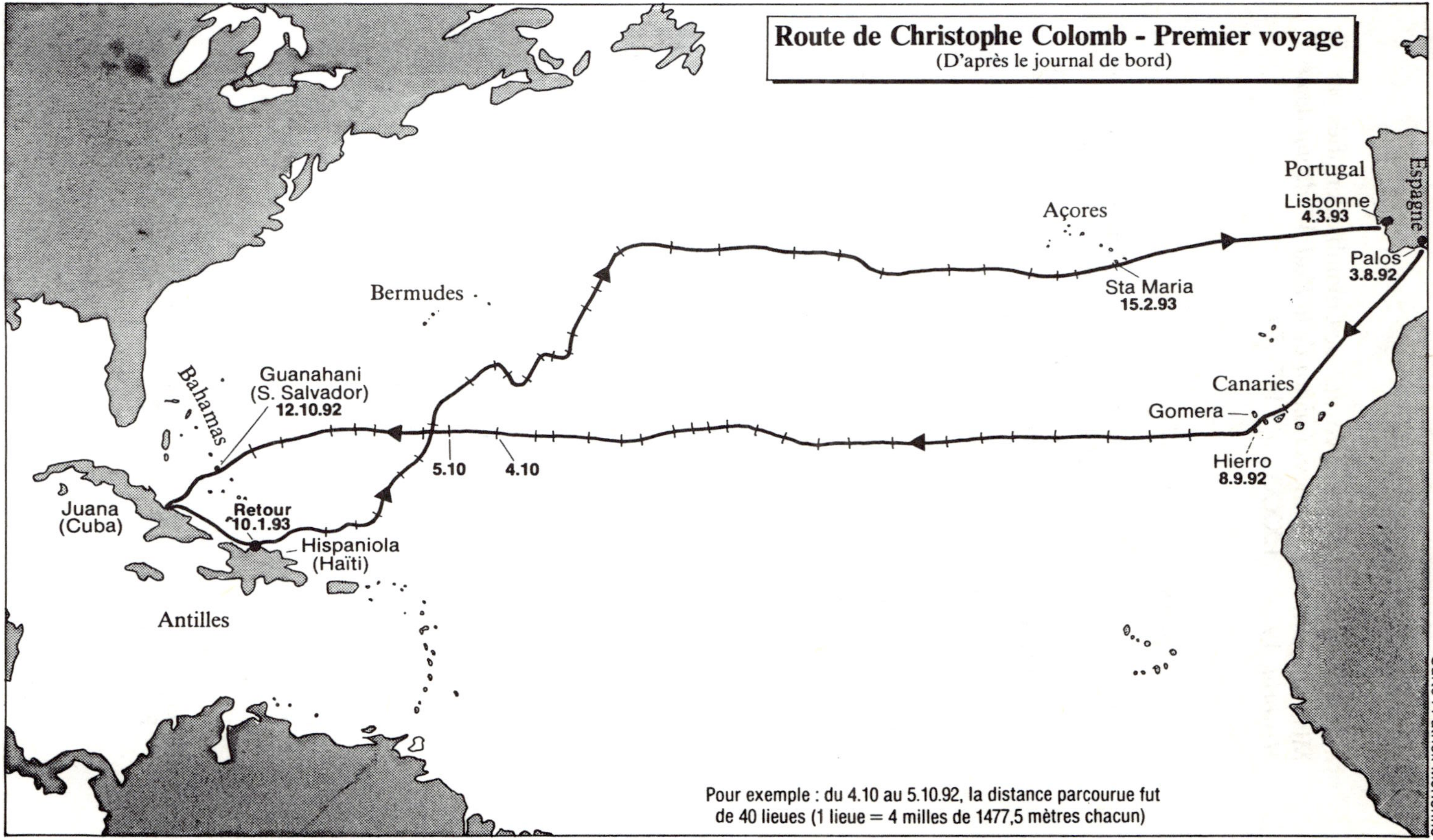


Carte : Patrick Mérienne

Participants au premier voyage de Colomb, identifiés par Miss Alicia Gould Quincy, *Boletin de la Real Academia de la Historia*, 1924, t. LXXXV, pp. 145-159.

*Santa Maria*

Christophe Colomb
Juan de la Cosa, maître et propriétaire
Peralonso Niño, pilote
Juan de Lequeitio (Chachu), contremaître (†)
Diego de Arana, alguacil (†)
Rodrigo de Escobedo, notaire (†)
Pedro de Terreros, maître de salle
Pedro de Salcedo, page
Domingo, tonnelier (†)
Domingo de Lequeitio (†)
Lope, calfat (†)
Martin de Urtubia, mousse (†)
Pedro de Lepe, mousse (†)
Pedro de Villa
Rui Garcia
Pedro Gutierrez (†)
Rodrigo Sanchez de Segovia, contrôleur
Luis de Torres, interprète (†)
Pedro Izquierdo

*Pinta*

Martin Alonso Pinzon, capitaine
Francisco Martin Pinzon, maître
Cristobal Garcia Sarmiento, pilote
Juan Quintero de Algorta, contremaître
Maître Diego Garcia Hernandez, dépensier
Juan Rodriguez Bermejo (Rodrigo de Triana)
Pedro de Arcos
Francisco Garcia Vallejo
Alonso Anton Calabrès
Gil Perez
Juan Verde
Juan Vezano
Sancho de Rama
Alonso de Palos, mousse
Bernal, mousse
Gomez Rascon, un des propriétaires de la *Pinta*
Fernando Medel, mousse
Francisco Medel, mousse
Juan Aris, mousse
Juan Quadrado,

*Niña*

Vicente Yañez Pinzon, capitaine
Juan Niño, maître en partie propriétaire
Sancho Ruiz de Gama, pilote
Bartolomé Garcia, contremaître
Diego Lorenzo, alguacil
Bartolomé Roldan
Pedro Arraez
Juan Arraez (fils de Pedro)
Juan Ruiz de la Peña
Fernando de Triana, mousse
Juan de Medina
Andrès de Huelva
Francisco de Huelva
Alonso de Morales (†)
Juan Martinez de Azoque
Juan Romero

mousse
Diego Martin Pinzon
Juan Reynal
Cristobal Quintero, un des propriétaires de la *Pinta*

*N.B.* Il s'agit là des appartenances certaines ou très probables des marins aux équipages. La liste qui suit est celle des appartenances douteuses.

Les (†) indiquent les hommes certainement morts à la Navidad.

Liste des participants au premier voyage dont on ignore le navire (d'après les listes d'Alicia Gould).

Alonso, mousse ; Alonso, maître (†) ; Alonso Clavijo ; Alvaro, marin ; Andrès de Yevenes, mousse ; Antonio de Cuellar (†) ; Bartolomé Bives ; Bartolomé de Torres ; Cristobal Caro, mousse ; Diego Bermudez ; Diego Leal, mousse ; Diego Perez (†) ; Francisco de Huelva (†) ; Francisco Niño ; Garcia Alonso ; Gonzalo Franco (†) ; Jacome el Rico, génois (†) ; Juan, mousse ; Juan, chirurgien (†) ; Juan de Moguer ; Juan de la Plaza ; Juan de Jerez ; Miguel de Soria, mousse ; Pedro de Soria ; Pedro Tejero, mousse ; Pedro Sanchez de Montilla ; Rodrigo Gallego, mousse ; Rodrigo Monje ; Rodrigo de Jerez.

Le total des hommes identifiés s'élève à 87. Alicia Gould a donné une liste supplémentaire de 19 hommes dont elle considère la participation au voyage comme douteuse. Certains d'entre eux ont pu participer sous le nom d'un des 87.

## 5

# 1492 : SYMBOLE OU RUPTURE ?

« Je voudrais qu'on commençât une étude sérieuse de l'Histoire au temps où elle devient véritablement intéressante pour nous : il me semble que c'est vers la fin du XVe siècle. L'imprimerie qu'on invente en ce temps-là commence à la rendre moins incertaine. L'Europe change de face ; les Turcs qui s'y répandent chassent les Belles-Lettres de Constantinople ; elles fleurissent en Italie ; elles s'établissent en France ; elles vont polir l'Angleterre, l'Allemagne et le Septentrion. Une nouvelle religion sépare la moitié de l'Europe de l'obédience du pape. Un nouveau système de politique s'établit. On fait avec le secours de la boussole le tour de l'Afrique ; et on commerce avec la Chine plus aisément que de Paris à Madrid. L'Amérique est découverte ; on subjugue un nouveau monde et le nôtre est tout changé... Voilà l'histoire qu'il faut que tout le monde sache. L'argent sur lequel nous prenons nos repas, nos meubles, nos besoins, nos plaisirs nouveaux, tout nous fait souvenir chaque jour que *l'Amérique* et les Grandes Indes, et par conséquent toutes les parties du monde entier, sont réunies depuis environ deux siècles et demi par l'industrie de nos pères. »

Voltaire est l'auteur de ces lignes *(Remarques sur l'Histoire).* À le lire, la fin du XVe siècle marque donc une mutation décisive dans l'histoire du monde et l'Amérique, nommée deux fois, tient dans cette mutation un rôle essentiel. Les historiens professionnels ont, semble-t-il, très souvent ratifié ce jugement. L'enseignement universitaire français fait de 1492 la date-charnière entre Moyen Âge et Temps modernes et les Anglo-Saxons, en Angleterre et aux États-Unis, définissent l'*early modern history* comme la période comprise entre

1492 et 1650. Les programmes de l'enseignement secondaire, de très nombreux manuels le démontrent, placent le début des Temps modernes en 1492.

### 1) 1492, DATE SYMBOLIQUE MAIS FAUSSE RUPTURE

Ce choix est-il légitime ? On peut en douter. *Car il procède d'une confusion entre temps vécu et temps recréé.* Il est parfaitement admissible, si on veut placer aux origines de la modernité un événement exceptionnel et retenir par conséquent une date symbolique. Dès lors, 1492 fait l'affaire, même si le résultat du premier voyage de Colomb, aux erreurs d'interprétation près, n'a été connu en Europe qu'en 1493 ! En revanche, les hommes et les femmes de 1492 n'ont eu en aucune façon la conscience de changer d'époque. Boabdil et les siens chassés de Grenade, les Juifs d'Espagne contraints à l'exil, les Bretons intégrés de force dans le royaume de France, ont sans aucun doute éprouvé le sentiment d'un bouleversement, surtout les Musulmans et les Juifs car, après tout, les Bretons restaient chez eux, mais le monde autour d'eux était-il devenu différent ?

Malgré le premier voyage de Colomb et celui de Vasco de Gama, beaucoup plus important *à court terme,* les dernières années du XV^e^ siècle se recommandent bien davantage par la continuité que par le changement.

S'agit-il de l'Europe ? La construction de ce que l'on appelle « l'État moderne » commence *avant* 1492 : en France dès le règne de Louis XI ; en Castille et en Aragon, au lendemain de l'avènement des Rois Catholiques qui date de 1476 ; en Angleterre, avec la fin de la guerre des Deux-Roses, en 1485, et la « reconstruction » de Henry VII ; aux Pays-Bas, l'administration « bourguignonne » a fait dans la deuxième moitié du XV^e^ siècle la preuve de son efficacité. L'hypothèse d'un déclin de Venise dès le retour à Lisbonne des cargaisons d'épices des Indes a fait long feu et le XVI^e^ siècle est l'un des plus brillants de l'histoire vénitienne. Florence, il est vrai, connaît les turbulences de l'épisode Savonarole mais la République florentine est ensuite restaurée et va se survivre jusqu'en 1530. Ailleurs, en Europe, on n'observe aucune mutation majeure : lorsque le roi de Pologne Casimir Jagellon meurt en cette année 1492, son fils Albert (1492-1501) est élu sans difficulté et, après lui, ses frères Alexandre (1501-1506) et Sigismond Ier (1506-1548). En Scandinavie, l'Union des trois couronnes (Norvège, Suède, Danemark) se prolonge. En Russie, Ivan III continue jusqu'à sa mort, en 1505, à rassembler la terre russe.

Peut-on considérer que la mort d'Urbain VIII et l'élection de son successeur Alexandre VI aient changé quoi que ce soit à la vie religieuse de l'Occident chrétien et au rôle qu'y jouait la papauté ? Évidemment non. À l'égal de ses prédécesseurs, Sixte IV et Urbain VIII, ou de ses successeurs, Jules II et Léon X, Alexandre VI était un prince de la Renaissance, fastueux et corrompu. Simoniaque et fornicateur, il se souciait fort peu des tares de l'Église auxquelles il donna au contraire une publicité supplémentaire. On doute qu'il ait éprouvé l'angoisse du salut, plus répandue dans les chrétientés profondes que dans une Rome babylonienne. Les mouvements de pré-Réforme esquissés ici ou là, dans la Castille de Jimenez de Cisneros ou l'Allemagne de Nicolas de Cues, à l'initiative de ces prélats apostoliques ou d'humbles moines, tels les minimes d'Italie du Sud, ne doivent rien à la papauté. Mais l'explosion de la chrétienté attendra un quart de siècle encore.

Les dernières années du XVe siècle signifient-elles une rupture dans le grand mouvement de l'humanisme ? Dans l'art de la Renaissance ? On évoque parfois une pause entre deux grandes périodes de création. Nous n'en percevons pas l'évidence : les années 1492-1498 sont au cœur des carrières de gens tels que Botticelli (1445-1510), Léonard de Vinci (1452-1519), Gentile et Giovanni Bellini (1429-1507 et 1430-1516), Mantegna (1431-1506), Carpaccio (1460-1526), d'autres encore : Signorelli, Le Pérugin. Et cela est vrai aussi des Flandres : Jerôme Bosch (1450-1516), Quentin Metsys (1465-1530) ou Gérard David (1460-1523), voire de l'Allemagne : Albert Dürer (1471-1528). Le catalogue humaniste ne propose pas d'alternative différente.

S'agit-il de l'Empire ottoman, l'une des grandes puissances de ce temps ? Ces années n'ont pas de signification particulière. Depuis la prise de Constantinople en 1453 la conquête turque déferle sur l'Europe balkanique, par-delà le Danube, malgré la résistance albanaise, galvanisée par Skanderberg jusqu'en 1466, malgré les maquis des montagnes de Serbie ou de Bosnie, malgré les campagnes du roi de Hongrie Mathias Corvin et les efforts des princes moldaves. La conquête turque était encore très loin, en 1492, d'avoir atteint ses limites, même en Europe centrale.

S'agit-il de l'Asie ? En Chine règne la dynastie des Ming, déjà livrée aux démons de la décadence mais qui va survivre jusqu'au début du XVII^e^ siècle. L'expansion chinoise en Mongolie s'est interrompue vers 1435 et les expéditions maritimes chinoises vers l'ouest, qui avaient marqué le premier tiers du XV^e^ siècle et atteint la côte orientale d'Afrique, n'ont eu aucune suite après 1433. La conquête mongole de l'Inde, œuvre de Baber, descendant de Gengis Khan, ne commence qu'en 1505. On peut en dire autant de la Perse où Chah Ismaïl n'est encore, à l'extrême fin du XV^e^ siècle, qu'un bon chef de guerre, dont l'armée était surtout formée de Turcomans, et dont rien n'annonce qu'il va devenir le fondateur de l'Empire séfévide.

S'agit-il enfin de l'Afrique ? C'est sans doute dans le continent noir que la fin du XV^e^ siècle apporte les perturbations les plus profondes. La fréquentation des ports d'Afrique du Nord par les commerçants italiens, espagnols ou portugais, n'entamait pas l'Afrique profonde et stimulait les trafics. En revanche, la lente progression des Portugais au long des côtes d'Afrique jusqu'au voyage final de Vasco de Gama en 1497-1499, jalonnée par la création de comptoirs tels qu'Arguin ou Saõ Jorge da Mina, est porteuse de périls considérables. Certes, les Portugais favorisent l'essor du commerce car ils sont demandeurs d'or, de noix de kola, d'ivoire, de fer, de la malaguette de Guinée à partir de 1456, du poivre du Bénin après 1485, mais au cours de la deuxième moitié du XV^e^ siècle, ils achètent des esclaves toujours plus nombreux aux marchands arabes : 800 à 1 000 par an dans le seul comptoir d'Arguin. Ils donnent ainsi une impulsion nouvelle à la traite, certes préexistante mais jusque-là d'ampleur limitée, la traite qui va être l'agent principal de la destructuration de l'Afrique. L'accélération des découvertes portugaises après 1481, le succès de la circumnavigation du continent noir grâce au voyage de Vasco de Gama en 1497-1499 et l'établissement des comptoirs de la Mina, puis de l'Angola et du Sofala, précisent la menace. Néanmoins, l'heure des grandes mutations quantitatives n'a pas encore sonné.

Il y a davantage. À bien considérer les grands événements

de l'année 1492, ils apparaissent beaucoup plus comme des accomplissements, voire des achèvements que des commencements, à la seule exception du voyage de Christophe Colomb. On a dit et redit que la prise de Grenade, après une guerre qui a duré plus de dix ans, est la conclusion de la Reconquête, c'est-à-dire d'un processus sept fois séculaire ! Les grandes victoires du XIIIe siècle, après Las Navas de Tolosa (1212), avaient livré aux Chrétiens le bassin du Guadalquivir, Cordoue et Séville mais aussi le chemin des riches huertas du Levant : Murcie prise en 1243, Lorca enlevée en 1266. Mais, de 1270 à 1340, la Reconquête avait marqué le pas. L'éclatante victoire du Salado, remportée en octobre 1340 par Alphonse XI, avait permis de « boucler » le détroit et les prises d'Algésiras en 1344 et de Gibraltar en 1350 étaient les garants de cette sécurité nouvelle. Après quoi, nouvelle et très longue halte de la Reconquête, cent trente années de paix ou presque avec le royaume nasride de Grenade, d'ailleurs vassal du royaume de Castille auquel, on l'a déjà signalé, les souverains musulmans payaient un important tribut. De sorte que l'Espagne chrétienne s'était fort bien accommodée de cette survivance en dépit de quelques velléités offensives au début du règne d'Henri IV. Mais ce n'avait été qu'un long sursis.

L'expulsion des Juifs d'Espagne (à défaut de leur conversion) survient elle aussi au terme d'un long processus qui concerne, au sens large, l'Europe occidentale, au sens restreint la péninsule. Il se manifeste par la suppression progressive des privilèges dont jouissaient les communautés juives, par l'affaiblissement ou la disparition de la protection que leur accordaient les princes et les rois, par les pogroms violents dont sont victimes les Juifs chaque fois que le peuple chrétien exaspéré par les famines, les pestes, les catastrophes naturelles, est en quête de boucs émissaires, enfin par des mesures radicales d'expulsion, parfois provisoires mais qui deviennent un jour définitives.

De la sorte, Charles II d'Anjou a chassé en 1289 les Juifs de son apanage ; Édouard Ier, roi d'Angleterre, les a expulsés en 1290 d'Angleterre et de ses domaines de Gascogne ; Philippe le Bel les a bannis en 1306 de Champagne, de Normandie et de Languedoc mais, en 1315, 1361, 1365, des ordonnances ou mesures partielles ont permis le retour de quelques communautés juives. L'expulsion de 1394, elle, ne tolère plus d'exception. En Allemagne où les Juifs avaient été bien intégrés à la société civile, leur situation s'est beaucoup dégradée au cours du XIVe siècle où éclatent de grands pogroms, en 1349-1350 (conséquence de la Peste noire), puis en 1389, et les Juifs seront expulsés de Bavière en 1498. Les malheurs des Juifs en Espagne ne constituent ainsi qu'un chapitre parmi d'autres des tribulations du peuple d'Israël mais ils ont été très durement ressentis parce que les Juifs étaient nombreux en Espagne, parce que, après les grands pogroms de 1391, les *aljamas* s'étaient reformées et renforcées, parce qu'ils jouaient un rôle important dans l'administration des Rois Catholiques. Toutefois, la généralisation du système du ghetto à partir de 1480 était un symptôme inquiétant, suivi d'un autre, l'expulsion des Juifs d'Andalousie décidée en 1483, à la demande d'une Inquisition toute nouvelle, même si elle avait été peu appliquée. Cependant, jusqu'en 1491, les Juifs d'Espagne n'avaient pas cru à cette expulsion. Désormais, en Europe occidentale, ils ne sont plus tolérés qu'en Avignon, dans plusieurs États italiens, dont Venise et l'État pontifical, mais ils seront plus tard chassés du royaume de Naples sous domination espagnole. La diaspora juive aura pour champ d'élection le monde musulman et d'abord l'Empire ottoman où Istanbul et Salonique abritèrent les communautés séphardites les plus importantes.

La réunion de la Bretagne à la France se place elle encore dans un mouvement de longue durée et de grande ampleur, celui du rassemblement autour du domaine royal de « provinces » périphériques dont l'identité historique, géographique, culturelle, voire linguistique (c'est le cas de la Bretagne), était fortement affirmée. Et il s'agit de l'une des dernières étapes de ce mouvement qui devait se poursuivre jusqu'au XIXe siècle (Savoie, comté de Nice). Après le Languedoc conquis dès 1229 et complété par l'achat de Montpellier aux rois de Majorque en 1349, le Dauphiné obtenu en 1349, la Bourgogne enlevée en 1477 grâce aux erreurs de Charles le Téméraire, la Provence et l'Anjou légués en 1481 au roi de France, le gain de la Bretagne démontre que la « création continue » du royaume de France s'est considérablement accélérée au cours du dernier quart du XVe siècle. Mais cette affaire, menée comme les autres à coups d'intrigues, de promesses, de menaces, de comédies et de palinodies, n'offre pas la moindre apparence de « modernité ».

Reste le premier voyage de Christophe Colomb dont on a lu le récit dans le chapitre précédent. Sa signification est ambiguë. Il est vrai que ce voyage ouvre les portes de la modernité : parce qu'il brise la frontière de l'inconnu, parce qu'il se fonde sur une hypothèse scientifique conçue par le calcul, elle-même réfutation d'un discours scolastique désuet mais têtu, parce qu'il utilise des instruments nés de l'expérience (boussole, caravelle), enfin évidemment par des résultats. Mais il faut corriger aussitôt : par ses résultats immédiats, interprétés par Colomb, à l'aide d'un double héritage, celui de la Bible dont il fait une lecture plus littérale que symbolique, celui de la pensée médiévale dont il n'est nullement affranchi, de Marco Polo à Pierre d'Ailly et Jean de Mandeville. C'est cette ambiguïté qui conserve à la date de 1492 sa force et sa justification.

Mais on comprend parfaitement qu'elle soit contestée comme signe de rupture, et on ne peut qu'approuver les auteurs de la très belle synthèse, *le Moyen Âge,* dont Robert Fossier a assumé la direction, et qui prolongent cette période jusqu'en 1520. Robert Fossier lui-même use dans sa conclusion d'une très belle formule : « L'Amérique est fille du Moyen Âge mais mère de la modernité. » Même si nous ne le suivons pas lorsqu'il qualifie Colomb de « symbole » ou d' « effet », nous l'approuvons pleinement lorsqu'il écrit que « le XVe siècle ne peut en rien recéler une coupure qui nous satisfasse. Il faut (...) pénétrer hardiment dans le XVIe siècle car ici la libération d'énergies nouvelles est certaine : en deux ou trois décennies pour le moins (...) Là se voit la faille (...) Naturellement, la suite crève littéralement les yeux. »

Si l'on veut réconcilier « temps vécu » par les contemporains et « temps recréé » par la mémoire collective, avec l'aide des historiens, ce sont les années 1520 qui marquent en effet, de façon irréfutable, l'avènement des temps nouveaux. Les deux premiers chapitres de ce livre ont signalé l'écart entre les visions successives de 1492, à la mesure des siècles, et les éphémérides 1492, même prolongés jusqu'en 1498 ou 1499. Si l'on s'en tient à l'essentiel, la découverte de l'Amérique, il faut en effet compter dix à douze ans au moins entre l'événement fondateur et sa compréhension approximative. Rien de tel à partir de 1520 : si l'entourage de

Charles Quint et l'empereur lui-même avaient pu concevoir quelques doutes sur l'importance de la conquête du Mexique, malgré les « lettres de relations » de Cortés, les envois des dépouilles de l'Empire aztèque devaient très vite les dissiper. De même a-t-on rapidement compris, après l'interrogatoire prolongé de Sebastian El Cano, l'immensité de la « mer du Sud » (le Pacifique) et la position des Moluques, sources des épices, dont la possession par les Portugais pouvait être légitimement contestée et l'expédition de 1525 fut organisée dans l'intention de contester en effet l'avantage portugais aux Moluques. C'est en 1520 que la bulle *Exsurge Domine* condamna Luther et en 1521 que la Diète de Worms le mit au ban de l'Empire. Au plus, trois ans d'écart entre l'événement, son interprétation et les décisions qu'il provoque. Les ruptures des années 1520 sont majeures : elles ne doivent pas tout, il s'en faut, au voyage essentiel de 1492 mais elles lui doivent beaucoup. La proximité entre l'événement et ses conséquences est d'ailleurs inégale, très différenciée, comme on va tenter de l'établir.

### 2) Les années 1520 : la révolution géographique

Ridiculisée la thèse des zones, celle de l'inaptitude à la vie humaine de la zone « torride » et des antipodes ! Bafouée la théorie encore défendue par les éléments les plus rétrogrades des cercles « savants » selon laquelle le retour des antipodes serait impossible à cause de la « pente » que devraient remonter les navires ! Réalité d'un continent qui, à 800 ou 1 000 lieues à l'ouest de l'Europe, s'étire interminablement du nord au sud ! Les navigations de Colomb, Juan de la Cosa, Diego de Lepe, Vicente Yañez Pinzon, Anton de Alaminos et autres n'avaient révélé aucun passage aux latitudes de l'espace caraïbe, aucun détroit qui permette de progresser vers l'ouest par voie maritime. En 1513, Nuñez de Balboa avait traversé l'isthme de Panama et découvert la « mer du Sud ». Il ignorait alors qu'il avait eu la chance de trouver l'itinéraire le plus rapide de l'Atlantique au Pacifique, l'isthme en son secteur le plus étroit, de sorte que, durant trois siècles au moins, les communications entre l'Europe et le Pérou emprunteront la voie qu'il avait tracée, au prix de deux transbordements et de l'organisation de caravanes muletières de l'Atlantique au Pacifique. Deux ans plus tard Juan Diaz de Solis espéra vainement avoir « inventé » le passage lorsqu'il parvint au Rio de la Plata. Mais le véritable passage se trouvait, on le sait, beaucoup plus au sud, par quelque 53° de latitude sud, un passage au demeurant très difficile puisque le détroit de Magellan est long de 583 kilomètres, encombré d'îlots, de récifs, de chenaux illusoires. Et le cap Horn, un peu plus au sud (56°), véritable laboratoire de tempêtes, n'offre pas un itinéraire plus facile. De sorte que la recherche du passage, commencée avant le voyage de Magellan, continua après lui. Mais ni les Cabot père et fils, ni les frères Corte Real pour le compte du Portugal, ni le Florentin Verrazano au service du roi de France, qui cherchèrent le passage au nord, ne le découvrirent, pas plus que l'Espagnol Esteban Gomez.

La multiplication des voyages d'exploration et de découverte révélait dès les années 1520 l'immensité du continent américain. Peut-être n'imaginait-on pas encore qu'il représentait plus de 28 pour cent des terres émergées. Le Pérou et ses fabuleux trésors demeuraient inconnus, très provisoirement (l'entrée des Espagnols à Cuzco est de novembre 1533) mais on percevait l'ampleur des terres nouvelles. À la fin de la décennie, Gonzalo Fernández de Oviedo écrivait : « Mon opinion et celle de quelques autres c'est qu'elle (la nouvelle terre) n'est pas une partie de l'Asie ni ne se raccorde à l'Asie des anciens cosmographes. On pourrait même aller jusqu'à dire que la terre ferme de ces Indes est une autre partie du monde. »

D'autre part, l'expédition de 1525 vers les Moluques, commandée par Jofre de Loaysa, qui y laissa la vie, comme Sébastien El Cano son second, et dont Andrés de Urdaneta, le futur « inventeur » de la route Acapulco-Manille, fut l'un des rares rescapés, avait prouvé que l'accès aux Moluques « source des épiceries » devait se faire par l'est. Précisément, les Portugais avaient largement contribué à parfaire notre connaissance du globe terrestre. Ils avaient réalisé seuls la circumnavigation de l'Afrique, acquis la maîtrise des alizés et des moussons pour parvenir en Inde. L'arrivée de Vasco de Gama à Calicut est de mai 1498 : dès 1511, les Portugais s'étaient emparés de Malacca d'où ils commerçaient avec les Moluques : Banda, Tidore et Ternate. En 1522, alors qu'El Cano revenait à Séville, ils signaient un traité avec le royaume de Ternate, dont une clause comportait la construction d'une forteresse et d'une factorerie portugaise à Ternate. Les Moluques étaient ainsi intégrées directement dans « l'économie-monde » en voie de constitution. D'autant que les Portugais, installés à Ormuz depuis 1515 et qui avaient choisi la Perse contre les Ottomans, avaient créé les conditions d'une navigation sûre à travers l'océan Indien.

Vers 1530, on connaît approximativement les dimensions de la Terre. On réalise avec très peu de pertes les voyages d'Europe en Amérique à travers l'Atlantique et d'Europe aux Indes en effectuant le tour de l'Afrique et en parcourant l'océan Indien. Les routes d'aller et de retour sont repérées, les durées des voyages évaluées, le calendrier des alizés et des vents d'ouest dans l'Atlantique et des moussons dans l'océan Indien établi approximativement. On sait aller d'Amérique en Insulinde mais on ne connaît pas encore la route du retour. Il faudra attendre Andrès de Urdaneta. Tout cela fait que la révolution géographique est déjà en train de produire une révolution économique dont l'agent essentiel est le commerce maritime.

### 3) Les années 1520 : ébauche d'une révolution économique

On se souvient de ce que le Florentin Guicciardino, en voyage en Espagne en 1513, avait, depuis Valladolid, écrit à son frère pour lui donner le détail des riches cargaisons d'épices que les Portugais ramenaient de Malacca à Lisbonne. De fait, la révolution économique fut d'abord le fait des Portugais grâce aux énormes profits réalisés par la fourniture directe à la source des épiceries. En octobre 1503 déjà, Vasco de Gama avait ramené à Lisbonne un chargement de poivre sans précédent : 30 000 quintaux et, à partir de 1509, Lisbonne pouvait compter sur des livraisons annuelles de 25 000 quintaux de poivre environ. Grâce à leur artillerie, les Portugais avaient vaincu les résistances du souverain de Calicut (le « Samorin »), certainement stimulé par les Vénitiens qui appréciaient fort peu la chute des prix provoquée par les trafics portugais. Mais les capitalistes allemands et italiens (génois ou toscans) choisissaient au contraire l'option portugaise et les liaisons Anvers-Lisbonne prenaient un immense essor : dès 1501, les Portugais étaient allés livrer leurs épices à Anvers et ils développaient leur « nation » aux Pays-Bas.

L'historien portugais Magalhaes Godinho a montré l'importance des profits réalisés grâce à l'approvisionnement direct aux Moluques à partir de 1522, par exemple pour le clou de girofle, la noix muscade et le macis. Il a analysé dans le détail les voyages portugais de Lisbonne aux Moluques et le retour de 1522 à 1570. La course aux profits et à l'enrichissement a cependant, à plusieurs reprises, nui à la régularité des trafics.

Dès 1504-1505, les trafics espagnols organisés par la *Casa de Contratacion* (Chambre de commerce) créée à Séville en 1504, prennent un essor important : 226 allers et retours Séville-Antilles en 1506-1510 ; 279 en 1511-1515 ; 442 en 1516-1520, c'est-à-dire avant l'entrée en scène du Mexique. Il est vrai qu'à peine Colomb disparu, l'orpaillage a donné à Saint-Domingue ses meilleurs résultats : un peu plus de 9 tonnes d'or (9153 kilos) de 1511 à 1520. L'historien Gonzalo Cespedes del Castillo observe que de 1503 à 1520, l'or d'Amérique pesé et enregistré légalement à Séville s'élève à 14113 kilos, qu'il faut y ajouter l'or enregistré avant la création de la *Casa de Contratacion* et surtout l'or de contrebande. Soit au total quelque 30000 kilos, « quantité très supérieure à toute la production de l'Europe pendant ces années et même à la totalité de l'or recueilli par les Portugais en Afrique ». Ce n'était donc pas négligeable.

Paradoxalement, la décennie 1521-1530 fut moins productive, un peu moins de 5 tonnes d'or : la production antillaise s'effondre, celle du Mexique n'est pas encore organisée et les trésors mexicains ne peuvent compenser la carence d'une exploitation régulière. Mais, après 1530, les arrivées d'or s'enflent à nouveau, d'autant que l'or des Incas et des Chibchas intervient : près de 15 tonnes de 1531 à 1540, 25 de 1541 à 1550, et de 1551 à 1560, Séville reçut plus de 42 tonnes d'or et déjà de grandes quantités d'argent : dès la décennie 1531-1540, le poids de l'argent dépassait de beaucoup celui de l'or, 86 tonnes contre moins de 15, et 303 contre 42 en 1551-1560. Mais, compte tenu de ce que l'or valait onze fois l'argent jusqu'en 1560, la valeur de la production d'or est restée supérieure à celle d'argent jusqu'en 1560-1570.

Mais après 1570, la production d'argent se gonfle démesurément, grâce au procédé de l'amalgame au mercure introduit d'abord au Mexique, puis à Potosi à partir de 1575. Ainsi, grâce à l'Amérique, l'Ancien Monde, où la disette de métaux monétaires précieux était inquiétante à la fin du XVe siècle, retrouve des instruments de paiement en quantité croissante. Et grâce au commerce portugais, puis à l'établissement des Espagnols aux Philippines après 1565 et au « galion de Manille », l'Asie qui fait grand usage de la monnaie d'argent en profite également.

Progressivement, l'Amérique expédie vers l'Europe d'autres denrées : des perles, des produits tinctoriaux, tels que la cochenille et l'indigo, bientôt le sucre, dont le Brésil va devenir après 1570 le principal producteur, des bois de teinture et des bois précieux ; surtout, l'Amérique, à mesure que la population d'origine européenne s'y développa, agit sur la demande européenne. Les conquistadores et leurs descendants, dont le pouvoir d'achat est très élevé, n'exigent pas seulement les denrées alimentaires dont l'Espagne peut les fournir : farine de blé, huile d'olive, vins, confiseries. Ils réclament des tissus, souvent de prix, de la verrerie, des armes, des livres, du papier, des cuirs travaillés, et même des instruments de musique ou des œuvres d'art : tableaux, statuettes, plus tard retables ! L'Espagne n'est bientôt plus en mesure de répondre à cette demande, de sorte qu'elle achète dans le reste de l'Europe ce qu'elle ne peut fournir et des colonies de marchands, notamment de Génois, s'installent à Séville pour gérer ce commerce. C'est toute l'Europe occidentale qui bénéficie de ces incitations.

La croissance de la demande, d'ailleurs stimulée par l'essor démographique de l'Europe à cette époque, et les moyens nouveaux en métaux monétaires (or, argent) déclenchent une vive hausse des prix, alors que ceux-ci n'avaient guère connu au siècle précédent que des oscillations fortes autour de niveaux moyens mais pas de hausse durable. Au contraire, au cours du XVIe siècle, et selon les postes d'observation, très nombreux car on a exploité beaucoup de mercuriales et établi des courbes de prix en tous genres, les prix ont été multipliés par trois ou quatre en moyenne. Cette « révolution des prix », pour utiliser l'expression de l'historien américain Earl J. Hamilton, a fait, bien entendu, des bénéficiaires et des victimes. Elle a dévalorisé les rentes fixes, provoqué assez fréquemment (pas toujours) des retards des salaires sur les prix, favorisé commerçants et spéculateurs, suscité la reconquête des friches, les plantations nouvelles (vignes, oliviers, « arbres à soie »), relancé les ateliers textiles, fait naître la « nouvelle draperie » productrice de tissus légers souhaitables en pays chauds.

Jusqu'en 1560 au moins, l'Europe et, indirectement, l'Asie ont tiré un profit évident de ces impulsions. Que dire de la construction navale littéralement dopée par l'envolée du commerce maritime dont ont bénéficié les chantiers portugais, basques, bretons, anglais, zélandais, mais aussi les chantiers méditerranéens ? La présence des pièces d'argent espagnoles aussi bien en Poitou (lieu de production des mulets importés par l'Espagne) que dans l'Empire ottoman, l'Inde ou la Chine, donne la mesure des nouveautés de l'économie qui atteint pour la première fois des dimensions planétaires.

### 4) Les années 1520 : rupture de l'unité chrétienne

Il est vrai que la chrétienté médiévale était divisée, entre latine et grecque. Mais cette division, concrétisée par des frontières géographiques, n'avait pas tracé de lignes de fracture au sein des États, des villes ou des familles. D'ailleurs, elle n'altérait pas fondamentalement l'unité de croyance et seulement en apparence la liturgie.

L'irruption de Luther fut bien autre chose. Pourtant, le moine allemand fut le premier stupéfait des résultats de son initiative. Les 95 thèses affichées à la porte de l'église du château de Wittemberg, le 31 octobre 1517, étaient rédigées en latin et leur contenu théologique était, a priori, peu accessible aux fidèles ordinaires. Luther en avait d'ailleurs envoyé copie à son évêque, Albert de Brandebourg, dans l'intention de provoquer un débat théologique à propos de la question des indulgences, source d'abus scandaleux, à commencer par la commission de 50 pour cent prélevée par le service bancaire des Fugger à l'occasion du transfert des fonds à Rome. L'ambition de Luther n'allait pas au-delà.

Or, sans l'autorisation de Luther, les 95 thèses ont été aussitôt traduites en allemand, colportées dans tout le pays où elles ont connu un succès prodigieux, totalement imprévisible, notamment parmi les jeunes générations qui apportent, écrit Bernard Vogler, la « mobilité intellectuelle, la joie de découvrir, le besoin d'agir et l'espoir d'un renouveau de la pensée et de l'Église ». Les réactions suscitées par les 95 thèses, les controverses et les « disputes » dont elles ont été l'occasion ont provoqué une extraordinaire effervescence, « un véritable bouillonnement intellectuel et spirituel qui va rompre toutes les digues et emporter Luther sur une pente non prévue à l'origine ». Luther va être conduit à prêcher, à écrire et, en 1520, il rédige notamment quatre traités importants : jusqu'à la fin de l'année 1520, 81 textes de Luther ont été publiés, réédités presque aussitôt après épuisement, de sorte qu'on totalise en un temps aussi limité 653 éditions, peut-être 500 000 exemplaires avant la diète de Worms de 1521 ! Nous constatons bien dans ce cas une coïncidence presque parfaite, sans décalage chronologique, entre l'événement et sa conscience sociale. Ce qui signifie évidemment que l'initiative de Luther allait à la rencontre d'une attente profonde de la société allemande. Et la rapidité de la diffusion des idées de Luther par la prédication et le livre démontre la réalité de cette attente. D'ailleurs, avant et après 1520, la Réforme luthérienne a produit « un déluge de libelles » qui « a submergé les censeurs » : 150 éditions allemandes en 1518, 990 en 1524, les imprimeurs allemands font fortune !

Société allemande au sens large ! Car tout près, à la collégiale de Zurich, Ulrich Zwingli est parvenu à des conclusions très proches de celles de Luther, sans avoir connu ses écrits, au moins jusqu'en 1519. Mais s'il est plus obsédé par la prédestination que par la justification par la foi, s'il est plus proche que Luther des humanistes et surtout d'Érasme, il conclut comme Luther à la faiblesse profonde de l'homme et à la gratuité de la grâce. Dès 1521, il entraîne avec lui la ville de Zurich. En Allemagne aussi, la Réforme conquiert les villes : Strasbourg, sous l'impulsion du curé de la cathédrale Mathieu Zell, puis du théologien Martin Bucer, et de la municipalité, avec participation enthousiaste de la population, notamment des petits artisans, des bateliers, des jardiniers : Nuremberg et Ulm, un peu plus tard Augsbourg, parmi les villes du Sud ; Magdebourg (1524), Stralsund (1525), Celle (1526), Goslar (1528), Brunswick et Goettingen (1529), villes princières qui passent à la Réforme sans se soucier de l'opinion de leur prince. La guerre des paysans en 1525, « le plus important mouvement insurrectionnel de l'histoire allemande », prouve à l'évidence que « le monde paysan a également été touché par l'onde réformatrice qu'il a réinterprétée à sa manière » et que Luther est désormais incapable de contrôler le mouvement qu'il a lancé. L'adhésion de nombreux princes, dont le premier fut le grand-maître de l'Ordre teutonique, Albert de Hohenzollern, qui se proclame duc de Prusse, et parmi lesquels on recense l'Électeur de Saxe, le landgrave Philippe de Hesse, suivis par plusieurs évêques, provoque la formation d'Églises territoriales séparées de Rome, dont la Saxe va être le modèle.

Bien entendu, les adhésions des princes supposent des arrière-pensées rarement innocentes et la sécularisation des biens d'Église dont s'emparent ces princes dénonce leur rapacité bien plus qu'elle ne témoigne de leur quête spirituelle. Mais l'enthousiasme des populations pour la Réforme, la revendication du Concile, la floraison des colloques, la flambée anabaptiste nourrie de millénarisme, attestent la profondeur du malaise, la force des aspirations religieuses qui expliquent l'ampleur des réponses à l'initiative de Luther.

Naturellement, de telles aspirations n'étaient pas spécifiques de l'Allemagne. Dès 1524, le champion de la cause nationale suédoise contre le Danemark, Gustave Vasa, adopte les idées de Luther et rompt avec Rome en 1527 ; la Réforme luthérienne a partie gagnée au Danemark en 1530, en Norvège en 1537 ; elle couve longtemps en Pologne, à partir de Cracovie. Elle gagne les Pays-Bas et la France où elle va être relayée par le calvinisme. À Zurich, Bâle, Berne, Saint-Gall, Constance, les doctrines de souche zwinglienne l'emportent dès avant 1530.

Il n'y a pas lieu ici de tenter une analyse des doctrines réformées, sous peine de nous limiter à des considérations très superficielles. Mais une conclusion s'impose : au cours des années 1520, l'Europe occidentale et centrale a perdu les références religieuses communes qu'en dépit des hérésies elle avait conservées au long du Moyen Âge, qu'il s'agisse des croyances essentielles, des sources de la foi, des conditions du salut éternel et de la grâce, des sacrements, de la liturgie, de l'organisation des Églises, des rapports entre le pouvoir civil et le pouvoir religieux. Le développement de la réforme calviniste, le choix d'une religion nationale en Angleterre, n'ont fait que multiplier les discours et les barrières. Du coup, le schéma unitaire de l'Europe médiévale, incarné par les figures du pape et de l'empereur, vole en éclats. Rupture essentielle : l'idéal impérial assumé par Charles Quint avec ambition et sincérité, malgré une élection scandaleuse achetée au poids de l'or aux dépens de concurrents qui avaient fait le même usage de la corruption, n'avait aucune chance de s'imposer dès lors que le Saint Empire romain germanique était divisé contre lui-même. Dans une chrétienté unie, Charles n'aurait pas eu beaucoup à redouter de la France, aurait pu sans forcer ses effets se poser en champion de la chrétienté face à la puissance montante des Ottomans. La responsabilité des papes, incapables de comprendre avant 1545 la nécessité d'un concile général demandé par l'Empereur, réclamé par les forces vives de l'Église chrétienne pour sauver l'unité religieuse lorsqu'il en était peut-être temps encore, est immense. Cette carence éclaire l'incroyable déchéance spirituelle de l'Église de Rome, des successeurs dévoyés de Pierre, à la charnière des XVe et XVIe siècles, alors que des forces de rénovation spirituelle puissantes étaient partout à l'œuvre en Europe... sauf à Rome. Le pillage de la Ville éternelle par l'armée impériale en 1527 a valeur de symbole : il est un signe parmi d'autres d'une vraie rupture.

## 5) Les années 1520 : accomplissement et limites de l'Empire ottoman

Dès l'avènement de Sélim Ier « le Terrible », troisième fils du pacifique Bayezid (Bajazet), la conquête ottomane a repris. Elle obtient très vite en Asie et en Afrique des résultats spectaculaires : en 1514 (23 août), la grande victoire de Sélim sur Chah Ismaïl, le souverain séfévide, a permis au sultan une entrée de prestige à Tabriz mais surtout une conquête rapide du sud-est de l'Anatolie et du Kurdistan. En 1516, la Syrie passe sous le contrôle de Sélim après la défaite du Mamelouk Yansouh et successivement, en août et septembre, les villes d'Alep, Homs, Damas, sont occupées. Judée, Galilée, Palestine connaissent le même sort. Le nouveau sultan mamelouk Touman Bey tente de stopper l'avance turque mais la bataille du mont Mokattam (22 janvier 1517) tourne au désastre pour l'armée égyptienne. Touman est trahi, livré, exécuté. L'Égypte devient vassale d'Istanbul et le sultan est reconnu protecteur des lieux saints (La Mecque et Médine). Des révoltes ultérieures en Syrie et Égypte (1521-1523) sont facilement réprimées.

Sélim Ier est mort brusquement en 1520 et Soliman Ier « le Magnifique » (surnom dû aux Occidentaux) lui succède. Il donne une dernière et fantastique impulsion à la conquête ottomane. Une première campagne danubienne aboutit à la prise de Belgrade (29 août 1521). C'est ensuite l'entreprise maritime contre Rhodes, le débarquement dans l'île et, après six mois de siège, la capitulation de la forteresse des chevaliers contraints de se replier à Malte (1522). Dès lors, le grand effort des Ottomans concerne la Hongrie : à la faveur de plusieurs campagnes, dont celle de 1526 marquée par l'éclatante victoire de Mohacs (28 août) au cours de laquelle le roi Louis de Hongrie est tué, Soliman s'empare de la quasi-totalité de la Hongrie, dont Bude (septembre 1526) et, beaucoup plus tard, Pest (1541). Seule la Transylvanie lui échappe. Le sultan a même tenté, à l'issue des campagnes victorieuses de 1526 et 1529, d'enlever Vienne, soumise à un siège éprouvant, du 27 septembre au 15 octobre 1529. Il devait s'emparer plus tard d'une partie de la Transylvanie.

L'avance des Turcs vers l'ouest en Europe centrale et en Afrique les a mis en contact direct avec les Impériaux d'une part, l'Espagne d'autre part. En Europe centrale, il s'agit d'une menace permanente et nous ne pouvons suivre Robert Fossier lorsqu'il écrit : « L'Islam, égaré dans les splendeurs de Golconde, s'assoupit lentement. Encore quelques sursauts le long du Danube mais a-t-on vraiment cru, croit-on encore aujourd'hui que Soliman ait pu menacer le sort d'une Europe venue à maturité ? » Qu'importe à vrai dire ce que l'on croit aujourd'hui pour évaluer ce que l'on a cru après Mohacs et même après l'échec de Soliman devant Vienne ! Les prudences de la politique vénitienne, les correspondances des Habsbourg de Vienne et de Madrid démontrent la réalité de ces craintes, voire de ces angoisses. Une compilation contemporaine telle que le *Journal d'un bourgeois de Paris sous le règne de François Ier*, attentive à toutes les victoires ottomanes, qui ne cache pas l'allégresse des contemporains après l'échec de Soliman devant Vienne, exprime bien la peur de l'Occident chrétien.

Il ne faudrait pas oublier que Tunis et Alger sont devenus dès cette époque des « protectorats » ottomans. Jouissant, il est vrai, d'une large autonomie mais bénéficiant de secours en armements, en janissaires, en galères, quand le besoin s'en faisait sentir, prêtant leur aide aux armadas ottomanes en chaque occasion. Les Morisques d'Espagne ont longtemps espéré que leur salut viendrait d'Istanbul et il fallut attendre la deuxième guerre de Grenade (1569-1570), après la mort de Soliman, pour que la menace s'estompe sans disparaître. Jusque vers 1580 environ, les Ottomans qui peuvent disposer de bases sûres en Albanie, en Grèce, à Tripoli, à Tunis ou Bizerte et à Alger, ont pu mener des attaques incessantes sur les côtes italiennes et espagnoles, razzier Sicile, Sardaigne, Corse, Baléares, camper à Otrante et à Nice (en 1543). Au milieu du XVI$^{e}$ siècle, et dès la décennie 1521-1530, l'Empire ottoman est la première puissance d'Europe et d'Asie occidentale, un interlocuteur « incontournable » dont la France de François I$^{er}$ a usé pour tenir tête à Charles Quint tandis que l'empereur pour éloigner les Ottomans négocie lui aussi avec un souverain musulman, le séfévide Chah Ismaïl. La puissance ottomane fait partie des principales « nouveautés » consacrées par les années 1520. Et l'on pourrait ajouter, quoique l'Europe ne soit plus concernée, que ce temps est aussi celui de l'achèvement de la conquête de l'Inde par les Mongols.

### 6) Les années 1520 et 1530 : une Amérique en état de choc

Les voyages de Colomb et ceux de ses successeurs (Lepe, Yañez Pinzon, Ojeda, Vespucci, etc.) n'avaient fait qu' « effleurer » l'Amérique. Certes, ils avaient totalement détruit les équilibres du monde caraïbe et déclenché le processus d'un naufrage démographique absolu puisque l'on sait que la population indienne des Antilles a disparu en totalité. D'ailleurs, l'effondrement de la production d'or de Saint-Domingue après 1520 est dû pour l'essentiel à la disparition de la main-d'œuvre.

Mais, en 1519, la masse continentale des Amériques

demeurait à peu près intacte. Les Espagnols avaient seulement établi de solides têtes de pont dans l'isthme de Panama (la « Castille d'Or ») et les Portugais se contentaient d'opérations de troc sur la côte brésilienne. La conquête du Mexique par Cortès provoqua une accélération fantastique de l'entreprise de découverte et de conquête : la fascination exercée par l'admirable Tenochtitlan, les temples et les pyramides de la vallée de Mexico, puis des autres grandes cultures du plateau mexicain (Toltèques, Zapotèques, etc.) mobilise les aventuriers de toutes les Espagnes. Près de trente ans s'étaient écoulés entre le voyage initial de Colomb et la prise définitive de Mexico (12 août 1521). Douze ans seulement séparent ce dernier événement de l'entrée de Pizarre et de ses hommes à Cuzco (15 novembre 1533). Trois ans plus tard, le plateau chibcha (l'actuelle Colombie) est occupé à son tour.

Il ne s'agit pas seulement d'un changement de domination, d'une occupation étrangère, mais d'un véritable traumatisme dont l'humanité indienne a failli mourir. Pour les Indiens le monde s'écroule. La mort physique les environne. Les controverses ont été vives à propos du niveau de population de l'Amérique à la veille de la conquête. Il est en tout cas certain que les Antilles étaient assez densément peuplées : environ 1 100 000 habitants au moins pour l'île « Espagnole » (ce qui après tout ne fait que 14 habitants au kilomètre carré), la plus peuplée de toutes car Cuba, malgré son étendue, n'aurait eu que 200 000 habitants, la Jamaïque 100 à 150 000, et Porto Rico peut-être un demi-million d'habitants. La « Castille d'or » et les autres régions de l'Amérique centrale (à l'exception du Guatemala) auraient pu atteindre environ 3 millions. D'autre part, les travaux des historiens démographes de l'Université de Berkeley (Borah, Cook, Keith, etc.) ont démontré que le Mexique central avait été la région la plus densément peuplée de tout le continent américain grâce aux rendements élevés qu'y atteignait la culture du maïs : 25 à 26 millions d'habitants en 1519, en tout cas plus de 20. Les Andes septentrionales (Colombie, Équateur) et centrales (Pérou, Bolivie) comptaient aussi d'importants noyaux de peuplement (plateaux, hautes vallées) sans parvenir aux densités mexicaines.

Or, l'effondrement de la population indienne a été tel que certains auteurs ont employé le mot de génocide. Terme impropre à notre avis car il n'y a jamais eu chez les Espagnols la volonté de tuer une race : bien au contraire, la puissance dominante avait intérêt à conserver en grand nombre les « dominés » qui constituaient une main-d'œuvre indispensable et l'on sait que l'Espagne a élaboré une législation protectrice des Indiens (lois de Burgos de 1512, Nouvelles Lois de 1542) assez remarquable mais le plus souvent bernée, tournée, parfois avec cynisme, en bref peu appliquée. On sait aujourd'hui que plusieurs facteurs ont conspiré à produire cette dépopulation extraordinaire : les massacres d'Indiens en diverses circonstances, pour atroces qu'ils aient été, n'ont eu qu'un petit rôle, on n'extermine pas des millions d'individus au fil de l'épée. Le choc microbien a été l'élément principal du désastre démographique : même des maladies relativement bénignes en Europe comme le simple coryza ou la rougeole ont eu des effets meurtriers; mais la variole, la tuberculose, le typhus exanthématique ont épisodiquement exercé des ravages terribles, creusant des brèches profondes parmi les populations indiennes. Curieusement la peste, si redoutable dans l'Europe de ce temps, a épargné l'Amérique.

Il est significatif que le choc microbien ait été d'autant plus destructeur qu'il s'agissait des populations les premières en contact avec les Européens : les Indiens des Antilles ont disparu ; ceux des zones côtières du Venezuela et de la Colombie actuels également, sauf dans la Guajira, péninsule presque inaccessible, dont la population indienne a continué, au contraire, à augmenter à l'époque coloniale ; dans le Mexique central l'humanité indienne parut condamnée à mort car en 1650 il ne restait plus qu'un million et demi d'Indiens au lieu d'une vingtaine vers 1519 mais c'est alors que la tendance s'inversa; les Indiens des hautes vallées andines et de l'*altiplano* peruano-bolivien ont beaucoup mieux résisté alors que ceux des régions côtières fondaient à vue d'œil.

La maladie avait pu apparaître comme une malédiction, le signe de l'abandon des dieux. Après la *noche triste,* tandis que Cortès entreprend la reconquête de la capitale, la variole décime les Indiens mais épargne les Espagnols. De sorte que d'autres éléments interviennent dans le phénomène de dépopulation : la langueur et le désespoir produits par le travail forcé dans les Antilles, notamment sous l'administration désastreuse de Nicolas de Ovando qui n'a pas hésité à organiser des massacres de caciques pour terroriser les populations, ce que Nicolas Sanchez Albornoz a appelé la *desgana vital,* soit la perte d'élan vital dont témoignait la baisse impressionnante de la fécondité des Indiennes, constatée par plusieurs auteurs (Mellafe, Jaramillo Uribe, etc.).

Dès les années 1520, le phénomène du métissage est sensible aux Amériques. D'un point de vue quantitatif il va compenser partiellement l'effondrement de la démographie indienne. Le processus est évidemment favorisé par l'extrême rareté des femmes européennes, surtout pendant les trente années qui ont suivi 1492 et aussi par les premières « importations » d'esclaves africains, commencées, semble-t-il, dès 1509-1510 avec les Antilles pour destination. Georges Scelle a signalé l'ordre donné depuis Valladolid, le 22 janvier 1510, par la Couronne à la *Casa de Contratacion* d' « expédier 50 Noirs, puis 200 qui seront vendus aux colons au profit du Trésor ». Mais déjà, quelques Africains avaient été introduits en contrebande aux « Indes » par les Portugais. Il s'agit là évidemment d'une mutation capitale dont il faudra reparler.

Pour les Indiens d'Amérique, la conquête espagnole est une façon de cataclysme. Ils découvrent des hommes chevauchant des animaux inconnus, doués d'une grande vitesse de course, des hommes à la peau blanche, barbus, qui portent la foudre avec eux (le canon, l'arquebuse), qui disposent d'armes tranchantes, dont l'efficacité au combat est très supérieure à la leur, qui ne semblent pas s'effrayer d'une infériorité numérique incroyable (ainsi Pizarre et ses hommes à Cajamarca face à l'armée d'Atahualpa). Des hommes enfin qui détruisent leurs temples, interdisent leurs rites sacrificiels, jettent à bas leurs idoles, prennent leurs femmes, surgissent de la mer sur des vaisseaux beaucoup plus élaborés que les canots des Indiens. De surcroît, ces hommes peuvent aisément trouver leur place dans les recueils prophétiques des religions indiennes, aussi bien du Mexique central que de l'Empire incaïque ou, plus tard, du monde maya. Grâce aux interprètes de la « vision des vaincus », Miguel Leon Portillo, Nathan Wachtel, Georges Baudot, nous savons que, dans les premiers temps de la conquête, l'arrivée des Espagnols a pu être comprise comme la réalisation des prophéties qui annonçaient le retour des dieux : tel discours de Moctezuma suggère l'identification entre Hernan Cortès et Quetzalcoatl qui avait abandonné le monde parce qu'il n'avait pu obtenir la suppression des sacrifices humains mais avait promis de revenir lors d'une « année-roseau », ce qui correspond à l'année 1519. De même, les populations quechuas et aymaras attendaient le retour du huitième Inca, Viracocha, qui avait prédit que lors du règne du douzième Inca, des hommes inconnus, blancs et barbus, surgiraient de la mer, envahiraient et détruiraient l'empire. Ainsi les Espagnols, leurs chevaux, leurs arquebuses, ont-ils été les acteurs d'un programme mythique inscrit dans les cosmogonies amérindiennes : à la limite, et au moins dans les premiers temps, cette vision mythique rendait plus supportables, moins humiliantes, les victoires de quelques centaines d'hommes sur les milliers de combattants dont disposaient les armées indiennes. Mais il reste qu'entre 1519 et 1540 le continent a subi un effroyable traumatisme : les peuples amérindiens perdent en quelques années leurs dieux et leurs temples, leur organisation politique et sociale, sont dépouillés de leurs biens, de leurs bijoux, de leurs parures, soumis à des étrangers qui exigent d'eux un travail pénible et insolite dont ils ne retirent aucun avantage, qui les recrutent comme porteurs pour d'épuisantes expéditions (Almagro au Chili, Jimenez de Quesada dans les Andes du Nord, Gonzalo Pizarre vers l' « Eldorado »), au cours desquelles ils périssent par milliers, qui jouissent de leurs femmes que certains brutalisent. Ils ne trouvent de secours qu'auprès des religieux mais ceux-ci les invitent à des rituels nouveaux dont ils comprennent mal les significations.

En bref, ces vingt années n'ont rien de commun avec l'idylle initiale, limitée aux rivages de quelques îles, entre le Découvreur et les pacifiques Taïnos. Les années 1520-1540 correspondent au changement le plus décisif de toute l'histoire de l'Amérique dont elles portent tous les lendemains.

### 7) L'Afrique au seuil de la tragédie

Personne ne prétend que l'esclavage est né au XVI^e siècle Personne ne prétend que cette institution n'a été pratiquée qu'aux dépens des Noirs d'Afrique. Dans les deux cas on assiste seulement, au XVIe siècle, à un saut quantitatif. Mais les effets de ce saut ont été à l'évidence tragiques pour l'Afrique, surtout l'Afrique noire. De plus, la nature même de l'esclavage a été transformée de sorte qu'à la longue le saut quantitatif s'est accompagné d'une aggravation de la condition d'esclave.

Il est vrai qu'à partir de 1516 l'Afrique blanche ou métisse du Nord et du Nord-Est a subi elle aussi un choc redoutable : toutefois, la conquête de l'Égypte en 1516 par les Ottomans, déjà évoquée, et son incorporation dans l'Empire turc ne peut être comparée au phénomène de la conquête américaine ; de même, l'établissement de liens de vassalité entre Istambul d'une part, Tripoli, Tunis et Alger de l'autre, a pour les populations du Maghreb une signification ambiguë mais ne peut être considérée comme une catastrophe. Car si la domination des « Turcs » et la perception du tribut sont mal acceptées par les populations rurales, les villes, au contraire, en ont tiré par la course et l'assurance d'une protection politico-militaire une remarquable prospérité.

Tout autre en revanche fut, à partir de 1527, le destin de l'Éthiopie, bastion chrétien enfoncé au cœur du monde musulman. Les terribles raids de l'émir de Harar, Mohammed le Gaucher, armé et soutenu par les Turcs, dévastèrent l'Éthiopie dont les trésors, accumulés dans églises et monastères, furent pillés et redistribués en Arabie et jusque dans l'Inde. L'Éthiopie devait sauvegarder son indépendance grâce à l'intervention portugaise mais seulement après 1540 sous le gouvernement de l'empereur Claudius et elle était désormais appauvrie et divisée religieusement.

À l'égard de l'Afrique noire, l'intervention portugaise, relayée plus tard par celle d'autres nations européennes, fut au contraire négative. Pendant plusieurs décennies les rapports entre les Portugais et les peuples d'Afrique noire avaient été plutôt bons : on l'a déjà dit, ils stimulaient les trafics. Certes, ils achetaient des esclaves à destination de Lisbonne, de l'Algarve, de Madère, mais en quantité limitée et ils ne faisaient en la circonstance que suivre l'usage des sociétés de ce temps, qu'elles soient chrétiennes, musulmanes ou animistes. L'empereur du Mali avait à son service des esclaves blancs et, observe Joseph Ki-Zerbo, « dans les régions d'Afrique où l'évolution économique était avancée comme autour des centres urbains de Djenné et Tombouctou, l'esclavage avait pris un caractère d'exploitation marqué. Des troupes de cent à deux cents esclaves appartenaient parfois au même prince ou marchand ». Il en allait de même dans les îles afro-arabes de la côte de Zanzibar. Mais le même auteur constate que la condition des esclaves était tolérable : « L'esclave avait des droits civiques et plus encore des droits de propriété car il y avait de multiples procédures d'affranchissement dont certaines étaient à l'initiative de l'esclave lui-même. » Assez souvent, l'esclave était intégré au milieu familial dans lequel il vivait. De manière exceptionnelle, il était dans la situation d'un serf attaché au domaine.

D'une certaine façon, les premiers Noirs importés en Europe, surtout à Lisbonne où, au milieu du XVI^e siècle, ils constituaient 10 pour cent de la population, se trouvèrent dans un état intermédiaire : ils étaient parfois intégrés dans le milieu familial, plus souvent utilisés de façon ostentatoire comme des domestiques exotiques. L'envoi d'esclaves noirs en Amérique transforma totalement la situation.

Pourtant, les Portugais avaient établi d'excellents rapports avec le royaume du Kongo où Diogo Caô était parvenu en 1482. En 1489, une ambassade de ce royaume s'était rendue à Lisbonne et en 1491 le roi Nzinga Nkuwa s'était fait baptiser en compagnie de ses fils. Son prosélytisme était tel qu'il avait même provoqué une réaction animiste et avait dû abjurer pour conserver son trône. À sa mort, en 1506, l'un de ses fils baptisés, qui avait échangé son nom de Nzinga Mbenba contre celui d'Alfonso, évinça l'un de ses demi-frères et, avec l'aide de ses partisans chrétiens et des Portugais, devint roi. Alfonso I^er (1506-1543) apprit à lire et à écrire le portugais, lut les Évangiles, fit construire des églises, envoya à Rome en 1513 un de ses fils qui devait être évêque, réclama des missionnaires aux Portugais. Or, ceux-ci vont au contraire, *dès les années 1520*, commencer à rechercher des esclaves au Congo pour les vendre dans l'Amérique espagnole afin de remplacer la main-d'œuvre indienne en voie de disparition aux Antilles, puis, plus tard, au Brésil. La déception et la frustration d'Alfonso I^er et de ses sujets devaient être immenses.

Après quoi, l'expansion européenne aux Amériques, la constitution de « colonies » espagnoles, portugaises, anglaises, hollandaises, françaises, même si elles portent un autre nom (en Espagne, il est toujours question des « royaumes » de Nouvelle-Espagne, du Pérou, etc.), le développement de l'économie de plantation (canne à sucre, cacao, indigo, tabac, etc.) et de l'économie minière vont provoquer une telle demande de main-d'œuvre servile que l'Afrique va être mise en coupe réglée : il s'agit sans aucun doute d'un des épisodes les plus lamentables de l'histoire de l'humanité. Un épisode qui va durer trois siècles et demi car la traite ne sera réellement supprimée qu'au milieu du XIX^e siècle : des millions d'Africains vont être traqués, parqués, jetés à fond de cale, à destination de l'Amérique où beaucoup n'ont même pas mis les pieds car ils sont morts pendant la traversée. Et, les hommes étant ce qu'ils sont, la demande d'esclaves suscite des guerres entre les royaumes africains de façon à pourvoir le marché. On voit apparaître des négriers professionnels, voire des États fondés sur la chasse aux esclaves, comme le Bornou, entre Tchad et Fezzan, après 1570. Depuis les États africains jusqu'aux plantations ou aux mines américaines s'organise un immense et horrible trafic avec ses courtiers, ses armateurs, ses assureurs, ses maquignons, ses banquiers, dont hommes et femmes d'Afrique, devenus les « pièces d'Inde » sont les marchandises. Herbert S. Klein, l'un des meilleurs historiens de l'esclavage, évalue à environ 10 millions le nombre d'Africains réduits en esclavage entre 1444 et 1869, sans compter ceux qui sont morts au cours des transferts. Ils ont évidemment contribué à transformer profondément les populations du Nouveau Monde. Il est vrai que la traite a atteint son apogée au XVIII^e siècle et pendant la première moitié du XIX^e siècle mais les années 1520-1540 sont bien celles du coup d'envoi.

### 8) Amérique-Europe : les débuts de l'échange

Entre le Nouveau Monde et l'Ancien, l'Europe surtout, s'organise dès la conquête des espaces continentaux un échange intense d'êtres humains, de plantes, d'animaux, d'objets, de techniques. L'Amérique n'a pas donné d'hommes au Vieux Monde si l'on excepte les quelques Indiens promenés en Espagne, d'une ville à l'autre, comme des curiosités ethnographiques dont, hélas ! personne, même pas un humaniste, n'a songé alors à connaître les pensées intimes. S'il faut le dire crûment, l'Europe a consommé sur place les hommes et les femmes d'Amérique installés dans la dépendance, au mieux dans une position d'intermédiaires. Et, pour faire bonne mesure, elle a transféré par la force en Amérique un fort contingent d'Africains, on vient de le rappeler.

De même a-t-on déjà précisé, mais il faut le répéter, les Européens transplantés en Amérique, provisoirement ou définitivement, étaient avant tout des hommes et des hommes jeunes. Il semble bien que les premières Espagnoles ne soient arrivées aux « Indes » qu'en 1498, sur les caravelles de Coronel : les « provisions » d'avril 1497, signées à Burgos, prévoyaient que 30 femmes devaient figurer parmi les 300 personnes recrutées pour ce voyage, 10 pour cent. Jusqu'en 1530 cette proportion demeure à peu près 9 hommes pour une femme. Par la suite, la participation féminine augmentera régulièrement mais sans jamais parvenir à équilibrer la masculine, même aux XVII^e^ et XVIII^e^ siècles. En tout cas, comme l'a souligné très justement l'historien suédois Magnus Morner, attentif aux réalités quotidiennes de l'existence, la conquête de l'Amérique fut d'abord la « conquête des femmes ». Et, par voie de conséquence, elle a suscité le déclenchement d'un processus de métissage intense, créateur d'une nouvelle humanité dont des pays comme le Brésil, la Colombie, le Mexique donnent aujourd'hui une représentation assez exacte. Au début du XIX^e^ siècle, Alexandre de Humboldt, dans son *Voyage aux régions équinoxiales du Nouveau Continent,* a tenté de donner une première mesure globale des résultats de ce métissage.

Mais l'échange n'a pas concerné que les hommes. Dans un premier temps, ce fut surtout l'Ancien Monde qui exporta aux Amériques ses plantes et ses animaux domestiques. Démarche naturelle : les Espagnols étaient soucieux de reproduire au Nouveau Monde une partie de leur environnement familier, de se donner les moyens de manger les mêmes nourritures qu'en Espagne, de disposer des mêmes objets et des mêmes matériaux. Ce qui était fort difficile car, constatait Pierre Martir d'Anghiera : « Il n'y a ici ni blé, ni seigle, ni orge, ni avoine, ni sorgho, ni petit blé, ni millet, ni rien qui ressemble à tout cela. » Et, dans les années 1493-

1495, toutes les lettres de Colomb s'inquiètent de la pénurie alimentaire des îles, dressent l'inventaire copieux des denrées à expédier d'Espagne. La flotte de secours d'Aguado, partie de Séville en août 1495, emportait de grandes quantités de blé, seigle, vin, vinaigre, huile, graisses, fromage, poisson séché, mais aussi six juments, un âne, cinq ânesses, 300 lapins pourvus de salade pour le voyage ! Le manque de miel, de sucre, d'amandes, de raisins secs, donc d'aliments énergétiques, est souvent déploré, et ce pendant longtemps.

Progressivement, après bien des échecs, les Espagnols vont acclimater dans certaines parties de l'Amérique le blé (dont les premières réussites concernent le haut plateau mexicain, dans la région de Puebla), le riz, l'orge, plus tard la vigne et l'olivier dont le succès devra attendre le XIX$^{e}$ siècle, la canne à sucre, le café. Il est évident que la première réussite importante est la culture de la canne à sucre dont les plantations se développent assez rapidement dans l'île « Espagnole » où dès 1503 fonctionnait un moulin à sucre sommaire. La canne devait connaître un bel essor au Mexique dans les domaines de Cortès (le marquisat del Valle) et surtout au Brésil, plus tard dans la partie devenue française de l'île « Espagnole » (Haïti). On a vu qu'avant d'être une denrée d'exportation, le sucre était une nécessité pour les premiers établissements coloniaux. Le triomphe du café appartient à une époque bien plus tardive.

En revanche, les animaux domestiques amenés d'Europe se multiplièrent très rapidement : bovins, ovins, porcs, chevaux, volailles. Pierre Chaunu a produit un graphique suggestif qui fait apparaître le remplacement des hommes par les bovins au Mexique, illustration des travaux de François Chevalier. Une démonstration identique peut être faite pour l'île « Espagnole » où les bovins devinrent un élément essentiel de l'économie coloniale après le naufrage de l'orpaillage. Plus tard, les bovins devaient s'emparer des grandes plaines d'Amérique du Nord, du plateau chibcha, du Rio Grande dô Sul ou de la Pampa.

Que dire alors de l'extraordinaire diffusion des chevaux ! Imagine-t-on les Indiens d'Amérique du Nord sans les chevaux ? Pourtant, ils ne les découvrirent qu'à la fin du XVI$^{e}$ siècle, à peu près à l'époque où ceux de l'extrême-sud du continent, au Chili, faisaient la même découverte, avec le même enthousiasme. Dès lors, tous les moyens devinrent bons pour obtenir des chevaux mais ce n'est qu'à la fin du XVIIe siècle, selon Franck G. Roe, Robert H. Lowie ou Claude Fohlen, que les Indiens se sont approprié le cheval sans avoir réussi à le domestiquer.

Les armes à feu et l'alcool sont aussi des emprunts de l'Amérique à l'Europe, dont les effets maléfiques sont évidents, même si l'Amérique précolombienne possédait ses propres alcools (la *chicha*). Plus positive devait être l'importation du papier ou celle des instruments de musique, souvent transformés au gré de la créativité indienne.

L'Europe fut d'abord obsédée par les métaux précieux américains : l'or, l'argent, les perles, plus tard les diamants. Sur l'ensemble du XVIe siècle, les exportations américaines sont *en valeur* à 95 pour cent de l'or, de l'argent et des perles, avec une très forte prééminence de l'argent. Cependant, cette proportion n'est plus que de 85 pour cent dans les vingt dernières années du siècle : cela signifie que l'Amérique fournissait désormais à l'Europe d'autres denrées.

Cependant, les emprunts les plus importants de l'Ancien Monde au Nouveau ne se sont imposés que très lentement. Ainsi, le maïs : il a été signalé par Colomb lors de son troisième voyage, en provenance, semble-t-il, du golfe de Paria et les épis ramenés en Espagne ont fait assez rapidement l'objet d'expériences agricoles. Mais ce n'est qu'à la fin du XVIe siècle que la culture du maïs devint importante dans l'Espagne du Nord-Ouest, Asturies et Galice surtout. Vers 1630, le maïs était devenu la céréale principale de la Galice, qui échappe dès lors aux famines grâce à la plante américaine. Au XVIIIe siècle, celle-ci fait la conquête du Bassin aquitain, de la plaine du Pô, de la Vénétie, en attendant mieux.

Tabac et cacao ont connu des fortunes plus précoces et surtout plus spectaculaires parce qu'ils ont procuré des plaisirs et, au plan commercial, permis des spéculations fructueuses, de la péninsule Ibérique à Amsterdam ou Londres. Fleurons de l'économie de plantation, ils ont aussi contribué à la stimulation du commerce des esclaves.

Les plantes tinctoriales comme l'indigo ou les produits tinctoriaux (bois brésil, bois de campêche, cochenille) ont fait l'objet d'une appropriation rapide par l'Europe. À l'inverse, l'acclimatation des légumes : tomates, certaines variétés de haricots, etc., s'est faite avec beaucoup de discrétion et celle des fruits tropicaux américains très tard. On sait qu'il fallut attendre le XIXe siècle pour assister à l'expansion de la pomme de terre en Europe où elle devait pourtant sauver des millions d'hommes des famines. Constat surprenant si l'on songe que Michele di Cuneo avait, dès le 15 octobre 1495, dressé pour son ami de Savone, Giacomo Annari, un bilan très circonstancié des arbres à fruits et des plantes cultivées qu'il avait repérées au cours du « deuxième voyage » dont Jacques Heers, dans son *Christophe Colomb,* donne un extrait suggestif. Ainsi les emprunts européens à l'Amérique en fait de plantes cultivées ont-ils été lentement assimilés, même lorsque la valeur alimentaire de ces plantes est aujourd'hui évidente. Ce processus est beaucoup plus logique quand il s'agit de plantes industrielles, tel l'arbre à latex, père du caoutchouc, dont la fortune commence seulement en 1880.

On a déjà évoqué l'échange involontaire des maladies : à court terme, en raison de son isolement multiséculaire, l'Amérique fut la grande victime de cet échange : le banal coryza, la vulgaire rougeole, la grippe commune ont tué grand nombre d'Indiens. Que dire alors du typhus, de la variole, qui semblent avoir eu les effets meurtriers les plus durables parmi les populations américaines, plus tard le choléra !

Mais l'Amérique a payé l'Ancien Monde de retour avec la syphilis. On a déjà évoqué le problème à propos de la mort de Martin Alonso Pinzon, puis du diagnostic des « Lumières » proposant un bilan de la Découverte. Sans doute n'y a-t-il pas de certitude absolue mais les présomptions sont considérables et les auteurs qui ont rangé la syphilis parmi l'arsenal des fléaux que les Européens auraient apportés aux Indes Occidentales, avec l'alcool, les mauvaises mœurs, l'esprit guerrier, le goût du profit et toutes sortes de « maladies du corps et de l'âme », sont, comme le remarque Jacques Heers, « polémistes plus qu'historiens ». De fait, l'hypothèse d'une origine américaine est « tout à fait vraisemblable ». Encore cette formulation est-elle prudente. C'est déjà l'hypothèse de Las Casas qui ne saurait passer pour « un champion du colonialisme », et c'est aussi celle de Gonzalo Fernandez de Oviedo. Surtout, la chronologie est persuasive : « Arrivée des gens de Pinzon à Barcelone, puis des capitaines espagnols à Naples », transfert de la maladie de Naples en France, en compagnie de l'armée française. Et le vocabulaire est tout aussi persuasif : « Les Indiens usaient de mots très généraux pour nommer le mal, des mots communs, signes d'une longue familiarité » (J. Heers). Jusqu'au poème en vers latins, composé entre 1510 et 1520 par le médecin de Vérone Girolamo Frascabro, dont le héros est le jeune berger Siphilus, pour imputer aux contrées de la mer Océane ce mal cruel, « un mal indien », que « seul un remède indien pouvait vaincre ». Lorsque Henri de Montherlant prête à Alvaro, le maître de Santiago, les paroles suivantes : « Tout ce qui a trait au Nouveau Monde est impureté et ordure. Le Nouveau Monde pourrit tout ce qu'il touche et *l'horrible maladie que nos compatriotes rapportent de là-bas* n'est que le symbole de cette pourriture », il ne fait que mettre en littérature une opinion qui était alors universelle.

Pareillement, Angelo Maria Bandini, dans sa *Vita d'Amerigo Vespucci,* ne manifestait pas le moindre doute lorsqu'il écrivait à propos de l'année 1494 : « Cette année-là, le mal que nous appelons français fut apporté en Europe par ceux qui avaient navigué avec Colomb ; il fut pris chez les femmes de cette île (la Jamaïque) et lorsqu'ils retournèrent en Espagne ils en infectèrent de nombreuses courtisanes et par elles le mal s'est étendu et est venu ici avec les Espagnols qui arrivèrent à Naples contre les Français au service du roi Fernando et infectèrent par leurs prostituées l'une et l'autre armée, et les Français l'appelèrent le mal de Naples[1]. »

Sans doute faut-il remplacer la Jamaïque par l'île « Espagnole » (Saint-Domingue) mais il est difficile d'inverser le sens de l'échange. L'Europe a fait suffisamment de mal à l'Amérique précolombienne pour qu'il soit nécessaire de forcer la note !

Pour le pire et pour le meilleur, les années 1520 instituent entre les deux rives de l'Atlantique une communauté de destins renforcée au fil des siècles, complétée par le grand mouvement migratoire des années 1850-1930. Après tout, que signifient les expressions dont nous faisons tous les jours si grand usage : « monde occidental » ou, tout simplement, « Occident » ?

1. Nous suivons ici Jacques Heers, *Christophe Colomb*, pp. 537-540.

# BIBLIOGRAPHIE

## CHRONIQUES ET DOCUMENTS ANCIENS

ANGHIERA (Pietro Martir de), *Opus epistolarum*, Alcala, 1530.
BERNALDEZ (Andres), *Memorias del reinado de los Reyes Católicos*, éd. M. Gomez-Moreno et J. de Mata Carriazo, Madrid, 1962.
CIORANESCU (Alexandre), *Œuvres de Christophe Colomb*, Gallimard, 1961.
CITTA DI GENOVA, *Cristoforo Colombo, Documenti e prove della sua appartenanza a Genova*, 1931.
COMMYNES (Philippe de), *Mémoires*, in *Histoire et Chroniques du Moyen Age*, Gallimard, Encyclopédie de la Pléiade.
FERNANDEZ DE NAVARRETE (Martin), *Colección de los viajes y descubrimientos que hiceron por mar los Españoles desde final del siglo XV*, Madrid, 1825-1937, 5 vol.
GODEFROY (Théodore), *Histoire du Roy Charles VIII*, Paris, 1684.
GUICCIARDINO (Francesco), *Relación del viaje, Relación de España, Cartas de la Embajada*. Publiées en 1932 ; *Histoire d'Italie de 1492 à l'année 1532*, Favre trad., Paris, 1836.
*Journal d'un bourgeois de Paris sous le règne de François Premier*, éd. V.L. Bourilly, Paris, 1910.
LANDUCCI (Luca), *Diario*, éd. 1883.
MORE (Thomas), *Utopie*, éd. présentée par André Prévot, éditions Mame, 1978.
PULGAR (Fernando de), *Crónica de los Reyes Católicos*, éd. de Mata Carriazo, Madrid 1934, 2 vol.
PUYOL (Julio), *Viaje por España y Portugal en los años 1494 y 1495 de Jerónimo Munzer (Hieronimus Monetarius)*, Boletin de la Real Academia de Historia, t. LXXXIV, 1924.
SANTA-CRUZ (Alonso de), *Crónica de los Reyes Católicos*, éd. J. de Mata Carriazo, Séville, 1951, 2 vol.
ULLOA (Antonio de), *Mémoires philosophiques...*, trad. 1787.

VARELA (Consuelo), *Cristóbal Colon, Textos y documentos completos. Prólogo y notas de Consuelo Varela,* Madrid, Alianza Editorial, 1982.

ZURITA (Jerónimo), *Anales de la Corona de Aragon...*, Saragosse, 1562, 6 vol.

## OUVRAGES XIX^e ET XX^e SIÈCLES

BAUDOT (Georges), *Lettres précolombiennes,* Toulouse, Privat, 1976.

BAUDOT (Georges), *Utopie et Histoire,* Toulouse, éd. Privat, 1976.

BERGIER (Jean-François), « Humanisme et vie d'affaires. La bibliothèque du banquier Francesco Sassetti », *in Mélanges en l'honneur de Fernand Braudel,* t. 1, pp. 107-122.

BERTINI (Giovanni-Maria), « Un dialógo humanistico sobre la educación del principe Don Juan », *in Actes du V^e congrès d'Histoire de la Couronne d'Aragon,* t. V, Fernando el Católico y la cultura de su tiempo, Saragosse, 1961.

BRAUDEL (Fernand), *le Modèle italien,* Paris, Arthaud, 1989.

CHASTEL (André), *Art et humanisme à Florence au temps de Laurent le Magnifique,* Paris, P.U.F., 1959; *Les Arts en Italie,* Paris, P.U.F., 1963, 2 vol.; Traduction, préface et édition commentée des *Vies des plus excellents peintres, sculpteurs et architectes,* Berger-Levrault, 1983.

CLOULAS (Yvon, sous la direction de), *L'Italie de la Renaissance,* Fayard, 1990; *Laurent le Magnifique,* Paris, 1982; *Charles VIII et le mirage italien,* Paris, 1986.

DELUMEAU (Jean), *L'Europe de la Renaissance,* Paris, Arthaud, 1973; *L'Italie de Botticelli à Bonaparte,* A. Colin, 1974, col. U; (sous la direction de), *Histoire de Bretagne,* Toulouse, éd. Privat.

DHAMENS (Élisabeth) *Hubert et Jan Van Eyck,* Albin Michel, 1980.

DUVIOLS (Jean-Paul), *l'Amérique espagnole vue et rêvée (1492-1768),* éd. Promodis, 1985.

FOSSIER (Robert, sous la direction de), *le Moyen Âge,* t. III, Paris, A. Colin, 1983.

FRIGENI (Mariana), *Ludovico il Moro,* Instituto Geografico De Agostini, Novara, 1990.

GIL (Juan), *Mitos y Utopias del Descubrimiento : I. Colon y su tierra,* Madrid, Alienza Editorial, 1989.

GILLE (Bertrand), *les Ingénieurs de la Renaissance,* Paris, Hermann, 1964.

GOULD QUINCY (Alicia), *Nueva lista documentada de los tripulantes de Colon en 1492,* Boletin Real Academia de la Historia, t. LXXXV, 1924, pp. 145-159; t. LXXXVIII, 1926, pp. 72-75; t. XCI (1927), pp. 532 sq.; t. XCII (1928), pp. 776 sq.; t. CX.

HEERS (Jacques), *Christophe Colomb*, Hachette, 1981.
HUIZINGA (J.), *Érasme*, Gallimard, 1955, préface de Lucien Febvre.
JUAN DE FLANDRES, Europalia, 1985.
LADERO-QUESADA (Miguel), *España en 1492*, éd. Hernando, 1978.
LA SIZERANNE (Robert de), *Le Vertueux Condottiere Federigo di Montefeltro, duc d'Urbino*, Hachette, 1927.
LASSAIGNE (Jacques), *les Primitifs flamands*, col. Grande Histoire de la Peinture, Skira, 1972.
LOPEZ PINEIRO (José Maria), *El acta de navegar en la España del Renacimiento*, éd. Labor, Barcelona, 1986.
LOUBET (Christian), *Savonarole, prophète assassiné*, Le Centurion, 1967.
LOUHOMSKI (G.K.), *le Kremlin de Moscou. Les palais et le musée*, t. 1 et 3, éd. Nilsson.
MAGALHAES-GODINHO (Vitorino), *l'Économie de l'Empire portugais aux XV^e et XVI^e siècles*, Paris, S.E.V.P.E.N., 1959.
MAHN-LOT (Mariane), *Portrait historique de Christophe Colomb*, Le Seuil, dernière édition, 1988.
MAKKAI (Laslo), « De Taccola à Veranzio. L'ingénieur de la Renaissance en Hongrie », *in Mélanges en l'honneur de Fernand Braudel*, Toulouse, éd. Privat, 1973, t. 1 pp. 337-348.
MANZANO MANZANO (Juan), *Colon y su secreto. El predescubrimiento*, Edicion de Cultura Hispanica, Madrid, 1989 (3^e éd.) ; *Los Pinzones y el Descubrimiento de America*, Ediciones de Cultura Hispanica, 1988.
O'GORMAN (Edmundo), *La idea del Descubrimiento de America*, Mexico, Instituto de Investigaciones historicas, 1976.
PEREZ (Joseph), *Isabelle et Ferdinand, Rois Catholiques d'Espagne*, Fayard, 1988 ; « Vitoria, Sepúlveda, Las Casas et les problèmes de la conquête et de la colonisation espagnole au XVI^e siècle », *in Vasco da Gama*, (5^e centenaire de la naissance de), col. de Strasbourg, 1970, Tilas, 1972, pp. 9-27.
QUINN (David B.), *England and the Discovery of America, 1481-1620*, Londres, George Allan and Unwin, t. 1, 1973.
RAMOS (Demetrio), *La primera noticia de America*, Valladolid, Cuadernos Colombinos, 1986.
RANDLES (W. G. L.), *De la terre plate au globe terrestre. Une mutation épistémologique rapide, 1480-1520*, Paris, A. Colin, 1980.
SANCHEZ (J. P.), *Mythes et légendes de la conquête de l'Amérique (1492-1542)*, Thèse dactylographiée, Toulouse, 1987, 5 vol.
TAVIANI (P. E.), *Cristoforo Colombo : la genesi delle grande scoperta*, Novare, 1974, 2 vol.
TENENTI (Alberto), *Florence à l'époque des Médicis. De la cité à l'État*, Flammarion, 1968.
ZAVALA (Silvio), *America en el espiritu frances del siglo XVIII*, Mexico, 1949.

# INDEX DES NOMS DE PERSONNES

Les personnes citées une seule fois dans ce livre n'apparaissent pas dans l'index, sauf exceptions (par exemple, lorsqu'un paragraphe entier concerne l'une d'elles).

A



B

# INDEX DES NOMS DE LIEUX

*Achevé d'imprimer en janvier 1992*
*sur presse CAMERON*
*dans les ateliers de la S.E.P.C.*
*à Saint-Amand-Montrond (Cher)*
*pour le compte des éditions Perrin*

— N° d'édit. : 1003. N° d'imp. : 2973. —
Dépôt légal : août 1991.

*Imprimé en France*